DANIEL C. SCHMIDT
THIS IS AMERICA

W0057643

 aufbau

DANIEL C. SCHMIDT

THIS IS AMERICA

REISEN DURCH EIN LAND
IM UMBRUCH

 aufbau

MIX
Papier aus verantwor-
tungsvollen Quellen
FSC® C083411

ISBN 978-3-351-03741-3

Aufbau ist eine Marke der Aufbau Verlag GmbH & Co. KG

1. Auflage 2020
© Aufbau Verlag GmbH & Co. KG, Berlin 2020
Satz LVD GmbH, Berlin
Druck und Binden CPI books GmbH, Leck, Germany
Printed in Germany

www.aufbau-verlag.de

Für Caitlin und Clementine

THIS IS AMERICA

Reisen durch ein Land im Umbruch

»I lost track of information.
I was blitzed by opinion.«
Joan Didion, »On the Road« (1977)

\

Inhalt

Prolog

Im Weißen Haus brennt noch Licht. Die Residenz des Präsidenten liegt still da, umgeben von schwarzer Nacht. Seit vier Jahren weiß Amerika nicht mehr genau, was der nächste Morgen bringt. Die vergangenen Tage und Wochen waren lang und mühsam. Sie fanden in gut ausgeleuchteten Ausschusszimmern, auf langen Fluren, im Kabelfernsehen, in Zeitungsspalten und im Vorstellungsvermögen unzähliger Wähler statt: Die amerikanische Demokratie hat Donald Trump angeklagt.

Das Impeachment-Verfahren gegen den amerikanischen Präsidenten, egal, wie es ausgeht, ist ein erstes Muskelspiel der Demokraten vor dem Showdown im November 2020, wenn die USA einen neuen Präsidenten oder Präsidentin wählen werden. Vielleicht wird der neue aber auch: der alte Präsident.

Noch ist offen, wer gegen ihn antritt. Die Demokraten haben sich in den vergangenen vier Jahren viel mit sich selbst beschäftigt beim Versuch, eine Antwort auf Trump und seine Faktenallergie zu finden. Gibt es einen moderaten Weg zurück in eine Zeit, in der Demokraten und Republikaner gemeinsam für die Sache gekämpft haben, wie Joe Biden ihn propagiert? Oder braucht es jetzt radikale, ikonoklastische Schritte, wie sie das progressive Lager fordert, um Amerika nach dem Chaos der Trump-Präsidentschaft wieder auf einen gewissen Normalzustand hochzufahren?

Und was wäre, wenn alles ganz anders kommt, Trump abermals triumphiert und wiedergewählt wird?

2020 ist noch jung, es kann so viel passieren. Eine ernsthafte Prognose zu diesem Zeitpunkt: eher sinnlos. Aber es gibt ein paar einfache Fragen, die man stellen kann.

Wie geht es den Menschen unter Trump? Was bewegt die Amerikaner wirklich und wie hat sich das Land unter diesem außergewöhnlichsten aller Präsidenten verändert? Auf das und noch einige andere Anliegen versucht dieses Buch Antworten zu finden. Die Reportagen, Interviews, Begegnungen und Porträts auf den folgenden Seiten konzentrieren sich auf fünf große Themen, die das Selbstverständnis der USA zurzeit herausfordern: Rassismus und Diskriminierung, Migration und die Probleme an der Grenze zu Mexiko, die Auswirkungen der Opiumkrise auf die Gesellschaft, Frauenrechte nach der #metoo-Bewegung sowie Amerikas anhaltende Faszination mit Schusswaffen.

1932 prägte der amerikanische Verfassungsrichter Louis Brandeis den Ausdruck »laboratories of democracy«. In einer abweichenden Urteilsbegründung argumentierte der Jurist am *Supreme Court* damals, dass eine Absage an das Recht zu experimentieren, erhebliche Konsequenzen für die Nation haben würde. »Es ist eins der erfreulichen Vorkommnisse des föderalen Systems«, schrieb er, »dass ein einziger Bundesstaat, wenn seine Bürger sich dafür entscheiden, als Labor dienen kann, um neue soziale und ökonomische Experimente auszutesten.« Diese Idee hat in den USA noch heute Bestand. Aus diesem Grund kann ein Bundesstaat wie Colorado Cannabis entkriminalisieren, obwohl es auf Bundesebene immer noch illegal ist. Wie sich diese Entscheidung dann auf die sozialen Strukturen, die Gesellschaft, die Lohnentwicklung, den Schwarzmarkt oder den Tourismus auswirkt, kann der Rest des Landes an diesem lokalen Experiment entsprechend studieren.

Genau das war es, was ich in den vergangenen dreieinhalb Jahren auf meinen Reisen durch fast vierzig Bundesstaaten ebenfalls sah: Auswirkungen eines Experiments. Ich traf auf Amerikaner und Zugezogene, die sich wie Amerikaner fühlen, die auf der Suche nach einem Umgang mit der Politik aus Washington und dem Experiment namens Donald Trump sind. Lauter menschliche Labore, wenn man so will, die ihre Probleme, Sorgen und Nöte im Kleinen bewältigen und mir davon erzählten, damit wir im Großen vielleicht daraus ein paar Schlüsse ziehen.

»This is America« behauptet das Buch. Es hätte auch »Made in America«, »Young Americans« oder »This is not America« heißen können; das wären allerdings andere Bücher geworden. Vor meinem Umzug in die USA 2016 sagte mir ein Freund, der Ende der 90er-Jahre als Austauschschüler in Amerika war, ich solle zur Vorbereitung doch mal »This is America, Charlie Brown« anschauen, eine Zeichentrickserie, in der die Charaktere der *Peanuts* durch die Kulissen der amerikanischen Jahrhunderte stolpern und dem Land beim politischen und kulturellen Großwerden zugucken. Mehrfach hörte ich den Satz während meiner Reisen – »This is America«, das hat diesen inneren Stolz, der uns in Deutschland so fremd ist, und ist Fingerzeig zugleich: *guck mal, wie irre das hier alles ist.* Vor nicht allzu langer Zeit nahm Childish Gambino den Satz und machte daraus ein unglaubliches Musikvideo, das in 3:58 Minuten ein amerikanisches Trauma decodierte.

Der Titel des Buches ist deshalb schlicht eine Verneigung vor den Menschen, die ich getroffen und die mir ihr Land erklärt haben.

Menschen, wie die ältere Frau im Vorstadtzug von Chicago, die mir vor ein paar Jahren gegenübersaß und nach meiner kurzen Unterhaltung mit dem Kontrolleur fragte, woher ich denn käme, der Akzent klinge ja ungewöhnlich, ob ich Europäer sei. Als ich *aus Deutschland* antwortete, sagte sie, ihr Vater sei mal in, na, wie heiße das noch gleich, Geisackslowdern stationiert gewesen. Ich erzählte ihr von meinem Reporter-Leben und der Angst, das Land nie ganz zu verstehen, weil es doch so riesig und von Region zu Region verschieden sei. Keine Sorge, das füge sich schon zusammen, sagte sie.

Am Ende seien wir eh alle wie Ameisen: »We will have seen very little.«

Daniel C. Schmidt
Winter 2019

KAPITEL 1 – NOVEMBER 2016
DER TRUMP-TRANSLATOR

Der Tag der Präsidentschaftswahl.
Raleigh, North Carolina

Als der Tag sich in die Nacht verwandelt hatte, fielen mir plötzlich all die Fragen ein, die ich Stunden vorher hätte stellen sollen.

– *Bekommt man immer den Präsidenten, den man verdient?*
– *Ist nur Bill Clinton noch unterhaltsamer als Donald Trump?*
– *Warum kleiden sich die meisten wohlhabenden Republikanerinnen wie Statistinnen aus der Serie »Dallas«?*
– *Leidet Melania unter dem Stockholm-Syndrom?*

Leider hatte ich zu diesem Zeitpunkt Dennis Berwyn längst aus den Augen verloren. Er hätte Antworten gehabt, da war ich mir sicher. Weit nach Mitternacht – Berwyn hielt sich den Abend über mit Wein und Whiskey über Wasser – hatte er mir die Hand geschüttelt und mir einen letzten Satz mitgegeben, bevor er in der Menge der Feiernden untertauchte: »Erzähl deinen Lesern in Deutschland, was du heute hier gesehen hast.«

Ich hatte binnen 48 Stunden Donald Trump, Hillary Clinton und Lady Gaga im Duett mit Jon Bon Jovi gesehen, falsche Prognosen, konservative Migranten und afroamerikanische Trump Fans. Anderthalb Tage war ich so etwas wie Dennis Berwyns Schatten gewesen. Wir rasten in seinem in die Jahre gekommenen Chevrolet-Van durch Wake County in North Carolinas Hauptstadt Raleigh, stellten Plakate auf, fuhren Wahllokale ab, trafen zufällig den Gouverneur des Bundesstaates, sprachen mit Wählern, Republikanern, Demokraten und Unentschlossenen. Amerika befand sich in Endspurtstimmung, mit der Siegerin Hillary Clinton im Zieleinlauf – bevor sie von rechts noch jemand überholte.

Zwei Tage vor der Wahl, im Anflug auf Raleigh, dachte ich über die Siegerpartys in New York nach. Da müsste man sein. Großstadt, Nabel der Welt. Manhattan, Glamour, Flair. Freudentränen und auch solche der Trauer. Amerika nach Obama. Da sein, wenn Geschichte geschrieben wird. Clinton... oder Trump. Schulter an Schulter mit den Gewinnern. Ich hatte stattdessen einer deutschen Redaktion angeboten, den Wahlabend in einem sogenannten *swing state* zu verbringen. Ich kenne da einen, versprach ich, mit dem kann ich den Tag verbringen, der ist überzeugter Konservativer. Ja, hieß es aus Deutschland, mach das, super. Wir hatten es unausgesprochen gelassen, aber im Grunde war klar: Der Konfettiregen in New York ist abgedeckt, mal gucken, wie die Republikaner mit der Niederlage umgehen. So sehr war das Nervensystem des liberalen Amerikas angekratzt, dass Tage vor der Wahl noch die Rede von Unruhen war, sollte Donald Trump das Ergebnis nicht anerkennen bei einer Niederlage – wovon ja alle ausgingen.

Wenn die Straßen dann brennen, scherzte ein Kollegen in Deutschland, bist du mittendrin. Sie hatten mich ins vermeintliche Krisengebiet geschickt. Dabei, und das wurde spätestens am Ende der Wahlnacht allen klar, die weggesehen hatten, stimmte nicht nur dort, sondern im gesamten Land etwas nicht.

Das Wahlbarometer der Umfragespezialisten der *New York Times*, auf das Millionen von Amerikanern im Wahlkampf wie einen Fixstern geblickt hatten, versprach am Tag vor der Wahl mit einer Wahrscheinlichkeit von 85 Prozent, dass Hillary Clinton statt Donald Trump gewinnen würde. Frei nach Andy Warhol: »In the future, everyone will be world-famous for 15 percent.«

Wenn sie bei dem Vorsprung jetzt nicht als Siegerin über die Ziellinie gehen würde, dachte man, war sie wohl niemals losgerannt.

Gegen 21 Uhr waren Dennis Berwyn und ich auf die offizielle Wahlparty der Republikaner im Marriott gefahren. Vorher, beim Abendessen, als die ersten Ergebnisse aus den anderen Bundesstaaten vermeldet wurden und es nicht wie ein Durchmarsch für Trump aussah, hatte Berwyn noch gesagt: »Maybe it's just not gonna be his night.« *Vielleicht reicht es für ihn heute Abend einfach nicht.* Der Abend war der 8. November 2016, Amerika hatte gewählt und Donald Trump an seinem Ende gewonnen. Ab morgen früh müsste die große amerikanische Erzählung, das fortwährende Spiel aus Gewinnen und Verlieren, das ewige Nachobenschwimmen, um ein Kapitel erweitert werden. Doch noch wusste keiner (dem Vernehmen nach nicht einmal Trump selbst), was da auf uns zukommen würde.

Eins der hässlichsten Gebäude in Cleveland, Ohio, ist die so genannte Rock & Roll *Hall of Fame* am Ufer des Lake Erie, eine von Stahlträgern gehaltene schwarze Glaspyramide ohne einen Funken Raffinesse, die man so nur bauen kann, wenn man Florenz und Dresden für exotische Vornamen hält. Im Juli 2016 wehte der Duft von Grillfleisch von der angrenzenden Wiese des Rock-Museums herüber. Die Republikaner feierten den Auftakt ihres Parteitages, drei Tage später würden sie Donald Trump zu ihrem Spitzenkandidaten küren. Es war ein heißer Tag, die Delegierten hatten sich zur Begrüßung zu einem BBQ versammelt. Vielleicht war es reiner Zufall, dass die Parteiführung keine Blues oder Jazz-Stadt ausgewählt hatte. Vielleicht war es Fügung, dass die Krönungszeremonie des windigen Immobilienunternehmers im Schatten dieser *boys clubs* für alternde, meist weiße Bands stattfinden sollte.

Unter den Delegierten stand ein Mann in Jeans und T-Shirt, an dem sich mein Blick festhielt. Auf seinem Rücken prustete ein wutschnaubender Elefant, das Wappentier der Republikaner. Darunter standen zwei Worte, die man inmitten der aufgekratzten Stimmung im Sommer 2016 allenfalls als nett gemeinte Warnung deuten konnte: *Hardcore Conservative.* Ich fragte ihn, ob ich davon ein Foto machen könne. »Aber natürlich«, sagte der Mann. Es war Dennis Berwyn.

In Amerika sind es die klassischen Eisbrecher, die einem die Möglichkeit eröffnen, sich in tiefere Gespräche verwickeln zu lassen. Mit einem Satz wie »Hey, how are you?« oder »Where are you from?« kann man zunächst wunderbar an der Oberfläche entlangsegeln. Doch wenn man ein wenig Neugier mitbringt, kann man anfangen, ein bisschen vorzufühlen – mal gucken, ob das Gegenüber gesprächsbereit ist und man selber gewillt, in den Kaninchenbau aus irren, überraschenden, kaputten Geschichten hinabzusteigen, die dieses Land zuhauf produziert.

»Du kommst aus Deutschland?«, sagte Dennis Berwyn zu mir. »Da bin ich aufgewachsen. Servus, Alter!« Ein leichter Akzent schwang in seinem tiefen Bourbonzigarettengegurgel mit. 1960 kam er in Washington, D. C. zur Welt, im Alter von zwei Monaten zog er mit seinen Eltern nach Frankfurt, ging anschließend auf eine Militärschule der Alliierten. Mit 18 kehrte er in die USA zurück, kam zunächst nach Kalifornien (»ich war ein langhaariger Hippie«) und über Umwege nach North Carolina. Im Studium hatte er sich für Gesellschaftsordnung und Staatswesen interessiert, anschließend eine Familie gegründet und ein Haus gekauft. Im Sommer 2016 arbeitete er als Wahlkampfmanager für den republikanischen Lokalabgeordneten Chris Malone in Raleigh.

Irgendwann hatte Hardcore den Hippie ersetzt.

In Cleveland hielt Berwyn ein Bier in der Hand und erklärte, warum Trump, dessen Kandidatur er anfangs nicht unterstützt hatte, der richtige Mann sei, um Amerika nach Barack Obamas historischer Amtszeit zu führen. Der Politikstratege schien da schon ein Gespür dafür zu haben, womit die Presse im Juli 2016 noch haderte und was das linke Amerika sich zu ignorieren erlaubte: Es würde nicht reichen, auf dem großen Schachbrett, das die amerikanische Politik darstellte, bloß den einen nervigen Bauern runterzuschnipsen, weil die Wut der Trump-Supporter weiter zurückreichte als zu dem Moment, in dem dieser seine Kandidatur bekannt gab. Schönwetterpopulist Newt Gingrich, der Mitte der 90er Bill Clinton in der Lewinsky-Affäre vor sich hergejagt hatte und später die *Tea-Party*-Bewegung samt ihres Maskottchens Sarah Palin, all das waren Vorboten des Rechtsrucks gewesen.

Der Kulturwandel, die Hinwendung zur Identitätspolitik unter den Konservativen, hatte den Politikwandel angekündigt. Die Republikaner hatten erkannt, dass man sich die klassischen linken Interessensthemen zum Schutz von Minderheiten aneignen konnte, um auf Stimmenfang zu gehen und unter der eigenen Kernwählerschaft eine *white angst* zu schüren. Selbst ohne die Figur Trump hatte sich auf dem Spielfeld etwas verschoben, das sich nicht einfach zurückdrehen ließ. Trumps Rhetorik war nur der Katalysator, nicht Initiator für Amerikas neue politische Realität. Politik fand nicht mehr in Ortsvereinen statt; der Stammtisch, an dem die Genug-ist-genug-Amerikaner nun einkehrten, hieß *Fox News*, *Breitbart*, *The Daily Caller* oder, bezeichnenderweise, *Info Wars*. Ein nicht unerheblicher Teil des Landes reagierte lediglich auf Reizwörter, nicht mehr auf Tatsachen. Wer einmal eine Meinung hatte, ließ sich nicht durch Zahlen, Daten oder Fakten davon abbringen. »Was ihr Reporter nicht versteht«, sagte Berwyn mir später in Raleigh, »ist, dass das, was in Washington passiert, für uns egaler nicht sein könnte.«

Was ja Kalkül war: Dort hatten sich die Konservativen den neuen Fokus aus Verlustangst-Themen ausgedacht, dort hatten sie den Sturm gesät, der über das Land hinwegfegen sollte.

Nach den aufgeheizten Sommertagen in Cleveland, an denen die Anti-Trump-Proteste das Stadtbild prägten, hielten Berwyn und ich Kontakt. Alle paar Wochen schrieb ich ihn an, um mir ein eigenes kleines Stimmungsbarometer zu basteln: *Hallo Amerika, wie geht's?* Als ich ihn fragte, ob ich ihn am Wahltag begleiten könne, stimmte er sofort zu.

Die zufallende Tür knallte etwas zu laut. Ich streckte meine Beine aus. Dennis Berwyn drehte den Schlüssel um, wir fuhren los. Irgendwo da draußen lag der Anfang von Amerikas nächstem Kapitel.

Hinten auf der Rückbank und im Kofferraum lagen die restlichen Kisten mit Wahlplakaten und Drahtgestänge. Am Vorabend hatte ich Berwyn und ein paar andere Parteimitglieder beim Aufstellen der letzten Plakate vor den Wahllokalen begleitet. Nach dem Abendessen steuerten wir Schulen und Gemeindezentren an, wo es zuging wie auf dem Flohmarkt im Morgengrauen: *Scheiße, die Demokraten waren schon da, die haben sich den besten Platz geschnappt, von hier kann man unsere Schilder ja gar nicht erkennen.* Auch Trump hatte den Sommer über mit Clinton bei den Wählern um den Preis gefeilscht. Nur hatte sie bereits irgendwann ab 1974 ihre Schilder aufgestellt – Jurastudium in Yale; Rechtsanwältin und Gastprofessur; *First Lady* des Gouverneurs von Arkansas; *First Lady* im Weißen Haus, wo sie ihre eigenen Politikinitiativen vorantrieb; danach Senatorin von New York und schließlich Außenministerin unter Barack Obama. Der 8. November 2016 hatte ihr Abend werden sollen.

Er gehe alle zwei Jahre zum Friseur, sagte mir Dennis Berwyn, während er das Fenster auf seiner Seite herunterließ, damit der Dampf seiner *Camel Filter* abziehen konnte. Sein Wecker hatte um 6:15 Uhr gebimmelt, er hatte »einen Jacobs-Kaffee getrunken«, wie er auf Deutsch sagte, in die Zeitung geguckt, geduscht, ein paar Anrufe getätigt. Gegen 8:30 Uhr hatte er mich eingesammelt. Ich guckte irritiert auf das graue Haar, das unter der blauen Baseballkappe hervorguckte. Alle zwei Jahre zum Friseur, ach ja? Alle zwei Jahre, nickte er, immer wenn der Präsident beziehungsweise der Kongress neu gewählt werde, mache er sich einen Friseurtermin. Dazwischen aber natürlich auch. *Hahah, hohoh.* Hippie-Humor statt Hippie-Frisur. Konnte ich mit leben. Auto- und Traktorhändler, Felder, Wälder, amerikanische Leichtbauhäuser zogen am Fenster vorbei. Berwyn steckte sich die nächste Zigarette an. Ich dachte an meinen Anflug auf North Carolina und dass, wenn man auf Reisehöhe aus dem Flugzeugfenster herunterschaut und dabei einen Punkt fixiert, die Welt trotz der enormen Geschwindigkeit wie in Zeitlupe an einem vorbeizieht. Aus der Modelleisenbahn-Perspektive erkennt man natürlich das Gesamtbild viel besser. Man bekommt mehr mit, dafür gehen Details verloren. Seit Januar 2016 war ich dem Wahlkampf hinterhergereist. Jedes Mal hatte ich meine blaue Tasche gepackt, die selbst in den kleinen Propellermaschinen oben ins Ablagefach passte. »Travel light, that's key«, hatte mir ein amerikanischer Kollege als Rat vor meiner ersten Tour mitgegeben. In den Winterwochen hatte die Tasche Platz für sieben, wenn das Wetter wärmer war für zehn Tage saubere Klamotten. Bei jeder neuen Tour war ich mit der simplen Vorstellung im Gepäck losgefahren, den Vorhang ein bisschen weiter lüften zu können. Während Dennis Berwyn sagte, »election day has its own grammar«, fragte ich mich, ob dieser Blick hinter die Kulissen wirklich so viel brachte. War es interessanter zu erfahren, wie die Wurst gemacht wird oder wie sie den Leuten schmeckt?

Amerika ist Schauspiel, in jeder Hinsicht, immer und überall. Warum jetzt nicht einfach das Theater angucken, bewerten, statt einer Spin-Doctor-Wahrheit hinterherzujagen, die eh für jeden anders aussah? Das, was auf der Bühne stattfand, war schließlich die Kunst, nicht die Arbeit der Bühnenbildner dahinter. Geht man heute, im Jahr 2020, zwei Schritte zurück, um mit etwas Abstand auf die Dinge zu blicken, klingt Amerikas Wirklichkeit nach knapp vier Jahren Trump ja wie eine Geschichte, die sich ein Kind ausdenken würde. Was anfangs wie eine griechische Tragödie anmutete, anschließend in ein unterhaltsames Shakespeare-Drama abdriftete, ist inzwischen nicht mehr viel überraschender als eine gut gemachte Seifenoper. Die einzige Frage, die unbeantwortet bleibt, ist, ob die Regieanweisungen für die Inszenierung von Vladimir Putin kommen.

Berwyn und ich hatten zuerst ein Wahllokal an einer örtlichen Highschool angesteuert. Draußen stand eine seiner freiwilligen Mitarbeiterinnen.»Nicht viel los bislang«, sagte sie, als sie die Flugblätter für Chris Malone, Berwyns Boss, entgegennahm. (Am Wahltag darf man in Amerika Informationsblätter verteilen, um denen, die sich bis dato nicht mit der Wahl oder den Kandidaten beschäftigt haben, einen Denkanstoß zu geben: *Gegen Abtreibungen, Steuererhöhungen und Abschaffung der Studiengebühren? Dann hier entlang, das Kreuz da, da und da, bitte, danke …*) Wir gingen in Richtung Turnhalle, wo die Wahlkabinen aufgebaut waren. Berwyn hielt einer älteren Dame mit Gehstock die Tür beim Herauskommen auf. *Good morning, how are you? It's a fine day, isn't it?*

Innen: zwei Wähler, zwei Wahlhelfer, 15 Kabinen. Eine Stunde später, in Bedford, standen rund 300 Menschen in der Schlange.»Kein Wunder«, sagte Berwyn, die Menschen gingen gleich morgens oder eben in der Mittagspause wählen. Er schüttelte Hände, sprach mit ihm bekannten Gesichtern und ließ sich Zahlen vom Wahlleiter durchgeben, von denen er seine interne Hochrechnung für Chris Malones Wiederwahlkampagne ableitete. Ich ging die Schlange ab. Raquel Robinson, 42, Fitnesstrainerin aus Raleigh, sagte, sie habe vor, weder für Trump noch für Clinton abzustimmen.»Ich werde Gary Johnson wählen.« Ihre Tochter hätte ihr von der Webseite isidewith.com erzählt, wo man seine

Vorlieben ankreuzen konnte, um die mit den Wahlprogrammen der einzelnen Politiker abzugleichen. Der Drittparteikandidat Johnson habe bei ihr an erster Stelle gestanden, dann Clinton, erst an vierter Stelle kam Trump. Die zwei klaren Favoriten hätten aus ihrer Sicht »ein Anstandsproblem«: »Trump ist ehrlich mit dem, was er sagt, obwohl mir die Wortwahl nicht gefällt.« Clinton hingegen habe den Nachteil, schon so lang im Politikbetrieb zu sein. »Sie hat viel mehr Zeit als Trump gehabt, Fehler zu machen.«

Julie Brown, 42, Steuerberaterin aus Raleigh, sagte, Hillary Clinton sei so unbeliebt, dass der Wahlsieg für Trump schon beinah ein »no brainer« sei. Ich hatte gedacht, dass die Wähler und Wählerinnen darüber reden würden, warum Amerika aus seinen 320 Millionen Einwohnern ausgerechnet diese zwei ausgewählt hatte. Taten sie aber nicht. Der Markt, der im Kapitalismus angeblich alles regelt, hatte im wettbewerbsaffinen Amerika ganze Arbeit geleistet: Er hatte die Frau ausgewählt, die für alles steht, was in der amerikanischen Politik falsch läuft – dubiose Geschäfte, Zugang durch Spenden, Vetternwirtschaft. Und den Mann, der für alles steht, was in der amerikanischen Kultur falsch läuft – *celebrity culture*, Oberflächlichkeit, Ich-Bezogenheit, Sexismus, Rassismus …

»Komm mal her, ich will dir jemanden vorstellen.« Berwyn stand auf einer Rasenfläche am Ende der Wählerschlange. Septina Florimonte streckte mir ihren Arm entgegen und lächelte. »Nice to meet you«, sagte sie. Wie klar es ist, dass man mit einem Brett vorm Kopf rumläuft, merkt man immer, wenn die Frage »Ja gibt's denn so was?« mit einem »Logo, steht vor dir« beantwortet werden kann. Eine schwarze Wählerin, die Trump unterstützt – wie passt das, dachte ich, wenn der sich doch die ganze Zeit wie ein weißer Herrenmensch aufführt?

Sie sei vor zwanzig Jahren aus Sierra Leone nach Amerika gekommen, erzählte Florimonte. Die Republikaner unterstütze sie seit 2000, fuhr sie fort, Trump seit der Ankündigung seiner Kandidatur. Ob sie irgendwelche Makel bei ihm sehe, wollte ich wissen. Irgendetwas, das ihr nicht zusagt. Er habe so seine Probleme, sich mit gewissen Minderheiten zu arrangieren, sagte sie. Aber jeder, der neu sei im Geschäft der Politik (schließlich sei er eigentlich *Immobilienunternehmer*), durchlaufe eine gewisse Lernkurve. Es klang wie die einfachste Ausflucht: als ob sich das Geschäftemachen und das Interesse an menschlichen Anliegen gänzlich ausschlossen.

Ich schrieb artig mit, hatte mir abgewöhnt, der Logik solcher Aussagen etwas entgegenzusetzen. Ich war nicht als Missionar nach Amerika gekommen. Sollten sich die Amerikaner doch untereinander streiten, das war hier nicht mein Spielfeld. Notieren: ja, gern. Argumentieren: eher nicht. Man muss den Leuten nicht alles durchgehen lassen, besonders wenn es allzu lächerlich wurde, nur hatte ich meine Streitlust seit einer Tour durch Wisconsin weitestgehend aufgebraucht, nachdem ein älterer Herr in »Air Force Veteran«-Fliegerjacke mich dort im März 2016 angesehen hatte, als hätte ich zwei Köpfe am Halsende – wir hatten uns über Mordlust im Islam gestritten, auf die er bestand. Mein Argument, dass es eine grundlegend friedliche Religion sei, ließ er nicht durchgehen, woraufhin ich ihn fragte, was denn mit den weißen Christen sei, die im Namen des Herren das Schwert geschwungen oder Jahrhunderte später die Halbautomatische gezückt hätten. Noch nie in meinem Leben bin ich so entgeistert angeguckt worden. »Whooo? WHAT?!?«, brachte er noch heraus, bevor ihm die sogenannte Hutschnur platzte. Was mir denn einfiele, ich könnte doch nicht, usw. usf. Mir fiel eine Menge ein. Seit dieser Auseinandersetzung behielt ich es größtenteils für mich.

Dass Trump, wie Septina Florimonte es ausdrückte, ein Problem hatte »sich mit gewissen Minderheiten zu arrangieren«, war natürlich auch ein »no brainer«. Man brauchte nicht viel Gehirnschmalz, um aus seiner Rhetorik ein Spiel mit rassistischen Tendenzen herauszulesen. Florimonte war nicht die einzige Migrantin, die ich traf, die konservativere Ansichten hatte als so manch weißer *American Vorstadtdad*. James Fallows, einer der großen Chronisten amerikanischen Lebens beim Magazin *The Atlantic*, hat in einem Interview einmal sinngemäß gesagt, dass, wenn die Zeitachse der Bundesrepublik Deutschland entlang des Faschismus verlaufe, es in den Vereinigten Staaten der Rassismus sei. Es sind diese historischen Abschnitte, die Jahrhunderte der Sklaverei in den USA bzw. die NS-Zeit in Deutschland, wollte er damit sagen, an denen sich die moderne Gesellschaft in beiden Ländern messen lassen muss. Man kann diese Herausforderung mit einem Gespür für geschichtliche Empfindsamkeit annehmen – oder sie wissentlich ignorieren und stattdessen ausländerfeindliche Motive bedienen. Was wusste Trump, der *billionaire playboy* aus Manhattan, der fast jede Nacht im Wahlkampf mit seinem Privatflugzeug zurück nach New York flog, um nicht in fremden Hotelbetten übernachten zu müssen, denn von dieser amerikanischen Lebenswirklichkeit? Kannte er die Sorgen der Menschen besser als andere Politiker oder bediente er bloß ihre Ängste wirkungsvoller, dass Septina Florimonte über ihn sagte, »er spricht die grundlegenden Probleme im Herzen der Gesellschaft an«?

Am Tag vor der Wahl fegte Trumps Kampagne ein letztes Mal über das Land hinweg. Fünf Reden in fünf Bundesstaaten, von morgens früh bis spät in die Nacht. Ein letztes Rütteln am Zaun. *No-brainer tour*. Nach dem ersten Auftritt am Vormittag in Florida landete er gegen halb drei in Raleigh. Ich saß im Pressebereich der überfüllten *Dorton Arena*, noch zwanzig Minuten bis zu Trumps Auftritt. Über die Lautsprecher lief Musik vom Band, eine Endlosschleife aus harmlosem Poprock: »Rocket Man« von Elton John, »Don't Stop Believing« von Journey, »Hey Jude« von den Beatles und natürlich »You Can't Always Get What You

Want« von den Rolling Stones in der langen Albumversion mit dem engelsgleichen Kinderchor-Intro und Mick Jaggers abschließender Botschaft *You get what you need*. Natürlich, das war *die* Frage: Würde Amerika wirklich bekommen, was es verdient hatte? Was wollten diese Menschen hier im Saal, was brauchten sie?

Ich schaute ins Publikum. Gut gelaunte, selbstbewusste Amerikaner, unmissverständliche Trump-Anhänger. Aber kein Meer aus Septina Florimontes. Viele weiße Gesichter, rote MAGA-Kappen. *Make America Great Again.* Clintons Kampagnenspruch musste ich noch einmal googeln, um sicherzugehen, dass er wirklich so lautete (»Stronger together«), obwohl er wahrscheinlich durch unzählige Agenturhände zur *finalen Abnahme* gegangen war, während Trumps globaler Ellenbogenausfahrslogan so klang, als hätte er ihn sich auf dem Klo ausgedacht (nebenbei: hat er nicht). Trump, ganz der feinfühlige Brückenbauer, sagte in Raleigh, die afroamerikanischen und lateinamerikanischen Wähler hätten doch nichts zu verlieren, so schlecht sei es ihnen unter Obama ergangen – jetzt könnten sie ja auch einfach für ihn abstimmen.

Manchmal war Trumps Ignoranz im Umgang mit dem rassistischen Erbe der USA schier unfassbar – und dann wiederum komplett erwartbar.

Nach der Rede hallten »U-S-A! U-S-A! U-S-A!«-Sprechchöre durch den Saal in Raleigh. Dieser Patriotismus, den Trump da bediente, kratzte noch einmal sehr laut mit der Nadel durch die Tonspur von Amerikas hässlicher Vergangenheit: Da feierte sich ein Land für Errungenschaften, die lange zurücklagen, ohne sich je auf sinnvolle Weise mit den Ausgebeuteten und Verlierern der amerikanischen Geschichte auseinandergesetzt zu haben.

Es ist nicht schwierig, herauszulesen, wonach sich Trumps Anhängerschaft sehnen sollte: dem Amerika der Reagan-Ära. Die einzige Supermacht auf dem Planeten, wirtschaftlich und militarisch den Klassenfeinden haushoch überlegen, angeführt von einem telegenen, kameraerfahrenen Präsidenten, der über Umwege in die Politik gelangt war; selbst Trumps Slogan war schließlich von Ronald Reagans Wahlkampf 1980 entlehnt (»Let's Make America Great Again!«). Schaut man sich das amerikanische Kino an, das das politische Selbstverständnis dieser Zeitspanne einfing, ging es auf dem Höhepunkt des Kalten Krieges auch immer darum, nicht nur den Rivalen zu schlagen, sondern von ihm Respekt gezollt zu bekommen. Maverick und Icemans Rivalität in »Top Gun« ist darauf ausgelegt, genauso wie das Ende von »Rocky IV«, an dem die Sowjet-Apparatschiks Rocky Balboa als großen Kämpfer anerkennen. Und viel anders schien es Trump auch nicht zu gehen: ja, *winning* war ihm wichtig, aber nicht unwichtiger schien sein Drang, respektiert zu werden – früher als Zögling, der von Queens nach Manhattan geht, um in der glitzernden *high society* anzukommen; heute als mächtigster Mann der Welt in der Geopolitik.

Nur klangen die USA unter Donald Trump im Herbst 2016 wie eine Nation, die mit Lautstärke statt echter Stärke auf sich aufmerksam machen musste. Der alte Schlager vom *American exceptionalism* plus Trumps nationalistische Wirtschaftstheorie – das war reine Beschwörung vergangener Souveränität und keine ernsthafte Auseinandersetzung mit Zukunftsfragen.

Bei Trump war keine tief greifende Vision zu erkennen, und die Wähler mussten erst mal über unzählige Schönheitsfehler hinwegsehen. »Trumps Verhalten Frauen gegenüber ist anstößig«, sagte Septina Florimonte am Wahltag, »aber ich stimme hier doch nicht für den Papst ab.« Niemand sei perfekt, »und wenn schon«, schob die 38-Jährige hinterher, »es steht mir nicht zu, darüber zu richten«.

Wer würde schon, objektiv, über Trump richten können? Für das liberale Amerika war die Nummer durch – Clinton war vielleicht nicht perfekt, aber Trump eben komplett untragbar. Andersherum ja auch: Für Leute wie Dennis Berwyn war Trump lediglich ein erprobtes Kampfmittel gegen acht Jahre Verständnisliberalismus, der sich um Umwelt, Gesundheitswesen, faule Studenten und Transgender-Toilettenschilder gesorgt, aber nicht um die Staublungen der Kohle-Kumpel gekümmert hatte.

Acht Stunden nach Trumps Auftritt, kurz vor Mitternacht, machte Hillary Clinton in Raleigh halt. Was dort in der Sporthalle der North Carolina State University in der Luft lag, lässt sich mit dem Wissen um den Ausgang der Wahl kaum glaubhaft beschreiben. War die Aufregung, das Geklatsche, die überdrehte Betriebsamkeit dem historischen Ereignis des anstehenden Wahlsiegs geschuldet oder doch nur Vorfreude auf die Stargäste Lady Gaga und Jon Bon Jovi, die später zusammen auftraten und »Livin' on a Prayer« im Duett sangen?

Jedenfalls stand Lady Gaga in einer Art Michael-Jackson-Kostüm (verspiegelte Sonnenbrille, schwarzer Blazer mit glitzernder Phantasiebrosche und roter Armbinde – kein guter Look, heute, vier Jahre und eine Neverland-Dokumentation später) auf der Bühne; alles wartete auf Hillary Clinton, der Minutenzeiger tickte auf null Uhr zu, und wieder sah man die Inszenierungsmaschine rattern: Ein letzter Push in der Nacht vor der Wahl, um für den Frühstückstisch die passenden Bilder zum Start in den Tag zu liefern. Gaga sagte einen Satz, der heute fast noch unglücklicher klingt als die Michael-Jackson-Aufmachung aussah: »Ich hatte es mir nie ausgemalt, dass ich eines Tages erleben würde«, drei Sekunden Kunstpause, »dass eine Frau Präsidentin der Vereinigten Staaten wird.«

Für Lady Gaga wie für Millionen andere Frauen, war Hillary Clinton der Beweis, dass Frauen eben (fast) alles erreichen können. Doch was war diese Inspiration wert, wenn dem Kontrahenten etwas gelang, das Septina Florimonte zwölf Stunden nach

Clintons Wahlkampfrede so zusammenfasste:»Trump bringt den amerikanischen Traum zurück.«

Die Idee, dass es jeder in Amerika schaffen kann, wenn er oder sie nur hart genug arbeitet, ist natürlich eine der größten Unwahrheiten, die dieses Land je hervorgebracht hat. Glück, Zufall oder Talent können einen an die Spitze bringen, gewisse Privilegien genießt man in den USA jedoch nur als weißer Mann.

Dass also ausgerechnet Donald Trump, der mit Millionen auf dem Familienkonto auf die Welt kam und dem es in seiner Kindheit angeblich an nichts außer väterlicher Liebe fehlte, die Amerikaner dazu inspirieren könnte, Großes zu schaffen, wirkt naturgemäß absurd. Aber so funktioniert der *American Dream* nun einmal: Trump war zwar allerlei Silberbesteck in die Wiege gelegt worden, aber er lebte das Leben, wie man es leben sollte. Der Clinton-Weg? Yale, Gastprofessur, *First Lady* in Arkansas, und so weiter und so fort? *Don't be silly!*

Nein, Trump flog mit dem Privatjet über den Kontinent. Er hatte ein Model geheiratet, und als die schwanger war, küsste er eine andere auf den Mund und langte ihr werweißwohin. Er dachte, was er sagte. Er sagte, was er wollte. Keine Kompromisse. Und einen langweiligen Boss hatte er in seinem Leben auch nie gehabt. Tellerwäscherromantik schön und gut. Aber es kommt doch darauf an, *wie* man den Traum mit Leben füllt. Trumps Traum vom Weißen Haus war abenteuerlich – und wahr geworden.

The American Dream ist auch: Teil der Action sein, einmal mit am Tisch sitzen, einmal im Leben zuschauen, ob die Roulette-Kugel auf Schwarz oder Rot landet. Trump war dieser Spieler,»die richtige«Mischung aus Gauner und Milliardär«, wie es Dennis Berwyn ausdrückte. Er zeigte Amerika, oder besser: einem Teil von Amerika, wie man es macht. Wem die Tür zu seinem persönlichen Glück verschlossen blieb, den wies Trump indirekt darauf hin: *Guck mal, es gibt auch noch die Hintertür.*

Weshalb ihm seine Wähler auch die Affäre, die Selbstverliebtheit, den Sexismus, den Mangel an Stil durchgehen ließen. *Er hat die Steuer und seine dritte Ehefrau beschissen? Good for him.*

Die Wahllokale hatten noch eine knappe Stunde geöffnet, als Dennis Berwyn sich fallen ließ. Der Stuhl im Friseursalon klappte zurück, er lag da, erschöpft vom langen Tag. Bis auf seinen Kopf war er unter einem schwarzen Umhang verschwunden. Die Friseurin pinselte seinen Bart ein. »Jetzt müssen Sie einmal kurz schlucken«, sagte sie und fuhr mit einer Rasierklinge vorsichtig über den eingeseiften Kehlkopf. »Immer wieder ein komisches Gefühl«, sagte er, »wenn dir ein Fremder mit so einem scharfen Messer am Hals entlangfährt.« Die Frau breitete in der Luft ein dampfendes Handtuch aus, mit dem sie die Schaumreste abtupfte. »Alles eine Sache des Vertrauens«, sagte sie.

Berwyn sprach mit geschlossenen Augen. Er sprach über seine Jugend in Europa, sein Haus, seine Hypothek, den alten Rennwagen, den er verkaufen wollte, seine Familie, über die Söhne, seine jüngste Tochter, die schwarz ist, und wie sie mit Vorurteilen und Rassismus umgeht. Er sagte auch: »Ich habe nichts gegen Einwanderung. Sie sollte bloß legal erfolgen. Die Leute sollen die richtigen Papiere bekommen, damit sie rechtmäßig hier sind, Steuern zahlen und zur Gesellschaft etwas beitragen können.«

Auf den Autofahrten zwischen den einzelnen Wahllokalen hatte Berwyn aufgekratzt gewirkt. Auf dem Friseurstuhl kam er zur Ruhe. Ganz oben auf dem Wahlzettel in Raleigh hatten Clintons und Trumps Namen gestanden, ein paar Zeilen darunter, hinter den Kandidaten für den Kongress, dann die Lokalabgeordneten, wie Chris Malone, Berwyns Chef. Die Realitäten waren für ihn an diesem Abend einfach skizziert: Würde Malone seinen Sitz verlieren, stünde Berwyn anschließend ohne Job da.

Zwei Jahre später, als der Kongress im November 2018 die *midterms* abhielt und Berwyn wieder einen Friseurtermin gemacht hatte, kam es genau so: Malone verlor seinen Sitz im Abgeordnetenhaus – und Dennis Berwyn seinen Job. Die Demokraten waren in Scharen zur Wahl gegangen. *Denkzettel für Trump* lauteten die Überschriften am Morgen danach. Ich fragte Berwyn, ob Trump den Vertrauensvorschuss, den die Wahl im November 2016 für den Politikneuling bedeutet hatte, verspielt hätte. Obwohl die Wahl verloren gegangen war für Team Malone, war Berwyn guter Dinge. »Amerika marschiert weiter, die Wirtschaft brummt. Raleigh geht es gut, die Menschen sind unterwegs, kaufen ein, geben Geld aus. Uns geht es gut, die Menschen bekommen wieder mehr Babys, ich habe zwei neue Enkelkinder. Meiner Familie und mir geht es gut. Selbst der Wert meines Hauses ist gestiegen.«

Und Trump? Der hätte sich einfach nur ein blaues Auge abgeholt. »Einwanderung und nationale Sicherheit, damit gewinnt niemand einen Preis. Schwieriges Thema. Hat seit Reagan niemand angerührt.« Dass Trump Teile der Presse als »enemy of the people« bezeichnete, damit konnte er nichts anfangen, aber wenn er sich etwas wünschen dürfe, dann mehr Journalismus ohne Meinung. »Diese ganzen Adjektive und Superlative treiben vielleicht die Quoten hoch, schöner wäre es aber, wenn sie einfach objektiv darüber berichteten, was passiert ist.«

Die *midterms*, die Kongresswahlen zwischen zwei Präsidentschaftswahlen, seien brutal gewesen, sagte er. Weniger als 3000 Stimmen hätten Malone zum Sieg gefehlt, obwohl sein Team und er mehr Spenden für die Kampagne eingesammelt hätten als noch zwei Jahre zuvor.

Auf dem Friseurstuhl liegend, hatte Berwyn 2016 noch gesagt: »Für die meisten Amerikaner wird dieser Abend enttäuschen verlaufen: Morgen gehst du wieder zur Arbeit, die Welt dreht sich weiter und das Laub hängt immer noch in der Regenrinne.« Für Trump war die Roulette-Kugel an der richtigen Stelle hängen geblieben. Für den Durchschnittsbürger änderte sich von heute auf morgen erst einmal: gar nichts.

Chris Malone hatte am Abend von Trumps Triumph seine Familie, das gesamte Wahlkampfteam sowie ein paar Freunde in ein Restaurant eingeladen. Um 19:30 Uhr schlossen die Wahllokale. Es dauerte anderthalb Stunden, bis die Männer am Tisch ihre Nervosität ablegten: Malone und Berwyn balancierten einen kleinen Laptop auf dem Schoß, immer mit dem Zeigefinger auf F5, *refresh, refresh, refresh*, um die aktuellsten Zahlen auf der Webseite der Wahlkommission abzurufen. Am Ende gewann Malone mit 53,1 Prozent der Stimmen gegen den Kandidaten der Demokraten. Wir zogen weiter zur offiziellen Party der Republikaner im Ballsaal des Marriott Hotel.

Ich fand in meinem Notizbuch von der Nacht am Rande einer vollgeschriebenen Seite drei Worte, komplett zusammenhangslos und ohne dass ich es einer Person zuordnen könnte, aufgeschrieben in hastiger Schreibschrift, über die ich heute noch nachdenke: *the Trump translator*, stand dort. Wer hatte das gesagt? Berwyn? Nicht, dass ich mich daran erinnern konnte. Jemand anderes? Vielleicht. War es mein eigener Gedanke gewesen? Ich weiß es nicht mehr. Es war ja auch egal, denn: Brauchte man Trump überhaupt noch zu übersetzen? Benutzte er nicht eine Sprache, die simpler und somit nicht weniger interpretationsbedürftig hätte sein können?

Oder war es anders gemeint gewesen? Als Frage danach, wie sich Trump auf das Land übersetzen lassen würde?

Monate später saß ich in Washington vorm Fernseher und schaute einen Film, aus dem man alles und nichts lesen kann. *Die Truman Show* mit Jim Carrey griff bereits 1998 auf, wohin sich unsere Sehgewohnheiten erst Jahre später entwickelten. Als Truman, dessen Leben als Teil einer Fernsehsendung auf Schritt und Tritt von Kameras eingefangen wird, gegen Ende des Films hinter der Kulisse seines Fernsehlebens verschwindet, ohne weitergefilmt zu werden, und die Zuschauer vor den Apparaten daheim jubeln, musste ich an Dennis Berwyn denken, wie er mir zum Abschied die Hand schüttelt und sich in der Menge verliert. *Erzähl deinen Lesern, was du heute hier gesehen hast.*

In der allerletzten Einstellung des Films sitzen zwei Parkhauswächter in ihrem Kabuff vorm Fernseher, die *Truman Show* ist vorbei, die Permanentaufzeichnung seines Alltags für immer beendet, für den Helden beginnt jetzt ein neuer Abschnitt. Die Bildschirme im Film schalten auf Schneegestöber, Ende der Übertragung. Fragt der eine Wächter den anderen, kurz bevor die schwarze Blende mit dem Abspann erscheint: »Und, was kommt als Nächstes?«

Höchste Zeit, genau das aufzuschreiben.

GUNS N' ROSES

Besuch in einer alten Kohle-Stadt.

Rock Springs, Wyoming

Hinter der Grenze zu Nebraska, wo das Land, das sie die *great plains* nennen, flach ist, baute sich nach ein paar Autostunden plötzlich Wyoming in seiner dramatischen Schönheit auf. Da war zu allererstenmal die unendliche Weite am Horizont. Meilenweit kein Haus, kein Städtchen, nur Natur, durch die jemand eine Landstraße gezogen hatte. Die Wolken schoben sich vor die Sonne, nur kurz, bis der Wind sie wegblies. Das Licht, das auf die schneebedeckten Bergkuppen fiel, ließ den Himmel türkisfarben leuchten. Im 18. Jahrhundert war hier Wilder Westen; die Cheyenne, Shoshonen, Sioux und andere Stämme bewohnten das Land, bis die europäischen Einwanderer kamen und den Kontinent unter sich aufteilten.

Hier, am Fuße des *Yellowstone National Park*, war die Natur so weit, atemberaubend und scheinbar unberührt, dass man es sich als Außenstehender kaum vorstellen konnte, warum sich in Wyoming statistisch gesehen alle 2,5 Tage jemand umbringt.

Was, bitte schön, sollte das mit der Natur zu tun haben? Nichts, natürlich. Aber, und das stellte sich erst später raus, ganz unschuldig war sie nicht. Diese elende Statistik (in den Jahren 2014 bis 2016 hatten Alaska, Montana und Wyoming abwechselnd den ersten Platz mit den meisten Suiziden pro 100 000 Einwohner unter sich ausgemacht)[1] war ein Detail, über das ich zufällig gestolpert war vor meiner Reise nach Rock Springs in Sweetwater County. Ich hatte einen Termin in Colorado und war einen kleinen Umweg nach Wyoming gefahren, in eine alte Kohle-Stadt, in der Bergbau und Ölförderung den Pulsschlag der Gemeinde bestimmten, um kurz vor Trumps erstem kleinem Amtsjubiläum (100 Tage im Weißen Haus) zu hören, ob die, denen er versprochen hatte, »beautiful, clean coal«[2] zurückzubringen, schon desillusioniert waren oder immer noch nicht genug vom neuen Präsidenten bekommen konnten.

Ist es naiv, an solch einem Ort nach Antworten zu suchen? Im Kern vermessen ist natürlich die Idee, zu denken, das Rüstzeug des Reporters führe automatisch zu einer höheren Erkenntnis: *Stift und Block in der Tasche – die Geschichten liegen auf der Straße und die Wahrheit auch, bitte aufsammeln.* Reichen Kugelschreiber, Notizbuch und ein paar Fragen, um der Realität zu begegnen und ihr Storys abzuluchsen, die etwas aussagten?

Minimalerkenntnis in diesem Fall: echte Trump-Anhänger hängen Trump an. 98, 99, 100, 200 und 1000 Tage nach der Vereidigung.

Während ich noch einmal meine verabredeten Termine für die nächsten fünf Tage im Kopf durchging, rasten weiß-aufgrüne Verkehrsschilder an meiner fliegenverklebten Windschutzscheibe vorbei. Die Abfahrt nach Rock Springs auf der Bundesstraße I-80 rückte näher. Was ließe sich hier schwarz-auf-weiß ins Notizbuch schreiben? Was beschäftigte die Leute in diesem 23 000-Einwohner-Städtchen zurzeit?

Ich hatte mir ein Zimmer im *Baymont Inn & Suites* gebucht, einem Motel an der Durchfahrtstraße, gegenüber einer Tankstelle. Die Sonne verabschiedete sich hinter den Hügeln am Stadtrand. Vorm Einchecken machte ich, was man als Amerikaner so macht, wenn sich das Feierabendangebot ab 19 Uhr in Grenzen hält: Ich *cruiste* durch den Ort.

Viele Menschen auf den Straßen sah ich nicht. Hier und da bog ein Auto durch die Siedlungen. In manchen Vorgärten lag nasses Laub, das im Herbst niemand geharkt hatte und jetzt un-

35

ter dem geschmolzenen Schnee sichtbar wurde. In den Wohnzimmern wurde langsam das Licht angeknipst, hinter Vorhängen flimmerten Fernseher. Im alten Ortskern fuhr ich an dem geschwungenen Neonschild vorbei, das in der Google-Bildersuche als erster Treffer aufgetaucht war:

HOME OF

ROCK SPRINGS COAL

WELCOME

»This is a boom and bust town«, sagte mir der Bürgermeister dieser alten Bergbaugemeinde drei Tage später in seinem Büro. Wenn Amerika nach Brennstoffen hungert, sprudelt es in der Stadtkasse.

Draußen wehte ein frischer Wind durch die Straßen. Das Zimmer im *Baymont Inn* war heruntergekühlt, das Gebläse der Klimaanlage unterm Fenster, die zugleich als Heizung diente, fächerte von links nach rechts durch den Raum. Ich lag auf dem Bett und machte Notizen. Alle zwanzig Sekunden kitzelte es links am Fuß, dann rechts.

Auch das Land hatte von links nach rechts geschwenkt. Barack Obama stand für die Fotografen noch einmal neben Trump, als er ihm am 20. Januar den Schlüssel fürs Weiße Haus übergab. In den Late-Night-Shows sagte Louis C.K. auf dem Sofa von Stephen Colbert: »Voting isn't something you do because you want to. You don't look at it like, ›What do I want, how do I feel?‹ You say, ›What'll happen if I don't, or what'll happen if I do? What's my responsibility?‹«[3]

Zum Thema Verantwortung und freiem Willen würde Louis C.K. ein paar Monate später die mediale Debatte ein weiteres Mal befeuern – im Zuge der #metoo-Debatte hatte er zugeben müssen, vor Frauen die Hose runtergelassen zu haben. Für den

Augenblick stand der Satz so da, wie einst Kennedys Mantra »Don't ask what your country can do for you – ask what you can do for your country«. *Was ist meine Verantwortung, was habe ich als Wähler zur Demokratie beizutragen?* Wie falsch ist es, einen wie Trump gewählt zu haben? Und wie absurd, jemanden wie Trump überhaupt antreten zu lassen?

Unter das Eiswasser (circa 4/5 Eis, 1/5 Wasser), das mir Dwane Pacheo am nächsten Morgen reichte, schob er noch schnell einen Untersetzer. *US AIR FORCE Operation Enduring Freedom – Let's Roll* stand dort. »Einsatz für andauernde Freiheit« hatten die neoliberalen Politikstrategen ihre Mission im Kampf gegen den Terror getauft. *What's your responsibility?* Pacheo hat eine Kurzhaarfrisur, einen akkurat gezogenen Scheitel. Beim Erzählen kniff er hin und wieder die Augen zusammen. Früher war er in der Air Force, heute *Chief of Police* in Rock Springs. Bevor ich zu ihm ins Büro durfte, wurde ich von einem Mann hinter dicken Glasscheiben nach meinem Ausweis gefragt und ob ich eine Waffe dabei habe.

Die Polizeiwache befand sich in einem Flachdachgebäude aus rotem Backstein, mitten im Ortskern. Beim Schriftzug ROCK SPRINGS POLICE DEPT neben dem Eingang fehlte das I in POLICE, das L und das E waren umgekippt. Vielleicht war es der Wind, vielleicht auch nicht. Sicher war: der Bau und die Polizei an sich hatten in Amerika schon bessere Tage gesehen.

Der Ruf der Truppe, um es freundlich zu formulieren, war angekratzt. Zu oft, zu routiniert wurden aus einer Straßenkontrolle mit einer falschen Bewegung vier Kugeln in der Brust. Die Opfer: überproportional Schwarze Jugendliche. Hier in Rock Springs, wo im 19. Jahrhundert der Colt ähnlich schnell gezogen wurde, sei der Rückhalt für die örtlichen Gesetzeshüter gut, sagte Pacheo. »Rock Springs, home of 56 nationalities«, sagte er und dass die Stadt ein Schmelztiegel für Migranten sei, dass »hier niemand schwarz, weiß, gelb, braun, oder rot« sehe, »nur Menschen«.

Wenn mich jemand als Polizeichef danach fragen würde, wie es so um den Ruf der Truppe stehe, käme mir vielleicht auch eine Antwort über das friedliche Zusammenleben der verschiedenen Bevölkerungsgruppen in den Sinn, die das Anliegen von *Black Lives Matter* hysterisch erscheinen lassen würde. Ich bohrte nicht weiter nach. Rock Springs schien mir, auf den ersten Blick, kaum Chicago Southside zu sein, wo an schlechten Tagen die Kugeln verlässlich flogen wie Zugvögel ins Warme. Im vergangenen Jahr musste Pacheo zwei Morde in Rock Springs aufklären. Beide an der Bundesstraße, beide Täter waren auf Durchreise. Erst wurde eine Prostituierte in einem Hotel von einem Mann aus Utah ermordet, Wyomings Nachbarstaat im Südwesten. Beim zweiten Fall kam es auf einem Parkplatz zu einer Auseinandersetzung. Zwei Vertreter für Reinigungsprodukte, die mit ihrem Bauchladen von Tür zu Tür zogen, gerieten in einen Streit. Am Ende erstach der eine den anderen Mann.

Deutlich angezogen hätten auch Delikte, die im direkten Zusammenhang mit Opioiden stehen, Heroin sowie pharmazeutische Produkte, sagte der Polizeichef. Problem Nummer eins sei allerdings immer noch Alkohol. Ihm schmecke Bier wie jedem anderen auch, er wolle da gar nicht mit Verbotsdrohungen wedeln, sagte Pacheo, aber ohne Alkoholmissbrauch sei sein Job in Rock Springs deutlich einfacher.

Er erzählte von Oxycodone, einem Schmerzmittel auf Opiumbasis, das in den vergangenen Jahren aus Hunderttausenden Amerikanern Zombies gemacht hat. Erst tut die Schulter weh, erst wird der Weisheitszahn entfernt, erst ein Sportunfall, dann werden die Pillen verschrieben. *Hier, nimm, gegen den Schmerz.* Wenn das Stechen sich zurückmeldet, weil das wohlige Gefühl nach der Einnahme nachlässt, müssen mehr Pillen her. Wenn die Packung leer ist oder die Pillen zu teuer werden, weil die Versicherung nicht mehr mitmacht, heißt der Ersatz allzu oft Heroin.

»Ich habe beide Seiten gesehen. Die Behandlungen in der Klinik und die Verhandlungen vor Gericht«, sagte Pacheo. Er sei unentschlossen, ob man Drogenmissbrauch als kriminelle oder medizinische Angelegenheit behandeln solle.

Die medizinische Seite betreute in Rock Springs bis vor Kurzem eine Spezialistin für Suchtbehandlungen – bis das örtliche Krankenhaus ihre Stelle wegrationalisierte. Vier Wochen Kündigungsfrist, in 30 Tagen bist du raus, hieß es. Es sei eine Budgetfrage gewesen, sagte Pacheo. Leider, schob er hinterher. Viel verdienen ließe sich mit Abhängigen eben nicht, die meisten seien ja noch nicht einmal versichert. Für die Gemeinde in Rock Springs sei die Suchttherapeutin ein Segen gewesen. Heute arbeitet die Frau in Utah. Sie habe da sofort eine neue Stelle gefunden, erzählt Chief Pacheo.

Langsam ging der Unterhaltung die Luft aus. Zu viel Reden über Gewalt, Schusswaffen, Drogen, Krieg, Politik. Pacheo schien ähnlich zu denken. Zumindest sagte er kurze Zeit später den Satz, der in *corporate America* der Gnadenschuss für jedes Gespräch ist: »I have another meeting to go to.«

Ich verabschiedete mich, Polizeichef Pacheo führte mich noch den Gang herunter, bog rechts ab, ich links. Am Ausgang ließ ich mir meinen Revolver wieder aushändigen (kleiner Scherz) und ging ins Freie.

Nur ein paar Straßen weiter setzte ich mich auf eine Bank in einem kargen Park. Ich wartete. Nie bin ich zu früh, immer komme ich ein bisschen zu spät, das ist eine meiner nervigsten Eigenschaften. Überall auf der Welt machen sie Witze über den pflichtbewussten, pünktlichen Deutschen. Keine Ahnung, wie oft mir im Ausland schon Leute ins Gesicht gelacht haben: »Oh, you're from Germany? I thought you are so efficient, always on time. Kuckucks clocks, ja? Hahaha ...« Heute war ich zur Abwechslung mal überpünktlich. Meine nächste Verabredung war erst in vierzig Minuten. Während ich gedanklich über die Fragen auf meinem Zettel ging, hallte mir Pacheos Satz über die Suchtberaterin im Ohr, die Rock Springs verlassen musste und sofort eine neue Stelle fand: »Wissen Sie«, sagte er zu mir in seinem Büro und es klang wie ein Kniefall vor der Katastrophe, »heutzutage ist es nicht schwierig, in Amerika einen Job zu finden, wenn man als Suchtspezialist arbeitet.«

Die Opiumkrise war nicht die einzige Abbruchkante, an der die USA standen. Rock Springs war das beste Beispiel für Amerikas Suche nach dem nächsten Schritt. Vorwärts, rückwärts, seitwärts? Oder doch Stillstand? Hier in Wyoming prallten gleich mehrere von Amerikas Schwachpunkten aufeinander. Wenig von dem, was ich hier hörte, hatte mit den Schlagzeilen zu tun, die die politische Stimmung in D.C. bestimmten. Russland, Putin, und Trump unter einer Decke? Wenn ich nicht danach fragte, kam das Thema in Rock Springs nicht auf. Die genaue Zuschauerzahl von Trumps Vereidigungszeremonie? Niemand erwähnte es hier, niemand regte sich darüber auf. Amerikas Alltag bestand, so schien mir, weniger aus *breaking news* als *breaking points*: die Kohle-Industrie und die Frage, ob gut bezahlte Jobs für hart arbeitende Menschen möglich sind oder wie die Energieversorgung der Zukunft aussehen könnte, lockere Waffengesetze und eine ungewöhnlich hohe Suizidrate, die Opium-Krise und ein wankendes Gesundheitssystem.

Dass ich überhaupt in Rock Springs gelandet war, hatte ich dem Zufall überlassen. Eine Industriestadt sollte es sein, das war's dann auch schon an Koordinaten. Ich hatte nicht den Finger auf den rotierenden Globus gelegt und ihn in Wyoming zum Stehen gebracht, sondern bloß *coal + Trump + election* in das gerahmte Fenster der Suchmaschine eingegeben. Rock Springs tauchte an vierter oder fünfter Stelle auf, Wyoming war nicht allzu weit von dem Ort in Colorado entfernt, wo ich mich zu der Zeit befand.

Ich führte ein paar Telefonate, schickte ein paar Anfragen per E-Mail, und fuhr knapp eine Woche später los.

Jetzt saß ich also ausgerechnet hier, in dieser Stadt, und guckte auf die leere, traurige, tote Parkfläche hinter der Polizeiwache von Dwayne Pacheo. Wenn ich irgendwo hinkomme und es mir gefällt, überlege ich oft, ob das nicht ein Ort für mich zum Leben wäre. Das Gehirn rattert dann kurz die möglichen Lebenswirklichkeiten durch: in Bali am Strand blitzt die absurde Vorstellung auf, vielleicht doch Surflehrer zu werden; in der Provence spiele ich mit dem Gedanken, alles hinzuschmeißen und auf einer Ziegenfarm Käse zu produzieren. In Rock Springs lief meine Phantasie hingegen auf Grund. Ich hätte nicht gewusst, was ich hier gemacht oder wie mein Leben hier ausgesehen hätte. In den Bergbau gehen? Auf den Öl-feldern schuften? Trostlos ist das Wort, das einem schnell einfällt. Es ist ein komisches Wort, dieses *trostlos*. In einer Stadt, hinein-gebaut in eine überwältigende, karge Natur, die ihr Glück in der Ausbeutung dieser Natur findet, wo soll man da … Trost finden?

Am Gebäude gegenüber von der Bank, auf der ich saß und wartete, hingen ein paar Kreidetafeln. Die ersten zwei waren mit den Worten »One Day I Will …« überschrieben, darunter, in verschiedenen Kreidefarben und Handschriften, standen unter anderem folgende Worte und Gedankenfetzen:

L<3VE :)
DIE
Have a family
SMILE MORE
Change the world
BE RICH
Buy a puppy
Have 76 DOGS
Win the lottery!

Blow this town up
Make my mark
FIND LOVE
Serve abroad
Get Money
TRAVEL THE WORLD
Have a boyfriend
Smoke so much weed I die

Da war er also, weiß auf schwarz und in Kreide: der Trost. In Rock Springs manchmal nicht viel weiter als 76 Welpen oder ein paar tiefe Lungenzüge entfernt. Kurze Zeit später fuhr ein gut eingefahrener, weil leicht ausgebeulter VW Jetta ums Eck. Die Frau mit den dunklen, schulterlangen Haaren, die aus dem Wagen stieg, gehörte überraschenderweise zu den unterhaltsamsten Menschen, die ich in Rock Springs traf. Überraschend deshalb, weil Cassandra Crumptons Lebensinhalt das Unglück anderer Menschen ist.

Noch vom Auto aus winkte sie mir zu, so als ob wir ein Erkennungsmerkmal ausgemacht gehabt hätten, was auch nicht wirklich nötig gewesen wäre, weil neben mir auf der Bank niemand saß und auch sonst niemand durch die Straßen lief. Sie entschuldigte sich, dass ich warten musste; ich sagte, dass ich immer zu spät sei, nur heute einmal nicht, und dann lachten wir beide und gingen in ihr Büro.

Die Tür war abgeschlossen, sie kramte kurz nach dem richtigen Schlüssel an ihrem Bund. Das Schloss klickte, sie knipste das Licht an und wir standen in einem offenen Raum, der aussah wie ein Grundschulklassenzimmer ohne Stuhlreihen. Ein schmuckloser Raum, abgesehen von den Postern und selbstgebastelten Plakaten, die an der Wand hingen. Wir setzten uns an einen der Tische, ich legte mein Aufnahmegerät zwischen uns und ließ sie noch einmal erzählen, was ich längst wusste,

Sie als Leser aber erfahren sollten: wer Cassandra Crumpton ist.

Sie arbeite für die Gemeinde als sogenannte Präventionsspezialistin bei der *Prevention Management Organization of Wyoming.* Das sei eine gemeinnützige Einrichtung, sagte sie, die sich darum bemühe, Risiken und Nebenwirkungen von Alkohol, Tabak, Drogen und Suizid im Bundesstaat Wyoming zu verringern. Das klang als Beschreibung wunderbar technokratisch; was sie nicht zusammenfasste, war das Leid, mit dem Cassandra Crumpton täglich zu tun hatte.

Sie erzählte von Wyomings Suizidrate, die im Vorjahr nur knapp hinter Alaska lag. Alaska, muss man wissen, ist wie die Inselgruppe Hawaii meilenweit von den USA entfernt, hat jedoch nicht so schöne Strände. Weil Wyomings Einwohnerzahl so klein sei, nur rund 530 000, und die Statistik die Fälle auf 100 000 Einwohner hochrechne, sei die Zahl etwas verdreht, wenn man sich aber die absoluten Zahlen angucke, habe Wyoming immer noch doppelt so viele Fälle wie der landesweite Durchschnitt.

In Alaska ist es dunkel und kalt, zu bestimmten Jahreszeiten scheint den ganzen Tag die Sonne. Warum steht Wyoming in der Statistik kurz hinter dem Bundesstaat mit den vielleicht harschesten klimatischen Bedingungen? Gibt es dafür einen bestimmten Grund, fragte ich sie.

Die Sowohl-als-auch-Antwort überraschte nicht, was auch an meiner Fragestellung liegen mochte: »Sie werden Menschen finden, die sagen, dass sich das Risiko erhöht aufgrund der Höhenlage. Wir sind hier deutlich überm Meeresspiegel. Für einige liegt es am Wind, wieder andere sagen, dass es mit der Mentalität in Wyoming zusammenhängt.«

Ich hatte damals noch einmal kurz angehalten, als ich auf dem Weg nach Rock Springs war, getankt und mich in den Wind gestellt, um rund 2/3 Fotos zu machen wie ein peinliches Marsmännchen, das noch nie schneebedeckte Bergkuppen vor einem blau-violett-rot schimmernden Himmel kurz vor Sonnenuntergang gesehen hatte. Na gut, es wehte hier ganz ordentlich, dachte ich, aber tut es das an der Nordsee nicht auch?

»Wenn man nicht von hier ist, kann einen der viele Wind in den Wahnsinn treiben«, sagte Crumpton. »Dazu kommt der harte Winter, und kulturell spielt diese antiquierte Cowboy-Mentalität, dieser Glaube, dass man sich doch einfach am eigenen Stiefelriemen aus dem Dreck ziehen kann, immer noch eine große Rolle.«

Der Satz vom amerikanischen Traum, der so alt wie falsch ist, begegnete mir in den USA ständig, ganz ohne ausgesprochen werden zu müssen: *Wenn man nur hart genug arbeitet, kann man alles erreichen.* Für überdrehte Kapitalismusjünger mochte darin ein Glücksversprechen stecken, für den Durchschnittsamerikaner ist er bloß eine systemimmanente Last, die ihn noch über den Ruhestand hinaus knechtet. »Nicht tough zu wirken, wird als Schwäche angesehen«, sagte Cassandra Crumpton. Wer so denkt und keinen Erfolg hat, verstand ich, holt sich keine Hilfe.

Wir sprachen über die weggesparte Abteilung im örtlichen Krankenhaus, die sich um Sucht- und psychische Krankheiten kümmerte (»es gibt einige Beratungsorganisationen, aber niemand kann auf höherer Ebene das leisten, wozu eine ausgebildete Psychotherapeutin imstande wäre«) und wie Trumps geplante Alternative zu Obamas Krankenversicherung ihre Arbeit beeinflussen würde (»wenn der Zugang zum Gesundheitssystem erschwert wird, fallen noch mehr Menschen durchs Raster«). Crumpton erzählte von ihrer Zeit als Bewährungshelferin und den Härtefällen, um die sich der Staat erst kümmert, wenn es zu spät ist: »Unter denen, die Opioide wie Heroin oder verschreibungspflichtige Pillen nehmen, gibt es genügend, die im Alltag normal funktionieren, bis sie irgendwann feststellen, dass sie komplett abhängig sind. Sobald sie in diese Abhängigkeit kommen, ist es ein Überlebenskampf, und sobald sie sich in diesem

Überlebenskampf befinden, steigt die Wahrscheinlichkeit, dass sie früher oder später mit dem Gesetz in Berührung kommen.« Der amerikanische Staat, in dem Millionen von Bürgern nicht versichert sind, läuft diesen Menschen oftmals erst über den Weg, wenn sich die Handschelle um ihren zerstochenen Unterarm schließt. Man kann es ironisch oder absurd finden, dass genau dieser Umstand Amerikas Freiheitsfetisch geschuldet ist: Das kapiert man als Deutscher ja nicht, weil man es nicht anders kennt, aber im Wahlkampf 2016 traf ich tatsächlich unzählige Wähler und Wählerinnen, die sich nicht etwa darüber beschwerten, gar nicht versichert zu sein, sondern dass der noch amtierende Präsident ihnen angeblich seine Krankenversicherung, die sogenannte *Obamacare*, aufdrücken wollte. Tenor der flammenden Land-of-the-Free-Kreuzritter: *Was hat der Staat mit meiner Gesundheit zu tun? Die sollen die Finger aus meinem Privatleben lassen, das ist immer noch meine Entscheidung, ob und wie ich mich versichern lasse.*

Im Laufe des Nachmittags sagte Cassandra Crumpton einen Satz, der immer etwas kokett klingt; und wahrscheinlich tendiert man dazu, dem Menschen, der ihn ausspricht, nicht zu glauben. Sie sagte:»I'm not like most people«, *ich bin nicht wie jeder andere.* Na klar, denkt man, verrückte Nudeln sind ja in den meisten Fällen weitaus weniger *al dente*, als sie denken. Crumpton, die ursprünglich aus Südtexas stammt und nach dem Studium hier in Wyoming Arbeit fand, hatte dagegen eine überzeugende Begründung.

»Glauben Sie mir, man muss schon eine bestimmte Art Mensch sein«, lachte sie,»wenn man wieder und wieder die Tür vor der Nase zugeschlagen bekommt und trotzdem noch einmal anklopft.«

Das war sprichwörtlich gemeint. Den Schritt durch die Tür müssen bei Crumpton andere machen. Eine ihrer Hauptaufgaben ist es, in der Gemeinde kostenlose Suizid-Präventivtrainingskurse anzubieten – wie man sich vorstellen kann, lässt sich nicht jeder hartgesottene Mann gern freiwillig erklären, wie man einen möglichen Problemfall erkennt und dem Menschen hilft. »Ich war vor ein paar Tagen bei einem Kohlebergwerk. Da sitzt dann ein alter, verknöcherter Kumpel aus Wyoming – Sie wissen schon, gute Menschen, hartarbeitende Männer – und hat am Anfang des Kurses demonstrativ seine Arme vor der Brust verschränkt. Am Ende sagte er zu mir: *Ich wünschte, ich hätte das alles vor 30 Jahren gehört. Vielleicht hätte ich das Leben von meinem Onkel retten können.*«

Als ich sie fragte, ob die Firmen sich dem Thema angenommen hätten und involviert seien, sagte sie etwas, das die Obama-Wählerin Cassandra Crumpton vor ein paar Monaten wahrscheinlich für gutes Geld als Testimonial an Trumps Wahlkampfteam hätte verkaufen können, wenn Trump denn für gute Zahlungsmoral bekannt wäre: »Manchmal, öfter eigentlich, kommen die oberen Bosse, die diese Firmen bei uns hier besitzen, nicht aus Amerika. Deren Hauptquartier ist in Ländern wie Indien.«

Meine Anfragen zum Thema Prävention bei einigen dieser Öl- und Bergbaufirmen in Rock Springs blieben vor und nach diesem Gespräch unbeantwortet. Was nicht heißen musste, dass die sich nicht für Unternehmenskultur interessierten. Nur: ist ein ausländischer Besitzer sensibilisiert für Wyomings Cowboymentalität? Falls die Antwort nein lautet, so zumindest las ich Crumptons Satz über die fremden Eigentümer, was passiert dann, wenn jemand sagt, dass Amerika seine eigenen Söhne und Töchter vergessen hat?

Als ich später erwähnte, dass mir Polizeichef Pacheo vom Suizid eines Zwölfjährigen erzählt hatte, sagte sie, dass das noch nicht einmal der jüngste Selbstmörder der jüngeren Vergangenheit sei. Ein Siebenjähriger habe die Waffe seines Vaters genommen. Wer als Kind Probleme hat und einen Ausweg sucht, aber niemanden findet, dem er sich anvertrauen kann, sagte sie, mache solche Sachen, weil er die Konsequenzen noch nicht verstehe. »Diese Kinder können den Versuch unternehmen, ohne sich komplett bewusst zu sein, dass Suizid für immer ist.« Mit ihrem 17 Jahre alten Sohn spricht sie über diese Dinge, sagte sie. Schwieriger sei es, mit ihrem Mann, der in der Öl- und Gasindustrie angestellt sei und dessen Arbeitskultur anders ticke, über einige ihrer politischen Ansichten zu reden. Ihrem Sohn habe sie geraten, dass eine Entscheidung, hinter der man steht, selten falsch sei. Sie wolle die hässlichen Wahrheiten dieser Welt nicht vor ihm verstecken. »Ich habe ihm gewisse Dinge beibringen müssen als Kind: *Wenn jemand high vor lauter Meth in einem Laden rumzuckt, zeig nicht mit dem Finger auf die Person, das ist die Mutter von irgendjemandem. Die Kinder, die daneben am Einkaufswagen stehen? Weißt du, die fahren mit ihr nach Hause, sie ist high, und das ist nicht gesund.*«

Falls sie nicht eine Gruppe da hat, mit der sie über eins dieser Themen spricht, das Amerika zurzeit von innen auffrisst, sitzt Cassandra Crumpton ganz allein in diesen Räumen. Ihre Organisation ist an mehreren Orten in Wyoming vertreten, in Rock Springs ist sie die einzige Mitarbeiterin.

An diesem Punkt hatte ich nur noch eine Frage an sie: Wie geht sie mit den Geschichten um, denen sie täglich begegnet? »Ich kann mich bei niemanden ausheulen, das ist richtig. Manchmal fahre ich nach Hause und igel mich ein, manchmal nähe ich oder fahre einfach mit dem Auto durch die Gegend. Ich verarbeite das erst einmal so, bevor ich überhaupt die Möglichkeit habe, es in Worte zu fassen.«

Vergangenes Jahr habe sie ein Training für Rettungskräfte abgehalten, also für diejenigen, die bei Einsätzen als Erste vor Ort sind. Sie erzählte mir von Dingen, die diese Menschen sehen. »Ich musste all meine Sitzungen für den nächsten Monat absagen nach diesem Kurs, nur weil ich mir angehört hatte, was diese Menschen durchleben müssen, und zwar täglich. Es hat mich fertiggemacht.«

Und wer könnte es ihr verdenken? In Amerika trifft man, trotz all der Finger-weg-von-meinen-Lebensentscheidungen-Sheriffs, immer noch jede Menge Menschen wie Cassandra Crumpton. Hilfsbereit, aufopferungsvoll, uneigennützig. Während in Washington, D. C. Trumps Tweets seziert werden, müssen in Rock Springs Rechnungen bezahlt werden, irgendwer überlegt, wo man 76 Welpen und jede Menge Gras herbekommen könnte, irgendwo tropft unaufhaltsam eine Regenrinne, vielleicht bringt jemand eine 5 in Mathe mit nach Hause, und zwischen all diesen menschlichen Alltagsseifenopern lehnte sich Crumpton gegen das mürrische Wesen dieser konservativen Bergleute auf. Rock Springs, schien mir, konnte diese Gesellschaftsstütze ganz gut gebrauchen.

Am Tag darauf fuhr ich raus in die Natur. Schnee und Geröll machten die Zufahrt zum Yellowstone National Park unzugänglich, also steuerte ich gen Süden. Hinter dem Durchfahrtsort namens Little America sah ich herüber nach Utah, wo sie offensichtlich auch Suchtspezialisten brauchten.

Nachmittags las ich mich in einem Diner auf halber Strecke durch die Statistiken von Rock Springs, sah mir die Wahlergebnisse, die Klimadaten, die Bevölkerungsschichten an und stieß am Ende auf ein historisches Ereignis, das kein Vorurteilsbeschleuniger für das heutige Rock Springs sein soll. Wenn überhaupt, dann verdeutlicht es vielleicht noch einmal, dass sich Geschichte und Motive durchaus wiederholen: Im September 1885 fiel ein Mob weißer Bergbauarbeiter über chinesische Kollegen her, die damals in den Minen arbeiteten.[4] Beim sogenannten *Rock Springs Massacre* kamen mindestens 28 Chinesen ums Leben, erschlagen und verbrannt, 79 ihrer Unterkünfte wurden angezündet. In Rock Springs hatte sich der anfängliche Streit entzündet, weil die Bergleute fürchteten, die Chinesen könnten ihnen die lukrative Arbeit wegnehmen.

Ich fuhr zurück in die Stadt, machte halt am *Rock Springs Fa-*

mily Recreation Center, der örtlichen Vergnügungseinrichtung, die mir eine Frau empfohlen hatte, die aus dem Bürgeramt kam, als ich an meinem ersten Abend noch etwas planlos durch die Straßen geirrt war. Der Eintritt für unter 6- und über 85-Jährige war umsonst, ich zahlte 7 Dollar und sah Menschen beim Wassertreten zu.

Ähnlich teuer war das Ticket fürs Kino, in das ich mich abends setzte. Es gab nur salziges Popcorn, die jugendliche Kassiererin fragte, ob ich flüssige Butter obendrauf haben wollte. In »Logan« kümmert sich ein alternder Mutant um seinen sterbenden Mentor. Klingt verrückt. Ist es auch. Professor Xavier, der Ziehvater der sogenannten X-Men, der in diesem Film langsam seinen Verstand verliert und immer wieder wegdämmert, sagt an einer Stelle in einem Moment absoluter Klarheit: »I always know who you are. It's just sometimes I don't recognize you.« – *Ich weiß immer noch, wer du bist. Es ist nur so, dass ich dich manchmal nicht mehr erkenne.*

Viel anders ging es der Welt nach Trumps Wahl auch nicht mit Amerika.

Am nächsten Tag traf ich den Chef der örtlichen Feuerwache, der mir mehr Ausflugsziele zum Wandern empfahl (»Ist Wyomings Natur nicht unglaublich?«) und mir ansonsten noch viel Gruseliges über die Einsätze der Rettungskräfte erzählte. Der Bürgermeister im Anschluss war unglaublich nett und sagte viel Politikerkram auf, erklärte mir ein bisschen die Geschichte der Kohleindustrie in Rock Springs und gab mir nach seinen Anekdoten den Gedanken mit auf den Weg, dass Entscheidungen in vielen Fallen doch erst einmal auf lokaler Ebene getroffen werden.

Als ich mich nach viereinhalb Tagen langsam leer gequatscht fühlte und eigentlich in meinen Mietwagen steigen wollte und mich wieder aufmachte, Rock Springs hinter mir und in meinem Gehirn sacken zu lassen, ging ich spontan in ein Geschäft, an dem ich vorher drei-, viermal vorbeigefahren war. Der Laden hatte ein Schild von innen an der Tür angebracht:

NOTICE – FIREARMS WELCOME

Geh mal rein, dachte ich, das kann nicht schaden.

Und so wurde *Elk Bomb Shooting Supplies* das erste Waffengeschäft, das ich in Amerika betrat.

Im Laden lief Musik, hinter der Theke standen ein Mann, der ein grünes »Smith & Wesson«-T-Shirt trug, und eine blonde Frau mit Pferdeschwanz. Ihre Sonnenbrille steckte im Haar. Im hinteren Teil rannte ein sehr junges Mädchen, das die Tochter der Geschäftsführer zu sein schien, in ein Hinterzimmer. Gegenüber der Theke, vor einer Wand mit aufgereihten Gewehren, stand eine Frau mit schwarzen langen Haaren und führte ein Verkaufsgespräch. Sie trug, wie die Frau hinter der Theke, eine Pistole auf Hüfthöhe, festgemacht an einem mit Nieten besetzten Ledergürtel. An der Wand hingen verschiedene Zielscheiben: Etwa DIN-A3- und DIN-A2-große Schablonen, kreisrund oder als menschliche Silhouette, so konturlos wie eine Schaufensterpuppe, in Schwarz und Grau, mit und ohne gezogene Waffe. Für den etwas anspruchsvolleren Schützen gab es außerdem als Zielscheibe zum Durchlöchern ein fast comicartig gezeichnetes, wie besessen dreinschauendes Wildschwein oder einen Kettensägen schwingenden Zombie mit wehender Mähne.

»In Ordnung, aber wahrscheinlich werden dir die Antworten eh nicht gefallen«, sagte die Frau zu mir, die ihr Verkaufsgespräch beendet hatte, als ich mich vorstellte und sagte, dass ich an einer Reportage schreibe und ob ich ein paar Fragen stellen dürfte. Sie sagte, sie heiße Misty. Ich bat sie, mir als Erstes mal zu erklären, wie einfach es ist, eine Waffe hier im Laden zu kaufen. Sie verzog ihren Mundwinkel. »Immer noch nicht einfach genug«, sagte sie. »Bist du amerikanischer Staatsbürger?«

Nein, sagte ich, ich hätte aber meinen deutschen Pass samt Visum dabei. Hilft das? »Dann kann ich dir keine Pistole, nur ein Gewehr verkaufen.« Warum das, warum das eine schon, das andere nicht? »Da musst du die Idioten fragen, die diese Gesetze erlassen haben«, sagte Misty und lachte.

Die Kunden müssten in der Regel gewisse Angaben in Bezug auf ihren geistigen Zustand machen, die sie in den Computer eintippe. »Es sind nur ein paar Fragen, aber lügen kann man«, sagte sie, was nicht klang wie eine Aufforderung, sondern wie eine Feststellung. Die Angaben gingen dann an das FBI, das im Normalfall binnen Minuten den eigentlichen *background check* machte. »Von denen kommen drei Antwortmöglichkeiten zurück: PROCEED heißt, dass du die Waffe kaufen kannst. DELAY bedeutet, dass sie tiefer bohren, was bis zu drei Werktage dauern kann. Bei DENY kann ich nichts tun, da bekommst du heute leider keine Waffe.«

In einem Nebensatz erwähnte Misty, dass sie alleinerziehende Mutter von zwei Söhnen sei. Geld vom Vater lande sofort auf einem Konto für die College-Ausbildung der beiden. »Ich will sein Geld nicht.« In ihrer Stimme schwang diese Autorität mit, die man wahrscheinlich braucht, um zu Hause zwei Teenager, die gern mit Motorrädern durch die Felder knattern, an kurzen Zügeln zu halten. Sie bildete keine langen Sätze, es klang alles sehr bestimmt, manchmal spöttisch, vor allem, wenn es um Politik ging.

Ich fragte sie nach der Gemeinde in Rock Springs, der Zusammengehörigkeit der Leute hier im Ort. Die sei enorm, sagte sie. »Wir kleinen Geschäfte unterstützen uns gegenseitig. Wir tun uns mit anderen Läden zusammen. Wer beim Reifenhändler einen neuen Satz kauft, bekommt von uns eine Pistole dazu.« Mit dem Blumenhändler auf der anderen Straßenseite hätten sie auch eine Sonderaktion, sagte sie. »Am Valentinstag gibt es Guns n' Roses.«

Mein Opa mütterlicherseits war Jäger. In seinem verwinkelten, dunklen Treppenhaus hingen die Geweihe, die er über die Jahre geschossen hatte. Meine Mutter hatte mir als Kind Geschichten erzählt, wie er mit seinen Kameraden die erlegten Tiere kopfüber in der Garage neben dem Haus zum Ausbluten aufgehangen hatte, bevor sie zerlegt wurden. Ich dachte also, ich würde diese Welt kennen, in der Waffen existierten, man sich zu helfen weiß und wo die Wurst ein paar Mal im Jahr aus dem Wald und nicht von Edeka kommt. Aber das hier war noch einmal ein anderes Kaliber.

Hier schenkte man sich also am Valentinstag Rosen und Revolver. Zu den Winterreifen gab es eine neue Knarre, damit sich der Eiskratzer im Handschuhfach nicht so einsam fühlte. Waffen hatten hier den Stellenwert von Kugelschreibern, die es in Deutschland als Werbegeschenk obendrauf gibt. Es war einfacher (und womöglich preiswerter) an sie ranzukommen als an psychiatrische Betreuung durch einen Spezialisten, wenn man mit Selbstmordgedanken haderte.

In dieser Schießeisen-Welt wurde auch Misty groß. Sie war die zweitälteste von sechs Schwestern, Gina, die andere Frau hier im Laden, die zweitjüngste. Ihr Vater, der im Bergwerk und auf den Ölfeldern sein Geld verdient hatte, brachte seinen Mädchen bei, wie man schießt, und gab ihnen mit auf den Weg, für sich selbst zu sorgen. Jagen, sagte Misty, bringt uns durch den Winter. Jagen sei kein Sport. »Wir jagen, um zu essen. Wir essen, was wir töten.« Ihre Söhne lässt sie losziehen, das Gewehr geschultert, und wenn ihnen ein Hase vor den Lauf kommt, halten sie drauf. Mistys einzige Bedingung ist, dass sie dem Tier selbst das Fell abziehen und es ausnehmen. »Ich mache zu Hause daraus Gulasch.«

In der Welt, in die Misty hineinwuchs, kam man ohne fremde

Hilfe aus. Familie half sich, gar keine Frage. Auf die Politik verließ man sich jedoch nie. Die funkte nur dazwischen. Es ging weniger darum, was die Politik zurückgab. Sie nahm sich ja eh einfach, was sie gebrauchen konnte, ihr aber nicht zustand. Und so entwickelte sie eine besondere Abneigung gegen die Demokraten. Sie wollte sich nicht vorschreiben lassen, eine Versicherung abschließen zu müssen, sie wollte nicht dafür zahlen, dass andere auf ihrem Hintern saßen, wie sie sagte, und es sich im teuren Wohlfahrtsnetz gemütlich machten, das die Demokraten aufgespannt hatten, während der Staat ein Drittel von Mistys Einkünften einforderte. Am Wahltag machte sie ihr Kreuz hinter Donald Trumps Namen, obwohl sie skeptisch war, ob er etwas ändern würde, denn eigentlich seien alle Politiker korrupt. »Die haben alle Dollar-Zeichen in den Augen«, sagte sie, »wie Rennfahrer sollten die Abzeichen auf ihren Anzügen tragen von all den Firmen, die sie finanzieren.«

Vielleicht sei Trump anders, er hatte sein eigenes Geld gemacht, sagte sie, er brauche wahrscheinlich keinen Rennfahrer-Overall. Sie wusste von seinen Pleiten als Unternehmer; offensichtlich hatte er aber daraus gelernt. Oder nicht? »You live, you learn«, sagte sie. Und schließlich saß er jetzt immerhin im Weißen Haus.

Wochen später, als ich Teile dieser Geschichte aufschrieb, hörte ich noch einmal ihre Worte auf Band an. Es klang, als habe die öffentliche Figur Donald Trump einigen Amerikanern über die Jahrzehnte weisgemacht, dass es nicht den einen Weg zum amerikanischen Traum gibt und es vollkommen in Ordnung ist, wenn man durch die Hintertür an ihn gelangt. Hauptsache ist doch, man winkt später aus dem großen Haus – wie man reingekommen ist, interessiert niemanden.

Misty sprach liebevoll über ihre Söhne, von deren Träumen nach der Schule und welche Ambitionen sie hatten; und als ich sie nach Trump und seiner Familie im Weißen Haus fragte, merkte ich, wie dünn der Schleier der Ignoranz bei Menschen wie ihr sein konnte.

Ob es sie, die alle Politiker als korrupt erachtete, denn stören würde, dass die Trump-Kinder ohne offiziellen Titel im West Wing rumliefen, wollte ich wissen.

»Michelle Obama hatte auch keinen Titel«, sagte sie.

»Sie war First Lady«, sagte ich.

»Na ja, wohl eher *First Monkey* ...«

Was diesen Alltagsrassismus so fürchterlich macht, ist seine beiläufige Selbstverständlichkeit. Egal, was man vorher gesagt hat, egal, ob man sich als Demokrat oder Konservativer fühlt, in dieser Sprache steckt eine Mischung aus Verachtung und Überlegenheit. Natürlich würden die wenigsten, die so einen Satz von sich geben, behaupten, dass sie Rassisten sind. Der Ursprung dieser rassistischen Vorurteile den Obamas gegenüber liegt in der Mitte der Gesellschaft. Er lässt sich auf eben jene bürgerlich-traditionell auftretenden Republikaner und Tea-Party-Mitglieder zurückführen, die damals im Kongress in Fundamentalopposition zu Barack Obama und seiner Politik (über die sich problemlos streiten lässt) gingen. Und die ihn auch noch als unamerikanischen Präsidenten brandmarkten, da die, die ihn gewählt hatten, in den Augen der Konservativen »nicht das ›wahre‹ Amerika« repräsentierten, wie der Autor Jamelle Bouie einmal in der »New York Times« anmerkte.[5]

Wahrscheinlich dachte sie sich noch nicht einmal viel dabei, so wie wir als Kinder früher nicht darüber nachgedacht hatten, als wir über die altmodischen Blousons unserer neuen Mitschüler lachten, deren Eltern vor ein paar Jahren aus Weißrussland nach Deutschland gekommen waren.

Heute ist es mir peinlich, dass ich als Geste der Missgunst nur die Augenbrauen zusammenkniff und als Reaktion auf ihren Kommentar zu Michelle Obama den Kopf etwas schief stellte. Misty geriet daraufhin in eine Schimpftirade über die Initiative der First Lady, gesünderes Mittagessen an Schulen einzuführen, das ihren Söhnen nicht schmecken würde und alle Mütter aufgebracht hätte. Es klang, als ob sie das Fragezeichen in meinem Gesicht entdeckt hatte und jetzt versuchte, sich für ihre dehumanisierende Sprache zu rechtfertigen.

Der Mann hinter der Ladentheke kam mit einem Telefon in der Hand und übergab es Misty. Ein Kunde hätte eine Frage, ob sie ihm weiterhelfen könnte.

Doug, der Typ mit dem »Smith & Wesson«-T-Shirt, blieb bei mir stehen, wir unterhielten uns, während Misty telefonierte. Ursprünglich kam er aus Oklahoma, 1999 war er nach Wyoming gezogen. 17 Jahre lang hatte er in der Ölindustrie für Halliburton gearbeitet. 130 000 habe er im Jahr gemacht, sagte Doug. Hier im Waffenladen mache er deutlich weniger, dafür sei die Arbeit nicht so hart, er müsse nicht um 3 Uhr morgens aufstehen zum Schichtbeginn, was mehr Zeit für seine Kinder bedeute.

Draußen, außerhalb der Stadt, auf seiner Farm brachte er seinen sechs Kindern (8, 10, 12, 19, 22 und 24 Jahre alt) *the law of the land* bei, das geltende Recht. Nicht unbedingt das Recht im juristischen Sinne, das vielleicht auch, eher die Gesetze des Erwachsenwerdens: »Bis sie 12 sind, dürfen sie nicht jagen gehen«, sagte Doug. Sein Jüngster, der 8-Jährige, wusste allerdings schon mit 5, wie man schießt. »Wenn man es ihnen früh beibringt, nimmt man ihnen die Neugier, dann ziehen die nicht los und ballern rum …«

Da die Trump-Regierung noch in ihren Kinderschuhen steckte, kurz vor Ablauf der ersten einhundert Tage, fragte ich Doug, was die noch neue Regierung seiner Meinung nach als Erstes anpacken solle. Für die 130 000 Dollar Jahresgehalt hatte er sich lange strecken müssen, manchmal waren es fast 100 Stunden pro Woche, erzählte er, die meisten Arbeiter machten zwei Wochen durch und bekämen anschließend eine ganze Woche frei.

Wenn er von denen in Washington eine Sache verlangen könne, dann dass sie sich mit den gleichen Kranken- und Rentenversichungstarifen rumschlagen müssten wie er und der Durchschnittsamerikaner. Wenn bei denen genau das übrig bleibe, was bei ihm am Ende herauskomme, sagte Doug, hätten sie das Thema schon lange angepackt. »Ich sehe irgendwelche Posts im Netz, ›Lass mir das Recht auf Abtreibung, mein Körper, meine Entscheidung!‹, das Gleiche hätte ich gern für meine Krankenversicherung: Lasst mir die Wahl und drückt mir nicht Obamacare auf.«

Barack Obama war hier in diesem Geschäft der Mann, der für die großen Probleme verantwortlich gemacht wurde. Er hatte sein Modell für eine Bürgerversicherung eingeführt, aber der *Affordable Care Act*, wie Obamacare offiziell hieß, schien Doug und Misty nicht sonderlich *affordable*, und im Kongress hätten sie gut reden, bekamen dessen Mitglieder ihre Version der Krankenversicherung doch staatlich bezuschusst.[6] Und als ob das nicht schon genug wäre, hatte es Trumps Vorgänger auch noch jahrelang auf die wichtigste Industrie in Rock Springs abgesehen gehabt. Die Förderung fossiler Brennstoffe war unter ihm zurückgegangen (waren es die strikteren Auflagen, die er eingeführt hatte,[7] oder war es vielleicht auch der Wirtschaftsabschwung nach der Finanzkrise 2008?), was einen Ort wie Rock Springs, der jahrzehntelang immer wieder gut vom Abbau der Rohstoffe gelebt hatte, ins Mark traf.

Misty sagte, dass es schon geholfen hätte, »Obama loszuwerden«, er habe hier beinah alle ruiniert. Na gut, dachte ich, sie hatte offenbar eine ziemliche Abneigung, um es mal gelinde zu sagen, gegen ihn und seine Familie. An dieser Stelle hatte ich kein Lob erwartet. Aber dann sagte sie etwas Interessantes.

Ich erhob den Einwand, dass Stand jetzt, im Frühjahr 2017, von Trump bloß eine einzige Rücknahme einer Obama-Regulierung gekommen sei, damit »beautiful coal« wieder Gas geben könnte in Amerika. Was machte sie so sicher, dass die Stadt von Trump profitieren würde?

Oh, sagte Misty, im Bergbau würden wieder Stellen gesucht, Leute suchten wieder nach Jobs in der Industrie, und Freunde von ihr, die lange arbeitslos gewesen waren, hätten wieder Arbeit gefunden. Obamas Rhetorik hätte ausgereicht, die Leute zu verunsichern, mit Trump sei jetzt eben das Gegenteil der Fall: »Manchmal reichen Versprechen allein schon aus, um das Ganze wieder anzufachen.«

Bevor ich am nächsten Morgen Richtung Denver, Colorado aufbrach, um von dort einen Flug nach Oakland zu nehmen, saß ich abends nach dem Gespräch mit Misty und Doug in einem Restaurant und guckte durch meine Notizen. Wenn man den beiden glauben durfte, wähnte die Industrie in Trump einen Verbündeten und begann sogleich damit, Geld in die Hand zu nehmen für neue Investitionen. Wenn Teile der Wirtschaft Hoffnung in ihn setzten, wäre das nicht ein riesiger Bonus? Der Unternehmerpräsident, der Hunderttausende Jobs schafft – das musste doch ziehen in Amerika, wo Arbeit mehr als anderswo Status ist. Seine Umfragewerte sahen nach 100 Tage nicht berauschend aus, aber würde das langfristig nicht egal sein, wenn die Wirtschaft unter ihm brummte?

Ich dachte noch einmal über Mistys Satz nach. *Na ja, wohl eher First Monkey.* Im besten Fall hätte ich sie gefragt, ob sie schon viele Interviews gegeben hatte in ihrem Leben. Annehmen konnte ich es nicht, trotzdem unterstellte ich ihr eine gewisse Aufnahmefähigkeit und Intelligenz, weshalb ich anfing, den Satz vom Ende her zu überdenken: Sie wusste, dass ich Reporter bin, das Gespräch aufnehmen, darüber schreiben und sie demnach zitieren würde. Warum redete sie also so?

Vielleicht war ihr der Satz einfach rausgerutscht. Falls nicht, stellte sich die Frage, was sie sich dabei gedacht hatte – und was es über sie aussagte, in unserem Gespräch als Obama hassende, Trump unterstützende, Waffen verkaufende, alleinerziehende Mutter, die sich von der Regierung nichts vorschreiben lassen wollte, rüberkommen zu wollen? War es ein Fall von IDGAF – *I don't give a fuck?* Was sich ungefähr so übersetzten lässt: Autorität interessiert mich nicht, außerdem gilt in Amerika immer noch freie Meinungsäußerung, selbst wenn dir der Satz nicht gefällt. War ich in ihren Augen womöglich ein liberaler Hansel aus dem Ausland, der über ihr Leben so gar nichts wusste, weshalb es sie nicht kümmerte, was ich anschließend darüber dachte?

Ein wenig hatte ich das Gefühl, dass sie es satt hatte, gesagt zu bekommen, was sie machen und wie sie sich verhalten sollte. Donald Trump machte ihr keine Vorschriften. Sie hatte ihn gewählt, ihn aber auch nicht vergöttert oder blind als Heilsbringer gelobt. Seine Pleitegeschäfte hatte sie in unserer Unterhaltung zuerst erwähnt, nicht ich. Sie sah in ihm eine bessere Alternative, ließ aber ihre Skepsis durchblicken. Die Frage, was es bringt, mit solchen Leuten zu reden, außer der Erkenntnis, dass sie Trump toll finden, egal, was er macht, wurde seit Trumps Wahl oft gestellt. Sie fand ihn nicht bedingungslos toll, das war die Essenz aus unserem Gespräch, und trotzdem hatte sie für ihn gestimmt.

Trump hatte Menschen wie Misty alle möglichen Dinge versprochen, es war schließlich Wahlkampf gewesen, vor allem hatte er ihnen aber noch einmal aufgezeigt, wer ihnen, diesen freiheitsliebenden Amerikanern, ihr Leben einschränken wollte.

So sah das simple Modell aus, an dem Hillary Clinton vor fünf Monaten gescheitert war. Und wer auch immer auf sie folgen sollte, würde einen Ort wie Rock Springs überzeugen müssen, um nach Donald Trump ins Weiße Haus einzuziehen.

HERZENSANGELEGENHEIT

Im Atelier der Frau, von der selbst Michelle Obama
Anweisungen entgegennimmt.
Baltimore, Maryland

Es gibt Menschen, die es scheinbar immer noch nicht ertragen, dass 2009 eine afroamerikanische Familie ins Weiße Haus einzog. Natürlich bekam Barack Obama die meiste Aufmerksamkeit (und Kritik) zu spüren, aber auch seine Frau tauchte nicht selten in den Schlagzeilen auf. Als First Lady war Michelle Obama ähnlich beliebt wie ihre Vorgängerin Laura Bush, interpretierte das Amt jedoch aktiver und öffentlicher, ohne sich im politischen Tagesgeschäft einzumischen, was sie nicht davor schützte, immer wieder von rechts angefeindet zu werden. Und doch durchlief Michelle Obama in den acht Jahren im Weißen Haus eine Ikonisierung, wie sie Amerika seit Jackie Kennedy nicht mehr gesehen hat. Einen kleinen Anteil daran hat auch die Künstlerin Amy Sherald.

Sie war genervt. 50 Dollar sollte die Anmeldung kosten. 50 Dollar, nur um überhaupt mitmachen zu dürfen. Wenn man nicht gewinnt, ist das Geld futsch. Sie reichte trotzdem eins ihrer Porträts für einen Wettbewerb an der *National Portrait Gallery* in Washington ein. »Es war einer dieser Augenblicke, an denen man an der Klippe steht, wankt, und auf einmal fügt sich das Schicksal.« Amy Sherald gewann den ersten Platz. Für das Zugticket von Baltimore nach D.C. zur Preisverleihung musste sie sich Geld leihen.

Das war im März 2016, vor ziemlich genau zwei Jahren. Vor drei Wochen, am 12. Februar 2018, enthüllte niemand anderes als Michelle Obama an der *National Portrait Gallery* eins von Sheralds Porträts. Auf dem Bild: die ehemalige First Lady höchstselbst. Kehinde Wiley hatte den Zuschlag bekommen, Barack Obama zu malen, Amy Sherald wurde für das Bild von Michelle Obama ausgewählt. Die beiden Künstler waren damit die ersten Afroamerikaner überhaupt, die beauftragt wurden, um die offiziellen Porträts des scheidenden Präsidentenpaars zu malen. Sheralds Bild, auf dem Michelle Obama in einem opulenten Kleid der Designerin Michelle Smith sitzt, die Beine darunter angewinkelt, die Arme halb über Kreuz, verleiht ihr etwas Geheimnisvolles. Mehr denn je wirken die beiden Porträts, die in der Galerie in Washington hängen, fünf Minuten entfernt vom Weißen Haus, wie eine Erinnerung an eine Zeit, die Donald Trump mit jedem Tag ein bisschen mehr auszuradieren scheint.

Wie ist es, die Frau auf einer Leinwand einzufangen, die ein paar Monate später Hillary Clinton nach 17 Jahren in der jährlichen Umfrage als »meistbewunderte Amerikanerin« ablösen sollte[8] und trotzdem wie kaum eine First Lady vor ihr kritisiert und beschimpft wurde?

In ihrem kleinen Studio in Baltimore, wo Amy Sherald und ich uns an diesem Morgen verabredet haben, liegen auf einem Tisch an der Wand Pappteller mit verschiedenen Farbmischungskleksen. An der gegenüberliegenden Wand lehnen ein paar Leinwände, verhüllt. Sherald, die ruhig spricht und einen entspannten, komplett selbstironischen Unterton hat, wenn sie über sich und ihr Leben als Künstlerin spricht, trägt ein enges schwarzes Langarmshirt, das den weißen Rahmen ihrer Brille noch mehr hervorheben lässt. Ihre Nägel hat die 44-Jährige pink lackiert, an ihrem rechten Handgelenkt hat sie ein winziges Herz tätowiert. Bevor ich meine Fragen zurechtgelegt und das Aufnahmegerät angestellt habe, kommt die erste Frage von ihr:»Haben Sie das Bild schon im Original gesehen?«, fragt sie mich.

– Natürlich. Ich habe mir die Enthüllung angeguckt und war am Tag darauf in der Nationalgalerie. Wissen Sie, wo das Bild jetzt hängt?

Amy Sherald: Sie haben mir gesagt, wo es zunächst ausgestellt wird und dass es später dauerhaft in einen Flügel umziehen wird, wo noch andere First-Lady-Porträts hängen. Ich werde am Freitag hinfahren und es mir morgens ansehen, bevor die Galerie aufmacht.

– Ach, glauben Sie, dass man Sie sonst erkennt und anspricht?

Oh ja, mit der Anonymität ist es erst einmal vorbei. Ich werde inzwischen überall erkannt. Ich hatte gedacht, dass das anders sein würde, aber selbst in der U-Bahn, im Zug, in Restaurants kommen die Menschen auf mich zu.

– Was sagen die zu Ihnen?

»Herzlichen Glückwunsch, ich liebe das Bild«, »Kann ich ein Foto mit Ihnen machen?«, »Sie haben Michelle Obama angefasst, darf ich Sie anfassen?«

– Können Sie kurz erzählen, wie es dazu kam, dass Sie ausgewählt wurden? Die *National Portrait Gallery*, die das Bild in Auftrag gegeben hat, hatte anfangs rund 20 Künstler für eine Longlist ausgewählt, und dann?

Die Obamas bekamen von allen Künstlern ein Portfolio zur Ansicht, aus denen sie dann eine engere Auswahl getroffen haben. Anschließend wurden wir zu einem Interview eingeladen. [*Sherald zeigt auf ein Foto an der Wand neben ihrem Schreibtisch; First Lady Michelle Obama und Amy Sherald lachen darauf in die Kamera*]

– Hat Ihnen denn jemand vorher gesagt, dass Sie auf der Liste standen?

Ich hatte keine Ahnung. Irgendwann kam ein Anruf der *National Portrait Gallery*, die mir sagten, dass ich in der engeren Auswahl sei und dass Michelle und Barack mich kennenlernen möchten. Anschließend haben wir einen Termin vereinbart.

– **Als der Anruf kam, haben Sie da gedacht: Danke, aber verarschen kann ich mich alleine?**
Nein, weil Kim Sajet am Apparat war, die Direktorin der *National Portrait Gallery*, die ich bereits kannte. Sie sagte bloß: *Sitzt du irgendwo?* Nach dem Interview im Oval Office hat es dann einen Monat, vielleicht anderthalb gedauert, bis es hieß: *Sie haben dich ausgewählt.*

– **Haben Sie im Oval Office mit Michelle Obama darüber gesprochen, wie das Bild aussehen könnte?**
Ich hatte eine Mappe mit meinen Arbeiten dabei. Ich habe dann schnell gemerkt, dass sie meine Bilder kannten und sich vorbereitet hatten. Sie wussten mehr über mich, als ich es erwartet hatte.

– **Der Secret Service hat Mittel und Wege ...**
Die haben in jedem Fall ihre Arbeit gemacht. Barack wusste zum Beispiel, dass meine Schwester mir dabei hilft, für die Bildern einen Namen zu finden. Dafür muss man schon ein bisschen tiefer buddeln, als einfach ein paar Artikel über mich zu lesen. Wir haben darüber gesprochen, was ich mir vorstelle und dass ich sie in dem Stil malen wollen würde, in dem ich immer male. Das war schließlich der Grund, warum sie mich in die engere Auswahl genommen hatte. Der Stil des Porträts wurde also nie infrage gestellt. Nach dem Gespräch im Oval Office haben wir dann Pläne für die erste Sitzung gemacht, die irgendwann im Oktober in D. C. stattfand.

– Wie gut ist die First Lady im Stillsitzen?
Sehr gut! Das ist nicht so einfach, wie man vielleicht denkt.
Die Sitzung lief problemlos, wir hatten eine knappe Stunde.

– Über was unterhält man sich in solch einer Situation?
Ach, das ist ein ganz normales Gespräch. Im Hintergrund läuft
Musik, wir probieren verschiedene Posen aus, ich gucke mir
an, wie das Kleid fällt, bewege die Arme etwas hin und her,
um zu sehen, was funktioniert. Eigentlich wartet man nur darauf, dass die richtige Pose sich von allein ergibt.

– Machen Sie dabei schon erste Skizzen oder nur Fotos?
Nur Fotos.

– Und dann fangen Sie hier in Ihrem Studio an zu malen?
Ja, all meine Arbeiten entstehen hier in meinem Studio.

**– Hat jeder, den Sie porträtieren, so viel Mitspracherecht wie
die First Lady?**
Das Modell hat keinen wirklichen Einfluss auf das, was ich
mache. Wenn jemand sich nicht wohlfühlt bei dem, was ich
mache, fotografiere ich ihn nicht. Das ist mir allerdings bislang noch nicht passiert. Und bei Michelle war es so, dass sie
mir gesagt hat, dass sie Lust hat, mit mir zu arbeiten. Wenn sie
mir nicht getraut hätte, würden wir zwei jetzt hier nicht sitzen.

– Ist klar. Das letzte Wort hatte sie trotzdem?
Hundertprozentig. Erst hat der Aufsichtsrat der *National Portrait Gallery* sein Okay geben müssen, dann hat sie es zu Gesicht bekommen. Wenn es ihr nicht gefallen hätte, wäre es
nicht enthüllt worden, bis ich etwas gemalt hätte, mit dem sie
zufrieden gewesen wäre.

63

– Als ich das Bild zum ersten Mal gesehen habe, dachte ich, dass sie etwas Verspieltes an sich hat. Sie guckt, als ob sie dem Betrachter ein Geheimnis mitteilen wollen würde.
Ich bin die Fotos durchgegangen, die ich in den insgesamt zwei Sitzungen aufgenommen hatte, und wusste, dass es das sein würde, weil sie guckt, als ob sie etwas wüsste, was wir noch nicht einmal ahnen.

– Ich weiß nicht, ob vor der endgültigen Auswahl klar war, dass ein Künstler den Präsidenten und eine Künstlerin die First Lady malen würde. Es hätte ja auch andersherum laufen können. Wäre es für Sie auch okay gewesen, Barack Obama zu porträtieren?
Ja.

– Wären Sie anders vorgegangen, weil es der Präsident ist?
Wir hätten weniger Zeit damit verbracht, das Outfit zu wählen. Er trägt ja fast jeden Tag das Gleiche. Wir hätten uns wahrscheinlich länger mit der Pose beschäftigt. Bei einem präsidialen Porträt geht es ja doch darum, sich gewissen Traditionen anzunähern. Mir macht es mehr Spaß, Frauen zu malen. Als ich das Kleid von Michelle Obama sah, habe ich mich sofort darin verliebt. Auf gewisse Weise ist das Kleid allein schon ein Bild für sich, mit dem Muster und dieser dreieckigen Komposition. Viele Leute haben das Bild kritisiert, bevor sie das Original gesehen hatten. Ein paar haben gesagt, dass sie es großartig fanden, als sie schließlich davor standen: »Ich hatte es bislang nur im Fernsehen gesehen und mochte es nicht.« Als ich das gehört hab, dachte ich nur: Im Fernsehen? Ich habe das Bild nicht fürs Fernsehen oder Instagram gemalt. Rembrandt und diese ganzen Typen mussten sich um so etwas keine Gedanken machen. Wenn man deren Bilder sehen wollte, musste

man hingehen. Aber gut, wir haben 2018, da darf man sich nicht wundern.

– Ist der Druck denn größer, wenn man den Präsidenten statt die First Lady vor sich hat?
Glaube ich nicht. Wenn überhaupt, kommt es mir vor, als ob der Druck größer ist, Michelle zu malen, weil sie ja fast über ihren Mann hinausgewachsen ist. Sie ist für Frauen wie Männer zu einem Symbol geworden. Ihre Rolle war eine andere als die des Präsidenten, wenn auch nicht weniger bedeutend. Ich weiß gar nicht, wie ich es sagen soll. Sie ist wie Mutter Natur. *She's everything.*

– Bei Barack Obama sind die Haare grauer geworden, im Internet wurden Witze über seine Dad Jeans und seinen beigefarbenen Anzug gemacht. Michelle Obama dagegen wurde ständig für ihr Aussehen kritisiert.
Sie wurde auseinandergenommen für ihr Auftreten auf eine Art und Weise, wie sie sonst niemandem zuteilwurde. Welche andere First Lady wurde sonst bitte mit einem Tier verglichen? Niemand hätte etwas gesagt, wenn eine andere First Lady ein ärmelloses Kleid getragen hätte. Sie wurde für ihre Figur kritisiert, nur weil sie eine Schwarze Frau ist. Wir brauchen uns da gar nicht dumm stellen. Ich sage das als Schwarze Frau, man bemerkt so etwas.

– Sie benutzen in Ihren Bildern Graustufen für die Hautfarbe Ihrer Modelle. Haben Sie mit der First Lady darüber gesprochen?
Wir haben grundsätzlich über meine Arbeit gesprochen und warum ich diese Graustufen verwende. Es geht in meinen Arbeiten um Dekonstruktion. Das wusste sie, das war von vornherein klar.

– **Erklären Sie doch bitte noch einmal, wie Sie dazu gekommen sind, Graustufen zu verwenden.**
Am Anfang war es reine Ästhetik. Es hat mir gefallen, es sah gut aus. Die meisten bildenden Künstler haben ja zuerst eine Idee und lassen sich davon inspirieren. Man fertigt ein wunderschönes Bild an, setzt sich hin und bewundert es. Bei mir ist es anders. Meine Porträts sind, eben weil ich nur Schwarze Menschen male, von Anfang an konzeptionell. Alles bekommt gleich eine andere Bedeutung. In Amerika beschäftigen sich Menschen mit Identität meistens nur, wenn sie sich Bilder von *people of color* ansehen. Als ich mich mit diesem kunsthistorischen Narrativ auseinandergesetzt habe, ist mir aufgefallen, dass dort etwas fehlt. Mein Ziel war es, diesem Kanon etwas hinzuzufügen, das etwas anderes repräsentiert und der gängigen Sichtweise, die wir alle kennen, etwas entgegenzustellen hat. Für die, die Geschichte nicht richtig verstehen, gibt ja nur zwei mögliche Perspektiven für Schwarze: Sklaverei und die Bürgerrechtsbewegung, und heute noch *Black Lives Matter* – das war's schon. Wir sind weitaus vielschichtiger als das. Wir existieren in verschiedenen Lebensentwürfen. Das müssen nicht nur reaktionäre Umfelder sein.

– **Ihre Modelle finden sich für gewöhnlich im amerikanischen Leben wieder.**
Das sind die Art von Gemälde, die ich machen wollte. Auch deshalb habe ich mich lose der Bewegung des Amerikanischen Realismus angeschlossen, weil diese Künstler normale Menschen gemalt haben in normalen Situationen. Wer meine Bilder betrachtet, steht hoffentlich davor und sieht eine Reflexion von sich oder ein Bild, das etwas repräsentiert, das universell ist. Michelle Obamas Präsenz hat uns über die Jahre an einen Ort gebracht, in dem ihr Abbild zu etwas Allgegenwärtigem geworden ist. Darin steckt auch, dass ihr Schwarzsein univer-

sell ist, obwohl Schwarzsein nicht universell ist, so wie Weiß-
sein. Dass Menschen – Frauen, Männer, Schwarze, Weiße, Latinos, egal, wer – Michelle Obama betrachten und in ihr ein
Stück von sich selbst sehen ... *that's so powerful.*

– **Ist das der Grund, warum es so interessant ist, sie zu porträtieren? Oder sehen Sie noch etwas anderen in ihrer Bio-
grafie?**
Na ja, sie ist der personifizierte amerikanische Traum. Sie
stammt aus einfachen Verhältnissen und hat es bis ins Weiße
Haus geschafft. Da haben Sie die Definition des *American
Dream.*

– **Natürlich ist das eine unglaubliche Story. Aber glauben Sie
nicht, dass dieser Satz, dass es jeder schaffen kann, nicht
eine von Amerikas größten Lüge ist?**
Man weiß, dass das nicht stimmt, das ist ja die Sache. Dass
man sich an den eigenen Stiefelriemen aus der Misere ziehen
kann, das ist der amerikanische Traum von irgendjemand anderem. Ich glaube da auch nicht dran, und ich lebe in einer
Stadt, die das immer wieder unter Beweis stellt.

– **Wie meinen Sie das?**
Ich habe hier in Baltimore in einer Gefängnisanstalt Freiwilli-
gendienst gemacht. Das lässt sich alles leicht sagen, wenn man
vom Gipfel runter ins Tal guckt. Es ist etwas anderes, wenn man
diese Räume im übertragenen Sinne betritt und auf Menschen
trifft, die mehr vom Leben wollen, die aber keine Fürsprecher
haben und denen die Zugänge versperrt werden, um etwas aus
sich zu machen. Sie leben in einem System, aus dem sie nicht
herauskommen. Nehmen wir mal an, jemand erhält Bezüge
vom Staat, bekommt dann Kinder und versucht, seine Lebens-
situation zu verbessern, also nimmt er einen Job an. Wenn man

20 000 Dollar im Jahr verdient, werden einem die Bezüge gekürzt. Aber wer kann schon eine Familie mit 20 000 Dollar durchbringen? Wenn man gerade anfängt, über sich hinauszuwachsen, wird einem die Unterstützung genommen. Es wird einem unglaublich schwierig gemacht, da rauszukommen.

– **Ich nehme an, Sie haben das Foto von dem kleinen Mädchen in dem pinken Anorak gesehen, das in der Galerie wie hypnotisiert vor dem Porträt stand?[9]**
Parker Curry, die Zweijährige? Oh, ja!

– **Was sehen Sie in dem Foto? Was bedeutet Ihnen das?**
Sie ist mit ihrer Mutter in die Nationalgalerie gegangen und hat die Augen nicht davon lassen können. Sie dachte, das sei eine Königin da auf meinem Bild. Sie sieht das Porträt und sieht darin etwas, das wie sie ist. Das Foto von ihr hat mich an meinen ersten Museumsbesuch erinnert. Damals hatte ich noch nie solche Bilder gesehen, das war eine große Sache für mich. Und ich komme aus einem privilegierten Haushalt. Mein Urgroßvater hatte einen Barbershop in meiner Heimatstadt Columbus in Georgia, der 1898 eröffnet wurde und erst 2000 zugemacht hat. Das Geschäft war eins der ältesten Schwarzen Unternehmen der Stadt. Mein Vater konnte studieren, was das Leben für uns als Familie komplett verändert hat. Ich bin aufgewachsen mit gewissen Privilegien.

– **Sie haben auch studiert.**
Ich durfte an die Uni, ja. Ich bin aufgewachsen mit einem Sinn für Repräsentanz und einem Wortschatz, der mir geholfen hat, die Dinge um mich herum zu decodieren. Wichtig war, dass ich verschiedene Perspektiven aufgezeigt bekommen habe. Wir haben vorhin über den amerikanischen Traum gesprochen. Man vergisst schnell, dass Menschen, die systematisch bevor-

zugt werden, Dinge als gegeben hinnehmen. Das habe ich im Gefängnis gelernt: Man denkt, ein jeder kann doch Entscheidungen treffen. Und dann merkt man, dass gewisse Dinge einem beigebracht werden, von den Eltern, von der Familie. Man nimmt das so hin, dabei fehlt das sehr vielen Menschen, die täglich unter Armut leiden. Wie sehr belastet das, wenn man in der Klemme steckt und kein Geld hat, wenn man nicht an die einfachsten Dinge kommt, wie gesundes Essen? Wenn man bleihaltiges Wasser trinkt, weil man in einer armen Nachbarschaft aufwächst und sich niemand um die kaputten Leitungen kümmert, was macht das mit einem?

— **Haben Ihre Eltern Ihnen denn gesagt:** *Vergiss nicht, du wächst mit diesen Privilegien auf,* **oder haben Sie das erst später von allein gemerkt?**
Mein Vater war Zahnarzt, er hatte zwei Praxen, eine in Columbus und eine in Fort Valley. In einer der beiden hat er in der örtlichen Gemeinde Menschen behandelt, die es sich nicht leisten konnten. Manchmal brachte er dann Hühnereier oder ganz frische Kuhmilch mit nach Hause, die ihm die Patienten als Dankeschön mitgegeben hatten. Er hat darauf geachtet, dass uns bewusst war, dass wir gewisse Dinge hatten, die andere nicht hatten.

— **Michelle Obama hat bei der Enthüllung des Gemäldes davon gesprochen, dass sie die erste Person in ihrer Familie ist, die porträtiert wurde. Haben Sie mit ihr über dieses Privileg geredet?**
Nein, wir hatten keine Zeit, uns in philosophische Gespräche zu vertiefen, was das alles bedeutet und welche historische Rolle das Porträt einnimmt. Die Unterhaltung war unbeschwert, am Set laufen Leute hin und her, Assistentinnen bringen dies, suchen das, im Hintergrund läuft Musik. Es soll Spaß machen,

ich will, dass sie sich gut fühlt. Wir haben auch nicht über die Regierungsgeschäfte geredet oder so etwas, das hätte ich unangemessen gefunden. Wir haben uns schnell gut verstanden.

Aufgrund unserer Hautfarbe haben wir Erfahrungen gemacht in diesem Land, in dem wir aufgewachsen sind und das uns auf eine gewisse Art und Weise betrachtet, die uns sofort verbinden.

– **Ich stelle mir trotzdem vor, dass das bei all dem Trubel ein relativ intimer Moment sein muss, wenn Sie da sitzen und diesen einen Augenblick mit Ihrem Modell einfangen.**
Selbst mit dem Drumherum entsteht da eine Verbindung zwischen uns beiden, klar. Ich bin dann komplett fokussiert, wenn ich durch das Objektiv schaue.

– **Ist das nicht seltsam, wenn dieser Moment, den nur Sie sehen und mit ihr teilen, plötzlich um die Welt geht und alle daran teilhaben?**
Das ist cool … Moment, wie meinen Sie das: *Ist das nicht seltsam?*

– **Sie haben diesen privaten Augenblick, nur Sie und Michelle Obama, ein einzigartiger Moment – und ein paar Monate später wird er der Welt zugänglich gemacht, die dann plötzlich darüber richtet und urteilt.**
Ich weiß nicht, ob ich ihn wirklich geteilt habe mit der Welt. Ich glaube nicht, selbst wenn er auf der Leinwand gelandet ist. Was ich den Menschen gegeben habe, ist die Michelle, die an dem Tag zu der Sitzung aufgekreuzt ist. Das habe ich eingefangen. Was zwischen mir und dem Modell passiert, die Beziehung, die dort entsteht, und was in mir vor sich geht, das bleibt zutiefst persönlich.

– **Wenn wir in der Zeit zurückgehen könnten, sagen wir ins Jahr 2000, die Clintons sind kurz davor, das Weiße Haus zu verlassen, und man hätte Sie ausgewählt, Hillary Clinton zu porträtieren. Wäre das interessant für Sie gewesen?**
Ich möchte nicht jeden malen. Bei meiner Arbeit geht es darum, mein Ideal aufrechtzuerhalten. Ich will nicht sagen, dass ich niemanden malen würde, der nicht Schwarz ist – meine beste Freundin hat mich gefragt, ob ich ihren Sohn malen würde, der weiß ist, und natürlich mache ich das. Aber meine Absicht ist, Bilder zu veröffentlichen, die die Erwartungen der Menschen an das, was sie sehen, wenn sie in Museen und Bildergalerien gehen, verändern können. An diesen Orten war historisch gesehen kein Platz für *people of color*. Wenn ich mal einen Künstlervortrag halte, steht meistens jemand auf, der weiß ist, und merkt an, dass dort auf die Leinwand keine weißen Menschen projiziert werden. Was interessant ist, da ihnen das Gegenteil nicht auffällt.

– **Das ist die Norm.**
Ganz genau. Wenn also jemand ankommt und sagt, dass er sich dort als weißer Mann auch erkennen müsse, sage ich: *Nein, das ist absolut nicht meine Aufgabe, Ihr Gesellschaftsbild aufrechtzuerhalten.* Wir Schwarzen müssen in diesen Räumen repräsentiert werden, genauso wie die kleine Parker ein Abbild von sich in diesem Porträt sehen sollte. Deshalb male ich die Bilder, wie ich sie male, weil ich es für extrem wichtig halte, dass unsere Geschichten auf eine Art erzählt werden, die sich gegen das gängige Narrativ stellen.

– **Sehen Sie eine kulturelle Verschiebung hin zu neuen Erzählformen? Die erste Schwarze Familie im Weißen Haus, Sie selbst sind als erste Afroamerikanerin ausgewählt worden, um dieses Porträts zu malen.** *Black Panther* hat mehr

als eine Milliarde US-Dollar eingespielt. Passiert da gerade etwas oder sind das nur ein paar Einstreuungen?
Es braucht schon deutlich mehr als das. Wenn man 400 Jahre lang mit einem System gelebt hat, das Rassismus bedingt, machen acht Jahre Barack Obama das nicht mit einem Mal rückgängig. Es wird mehr als zwei, drei Filme brauchen, um da einen Wandel einzuleiten. Natürlich ist das wichtig, weil Kinder das sehen und ihnen eine alternative Perspektive aufgezeigt wird. Aber für einen Kulturwandel wird es noch mehr als das brauchen. Ich bin in den Südstaaten aufgewachsen, es kommt mir vor, als ob wir immer einen Grund finden, um irgendjemanden zu diskriminieren. Das steckt in uns drin.

– **Ist Ihr Porträt ein Ausdruck unser heutigen Zeit?**
Ob es politisch ist? Politik nehme ich nicht mit in mein Studio. Meine Arbeiten sind ein Ausdruck von Menschlichkeit. Sie sind zeitlos. Deshalb ist bei mir der Bildhintergrund immer tonlos-matt. Es gibt Gemälde, für die man in die Zeit zurückgehen muss, in der sie entstanden sind, um sie zu verstehen, wie Warhols *Brillo Box*. Ich wollte immer Bilder schaffen, die von der Zeit losgelöst sind, auf die man sich in 100 Jahren und vor 100 Jahren beziehen kann.

– **Im Wahlkampf 2016 habe ich jede Menge Menschen getroffen, die eine Scheißwut hatten. Hat die Obama-Präsidentschaft den Durchschnittsamerikaner geblendet, dass im Land doch alles ganz in Ordnung ist, bis plötzlich Trump gezeigt hat, wie rassistisch aufgeladen es wirklich zugeht?**
Ich denke nicht, dass *people of color* so dachten. Also, vielleicht waren sie wie Männer, die überrascht sind, dass Frauen sexuell belästigt werden. Mich hat es nicht überrascht. 1993, als ich an der Uni war, haben sie mich *nigger* genannt. Verstehen Sie,

was ich meine? Ich bin mit solchen Leuten aufgewachsen. Ich bin mir sicher, dass, wenn die mich in ihren 20ern so bezeichnet haben, die in ihren 40ern nicht anders über mich denken.

Es tat weh, als Trump gewählt wurde, weil es wahnsinnig nahegeht – es hat sich angefühlt, als ob die Menschen gegen das Dasein anderer Menschen gestimmt hätten. Das fühlt sich nicht gut an. Am Ende sieht es doch so aus: Ich bin Mensch, du bist Mensch, und wenn du dich nicht frei fühlen kannst, bin ich auch nicht frei. Jetzt habe ich vergessen, was Ihre Frage war.

– **Waren Sie überrascht von der Wut der Menschen?**
Die Menschen haben jedes Recht dazu, wütend zu sein. In vielen Fällen kann man denen keinen Vorwurf machen, der weiße Amerikaner aus dem Mittleren Westen oder aus West Virginia, die wollen auch nur ihren Kindern eine Mahlzeit auf den Tisch stellen. Es gibt Gründe, warum man Trump wählen kann. Einige verstehe ich, viele allerdings nicht.

– **Sie selbst haben bekanntlich bis vor ein paar Jahren noch in einem Restaurant als Bedienung gearbeitet, um sich Ihr Leben als Künstlerin zu finanzieren.**
Ich habe das bis 36 oder 37 gemacht. Natürlich kam irgendwann der Punkt, als ich dachte: *Das ist Mist, die kellnernde Künstlerin … ich bin 36, ich habe keine Ersparnisse, das ist langsam nicht mehr niedlich.* Aber das Kellnern war die smarteste Art, Geld zu verdienen und mich gleichzeitig meiner Kunst widmen zu können. Das war mir wichtig. Ein paar der Presseartikel klingen jetzt so, als ob das alles über Nacht passiert sei, dabei war der Wert meiner Bilder schon vor dem Obama-Gemälde gestiegen, ich hing bereits in Museen, die Warteliste für ein Porträt lag auch schon vor der Enthüllung bei zwei Jahren. Wenn man sich nicht für Kunst interessiert, kennt man

mich nicht. Jetzt bin ich aus Sicht vieler Menschen plötzlich da.

– **Stimmt denn die Geschichte, dass Sie aus familiären und gesundheitlichen Gründen beinah aufgehört hätten mit der Malerei?**
Die Ärzte haben bei mir einen Herzfehler gefunden, als ich mit 30 an der Kunstakademie war, und beinah gleichzeitig bekam mein Bruder die Diagnose Lungenkrebs. Das war ein Schlag. Auf einmal muss man sich mit seiner eigenen Sterblichkeit beschäftigen. Ich habe dann auf einen Organspender gewartet. Natürlich gibt es nie genügend Organe und wenn dann eins da ist, muss man quasi krank genug sein, um derjenige zu sein, der es bekommt. Was praktisch bedeutet, dass man Schritt für Schritt auf den Tod zugehen muss, während man auf die Spende wartet. Aber ich habe gemalt bis zu dem Tag, an dem ich ins Krankenhaus musste. Als mein Bruder Michael starb, war es hart. Trotzdem hat mir das einen Anstoß gegeben, mich nicht abbringen zu lassen und mein Leben nach der Kunst auszurichten.

– **Wie geht es Ihnen jetzt, ist Ihr Herz in Ordnung?**
Ja, ja, ich muss diverse Tabletten nehmen, weshalb ich zwischendurch meine Gedanken sammeln muss und etwas abschweifend wirke. Gesund bin ich aber, Kristins Herz hat sehr gut zu mir gepasst.

– **Dann wissen Sie, woher Ihr Spenderherz kommt?**
Ihr Vater hat mich kontaktiert nach der Transplantation. Er hat mir einen Brief geschrieben: *Ich hoffe, Sie verstehen, was für ein Geschenk Sie erhalten haben, Kristin war ein wunderbarer Mensch.* Also habe ich ihm geantwortet und dann ihn und ihre Mutter getroffen und mit ihrem jüngsten Bruder gesprochen.

– Ist es wahr, dass Ihre Spenderin an einer Überdosis Opium gestorben ist?

Ja.

– Wie fühlt sich das an, mit einem Organ im Körper von einem fremden Menschen?

Anfangs ist es seltsam. Wirklich komisch wäre es allerdings gewesen, falls ich nicht gewusst hätte, wer sie ist. Dann hätte es sich angefühlt, als ob ein Geist in mir wohnt. Aber zu wissen, wer sie ist, was für eine wunderbare Mutter sie war, was für eine großartige Tochter und Schwester sie war, und dass sie geliebt hat und geliebt wurde, macht es normaler. Es ist immer noch seltsam. Ich denke da nicht jeden Tag dran … obwohl, das ist nicht wahr, ich schlucke täglich 13 Pillen und immer, wenn ich sie nehme, erinnere ich mich daran. Wenn sie ihr Herz nicht gespendet hätte, wäre ich nicht hier. So einfach.

– Früher war es ja oft so, dass Künstler gemalt haben, starben, und sie der Ruhm erst nach dem Tod ereilte.

Ich rede manchmal mit Künstlern und für die ist es in Ordnung, wenn es nicht passiert. Ich war damit nie einverstanden. Ich hatte da absolut keinen Bock drauf. Ich wollte mich nicht in eine Ecke drängen lassen. Als Künstlerin war es absolut meine Absicht, dort zu sein, wo ich jetzt bin. Genau so und nicht anders bin ich es immer angegangen. Ich will Werke schaffen, die wichtig genug sind, dass man ohne sie Kunstgeschichte nicht fortschreiben kann und die dem Betrachter etwas über mein Leben und das der Menschen, die ich male, erzählen.

ALLER EHREN WERT

Brett Kavanaugh, Christine Blasey Ford und
der gerechte Zorn der Frauen.
Washington, D.C.

Sie standen einfach nur da, diese sechs Frauen, lautlos, die Köpfe
leicht gesenkt und mit schneeweißer Haube bedeckt, ihre Gesichter waren kaum zu erkennen. Sie trugen blutrote Kutten, die
bis zu ihren Knöcheln reichten. Weite, fast körperlose Gewänder,
unter denen alle Konturen verschwanden. Sie hatten ihre Hände
vor dem Körper gefaltet, nicht betend, bloß ineinandergelegt,
und standen einfach da, auf einer Verbindungsbrücke im ersten
Stock zwischen zwei Bürogebäuden des amerikanischen Senats.
Man konnte sie bereits aus der Ferne sehen, sie hatten sich direkt
in Sichtweite einer der Haupteingänge aufgereiht, Schulter an
Schulter, und von dort unten, vom Atrium aus betrachtet, hingen sie wie Farbkleckse in der matten Luft. In ihrer absoluten
Stille und Bewegungslosigkeit standen sie da wie ein Fanal für
die turbulenten, stürmischen, furiosen Wochen, die da kommen
sollten.

Jener Dienstagmorgen des 4. September 2018 hatte still begonnen, es war der Tag nach dem Labor Day, an dem in Washington traditionell die Ferien vorbei sind und somit das Ende des
Sommers eingeleitet wird. Die Stadt wirkte noch etwas verschla-
fen, als ich kurz nach 7 Uhr die Sicherheitskontrolle am *Hart
Senate Office Building* passierte, auf dem Weg zum Raum 216,
wo in zweieinhalb Stunden Brett Kavanaugh vor dem Justizausschuss des Senats angehört werden sollte, um schließlich, so die
Hoffnung der konservativen Republikaner, für den *Supreme*

Court als Richter nominiert zu werden. Ich ging die Treppe neben den Aufzügen hoch, auf besagte Brücke zu, und kam an den sechs Frauen vorbei. Ich hielt an. Die Kutten kannte ich, sie waren geschneidert wie die Kostüme in »The Handmaid's Tale«, der Serienverfilmung von Margaret Atwoods Roman »Der Report der Magd«, in dem Frauen in regelrechte Gebärmaschinen verwandelt werden. Wahrscheinlich hätte ich fragen sollen, wer genau diese Frauen waren, aber darum ging es ja nicht in ihrem stillen Protest. Diese gesichtslosen, verhüllten sechs hätten an diesem Tag jede Frau in Amerika sein können.

Für sie ging es hier und heute um eine Grundsatzfrage, um eine Entscheidung gegen Leben und für den Tod, oder genau andersherum. Das kam auf die Sichtweise an. Im prüden, religiösen, konservativen Amerika hatten emanzipierte Frauen lange und hart für Gesetze gekämpft, die ihr Leben einfacher machten. Sie hatten ihr Recht am eigenen Körper zurückgefordert und dabei manchen Sieg errungen. Brett Kavanaugh sollte nicht derjenige sein, der ihnen diesen Anspruch auf Selbstbestimmung wegnahm.

Im Saal, der grell ausgeleuchtet war für die Fernsehkameras, nahm ich am reservierten Pressetisch Platz. »Hi, good morning«, sagte ich zu den US-Kollegen, die immer ein bisschen mitleidig gucken, wenn man keinen amerikanischen Akzent hat, und ein wenig neugierig, wenn man es irgendwie hinbekommt, sich in Anzug und Krawatte eher in Richtung Bryan Ferry als Peter Hahne zu bewegen.

»Hey, how are you?«, antworte der Reporter am Platz gegenüber. Er rührte Zucker in einen Kaffeebecher. Die Reporterin neben mir lächelte freundlich und tippte weiter auf ihrer Tastatur. An der linken Hand funkelte im künstlichen Licht der Scheinwerfer ihr mit üppigen Steinen besetzter Ehering (ich vermute, es war ein Ehering – linke Hand, näher am Herzen, so hatte es mir eine junge Amerikanerin mal beschrieben). Ich packte meinen Laptop aus und sah mich im Saal um: Die Besucherreihen waren noch unbesetzt, ein paar Kameramänner rollten Kabel ab und rückten Stative zurecht, Fotografen kämpften schon jetzt um den besten Platz vor dem noch leeren Anhörungstisch, wo einsam ein Namensschild stand: Hon. *Brett M. Kavanaugh* Das Schild sollte die Ausschussmitglieder sowie die Welt an den sogenannten Endgeräten noch einmal daran erinnern, wer dort gleich sitzen und unter Eid Zeugnis ablegen würde. Am Gericht trug Kavanaugh diesen Titel, den man ihm jetzt und hier auch zugestand, obwohl diese Anhörung formell keine Verhandlung war, sondern ein kompliziertes Bewerbungsgespräch, und trotzdem wurde er als *Hon.* vorgestellt, kurz für *honorable*, oder auch: der Ehrenwerte.

Die Welt da draußen kannte ein paar von Kavanaughs beruflichen Stationen (Studium in Yale; Mitarbeit am Abschlussbericht von Sonderermittler Kenneth Starr im Verfahren gegen Präsident Bill Clinton; Rechtsbeistand im Weißen Haus unter Präsident George W. Bush; aktuell Berufungsrichter in D.C.) und einige seiner juristischen Urteilsbegründungen, die auf ein wertkonservatives Weltbild schließen ließen. Anfang September hatte das liberale Amerika Angst, dass dieser Mann nach einer erfolgreichen Nominierung am *Supreme Court*, wo er die Nachfolge von Justice Anthony Kennedy antreten sollte, dazu beitragen könnte, die Grundsatzentscheidung *Roe v. Wade* zu kippen, die in Amerika 1973 das Recht auf Abtreibung eingeführt hatte.

Ein Name blieb an diesem Morgen und in den folgenden Tagen unerwähnt, weil er noch nicht die Schwelle zum sogenannten öffentlichen Interesse überschritten hatte. An diesem Morgen kannte Amerika den Namen Christine Blasey Ford und ihre Geschichte nicht.

Erst zwölf Tage nach der Nominierungsanhörung vor dem Justizausschuss veröffentlichte die *Washington Post* einen Bericht, in dem Blasey Ford Kavanaugh beschuldigte, dass er versucht habe, sie als Jugendlicher im betrunkenen Zustand auf einer Party zu vergewaltigen.[10]

Drei Tage hintereinander saß ich dort im Saal, und sah diesem Mann mit dem vernünftigen Haarschnitt zu, der öffentlich nie aus der Rolle des gewissenhaften Vaters und Rechtsgelehrten fiel, wie er sich und seine Karriere verteidigte, wie er klare Aussagen auf Fragen zu Donald Trump und seiner Haltung zum geltenden Abtreibungsrecht mied. So hätte ich es wahrscheinlich auch gemacht an seiner Stelle, mal ausweichende, mal butterweiche Antworten gegeben, wenn es um einen Job auf Lebzeiten am obersten Gericht der USA ginge.

So gelassen, wie das klingen mag, ging es im Saal allerdings nicht zu. Am ersten Tag der Anhörung wurden insgesamt mehr als 70 Demonstranten und Demonstrantinnen aus dem Saal befördert.[11] Eine der vielen Frauen unter ihnen, da war es noch nicht einmal 10 Uhr am Morgen, sprang auf und brüllte aus der letzten Reihe des Saals: »My daughter deserves the right to choose!«

The right to choose ist in Amerika Synonym für das Recht auf Abtreibung. Das Wort *abortion*, also Abtreibung, muss gar nicht ausgesprochen werden. *Das Recht, die Wahl zu haben*, das die protestierende Mutter da für ihre Tochter einforderte, ist in den USA sprachlich mit keiner anderen Tätigkeit verbunden. Jeder weiß, was gemeint ist.

Dass man das Wort, um das es ging, ohne Verständnisprobleme weglassen konnte, musste entweder bedeuten, dass Amerika seinen Frauen sonst nicht oft die Wahl ließ oder dass es deren wichtigste Wahl war. Vielleicht stimmte beides ein bisschen.

Die Senatspolizei packte die Frau am Arm und beförderte sie innerhalb von wenigen Sekunden aus dem Saal. Die schweren Holztüren des Raums verschluckten ihre Rufe. Ihre Klage war verstummt. Hier waren keine Zwischenrufe gefragt, sondern genauc Abläufe. Der Senat machte diese wichtige Entscheidung zwar öffentlich, ließ Kameras zu, sendete über Stunden live, wollte den Vorgang jedoch keineswegs gestört wissen. Dabeisein und zusehen, das wurde dem Volk zugestanden. Den Mund aufmachen: eher unerwünscht.

Abgesehen davon war es durchaus bemerkenswert, dieser Inquisition beiwohnen zu dürfen: Da wurde drei Tage lang im Justizausschuss ein angehender Verfassungsrichter ausgefragt, jede Regung von den Kameras erfasst, jedes Zögern von den Mikrofonen eingefangen. Eine öffentliche Feuerprobe im Licht der Scheinwerfer. Etwas, das man sich im deutschen Fernsehen nicht einmal bei *Phoenix* vorstellen könnte.

1981 hatte sich die amerikanische Politik dazu entschlossen, diesen Nominierungsprozess auf öffentlicher Bühne auszutragen. Damals wurde Sandra Day O'Connor zur ersten Richterin am Supreme Court nominiert,[12] die Kameras liefen mit.

Und sobald in Washington gefilmt wird, findet die Politiktheater-AG selbstverständlich Zeit für mindestens eine kleine Inszenierung. Auch das gehört zum Ablauf. In diesem Fall sah die Rollenverteilung wie folgt aus: auf der einen Seite die Republikaner, die »ihren«, von Präsident Trump nominierten Richter am Supreme Court sitzen sehen wollten, auf der anderen die Demokraten, die ihm Parteilichkeit vorwarfen und im Auftrag ihrer liberalen und linken Wählerschaft das Recht auf Abtreibung verteidigten.

Die sich über Stunden hinziehende Anhörung verlangte mir wahnsinnig viel Konzentration und Aufmerksamkeit ab. Vielleicht fielen mir sogar ein- oder zweimal die Augen zu. Kavanaughs Arbeit unter Präsident Bush im Weißen Haus und die dazugehörigen Schriftstücke (es handelte sich um ein paar Hunderttausende) waren die Puzzleteile, aus denen sich Amerika ein Bild von diesem Mann machen sollte. Ohne inhaltlichen Kontext kam mir die Befragung der demokratischen Senatoren allerdings weniger wie das Zusammensetzen eines Puzzles als ein Wühlen in Konfettischnipseln vor: typische Washingtoner Pedanterie, die verliebt darin ist, sich in der Bewahrung von Formalität zu verlieren.

Ich wartete darauf, vergebens wohlgemerkt, dass ihn jemand fragte, warum mehrere Zehntausend Dollar Schulden in seiner finanziellen Offenlegung auftauchten, die er laut *Washington Post* durch den Kauf von Dauerkarten zum Baseball[13] angehäuft hatte. Mir ist Baseball egal, aber irgendetwas musste das doch bedeuten: ein Typ, der für einen Sport sein Konto mit Beträgen überzieht, die für andere ein, zwei, oder drei Jahreseinkommen ausmachen. Weil anscheinend unter den Senatoren im Ausschuss niemand meine Bedenken teilte, wurde das Thema ignoriert. Ich hörte weiterhin zu, sah dafür genauer auf die Inszenierung dieses Stücks. Wer jetzt denkt, wie toll demokratisch das ist, das alles im Fernsehen zu übertragen, sollte bedenken: sobald die Kameras auf Sendung gingen, kitzelten sie das Bedürfnis der Politiker heraus, den Ton der eigenen Stimme im Ohr zu haben. Geltungsdrang gepaart mit amerikanischer Theatralik: muss man mögen. Für die Politiker im Kongress sind diese Momente auf großer Bühne verbale Sweatshops, billige Verwertungsfabriken der eigenen Inszenierung: Aus den schmissigsten, brutalsten, pathetischsten Sätzen werden die Werbespots zur Wiederwahl von morgen zusammengeschnitten.

In den republikanischen Reihen steckten Chuck Grassley, Senator aus Iowa und als Vorsitzender des Ausschusses für Ordnung im Saal zuständig, und Orrin Hatch, Senator aus Utah, immer wieder ihre Köpfe zusammen. Unter den elf männlichen, weißen republikanischen Ausschussmitgliedern wirkten sie wie die weißesten: Zusammen kamen die zwei auf 168 Jahre Lebenserfahrung, machten jedoch keinen großen Hehl daraus, dass sie aus einer Zeit stammten, in der Frauenrechte noch deutlich egaler waren.

In seinem Eröffnungsstatement lud Grassley Kavanaugh, den er auf seine Tauglichkeit hatte prüfen wollen, dazu ein, sich doch gar nicht erst zu heiklen Themen zu äußern: Für einen Richter sei es »unfair und unethisch«, sagte Grassley, sich zu bestimmten Fällen zu äußern – »ein Nominierter sollte keine Hinweise, keine Prognosen, keine Meinungen äußern«.[14]

Hatch, der Blasey Ford ein paar Wochen später, kurz vor ihrer Anhörung, eine »attraktive« Zeugin[15] nannte und über Kavanaugh sagte, »ich glaube ihm … er ist ein sehr, sehr anständiger Mann«[16], entschuldigte sich bei ihm am ersten Morgen der Nominierungsanhörung. Es täte ihm leid, sagte er in Richtung Kavanaugh, dass er »einige dieser Blödsinnigkeiten« ertragen müsse, die da demnächst auf ihn zukämen. Als sich die Zwischenrufe aus dem Publikum häuften, fand Hatch seine Geduld irgendwann erschöpft. Er hoffe, dass diese »Maulheldin« entfernt werde, sagte er über eine Demonstrantin. »Diese Leute sind dermaßen daneben, sie sollten hier nicht im verdammten Raum sein.«[17]

Auch die Demokraten hatten ihre Augenblicke, allen voran die späteren Präsidentschaftskandidaten für 2020, Senatorin Kamala Harris aus Kalifornien und Senator Cory Booker aus New Jersey. Der ehemaligen Staatsanwältin Harris war die Streitlust am zweiten Tag anzumerken, als sie Kavanaugh fragte, ob er innerhalb der Kanzlei von Donald Trumps persönlichem Anwalt mit irgendjemandem über Sonderermittler Robert Mueller gesprochen hatte. Kavanaugh zögerte, Harris schob in einem scharfen Ton hinterher: »Seien Sie sich jetzt ganz sicher, wie Ihre Antwort lautet, Sir.«

Und weil zu viel niemals genug ist, verglich Booker sich mit dem aufmüpfigen Sklavenrebell Spartakus, weil er unter Verschluss gehaltene E-Mails von Kavanaugh aus seiner Zeit als Rechtsbeistand im Weißen Haus der Öffentlichkeit zugänglich gemacht hatte. »Das hier ist ungefähr so nah wie ich in meinem Leben einem ›Ich bin Spartakus-Moment kommen werde«,[18] sagte er und fügte hinzu, dass ihm die Konsequenzen, selbst ein möglicher Amtsentzug, egal seien. Zwei Tage später sprach niemand mehr über seinen Heldenvorstoß.

Warum schreibe ich dann noch einmal über diese Augenblicke?

Es ging und geht im Fall Kavanaugh um Stimmen, Stimmungen, Stimmigkeiten. Wer ergriff das Wort, wer sagte was, wer blieb still, wer verstummte? Die drei Tage vorm Senatsausschuss waren nur der Grundton für das, was als Nächstes passieren sollte.

Es dauerte nicht lange, bis die Gerüchte wie Herbstlaub durch Washington fegten. In der Woche nach Kavanaughs Nominierungsanhörung war die Rede von einem Brief, den Senatorin Dianne Feinstein erhalten hatte. Darin, hieß es, sei die Rede von einem Vorfall zwischen Kavanaugh und einer Frau, der sich zu ihrer Highschool-Zeit abgespielt haben sollte.[19] Feinstein, die Vizevorsitzende des Justizausschusses im Senat, bestätigte die Existenz des Briefes, behielt den Inhalt jedoch für sich.

Vier Tage später, am 16. September, veröffentlichte die *Washington Post* eine Geschichte, deren etwas sperrige Überschrift erst einmal nur einen Tupfer auf Kavanaughs weißer Weste hinterließ: »Kalifornische Professorin, Verfasserin des vertraulichen Brett-Kavanaugh-Briefes, äußert sich zu ihren Vorwürfen sexueller Nötigung«.

Emma Brown, die Reporterin, die Blasey Ford im nördlichen Kalifornien getroffen und als erste Journalistin mit ihr über den Vorfall gesprochen hatte, lässt sie die Geschichte aus den frühen 80er-Jahren gleich am Anfang erzählen, als ob sie in ihrem Text die erschütternden Einzelheiten schnell hinter sich bringen will, damit aus dem Opfer Christine Blasey Ford wieder eine Frau werden kann, die nicht auf den Übergriff reduziert wird.

Kavanaugh und sein Kumpel Mark Judge, beide »vollkommen betrunken«, hätten sie, es war Anfang der 80er, sie musste um die 15 Jahre alt gewesen sein, bei einer Party in einem Raum eingesperrt, erzählte Blasey Ford. »Während sein Freund zusah, sagte sie, drückte Kavanaugh sie rücklings auf ein Bett und begrapschte sie«, schreibt Brown in ihrem Artikel, »während er seinen Körper gegen ihren rieb und unbeholfen versuchte, ihren Badeanzug und die Kleidung, die sie darüber trug, abzustreifen. Als sie versuchte zu schreien, sagte sie, legte er seine Hand über ihren Mund.«[20] Über einen Sprecher dementierte Brett Kavanaugh sämtliche Vorwürfe: »Ich bestreite diese Anschuldigung kategorisch und unmissverständlich. Ich habe das zu meiner Highschool-Zeit nicht getan oder zu irgendeiner anderen Zeit.«

Am 23. September veröffentlichte der *New Yorker* einen weiteren Vorwurf gegen Kavanaugh: Deborah Ramirez schilderte in dem Artikel, wie er sich am College in Yale vor ihr entblößt hatte.[21] »Brett war am Lachen«, sagte Ramirez. »Ich habe immer noch sein Gesicht vor Augen, und wie seine Hüfte sich nach vorne schiebt.« Sie sagte, ein Student hätte den anderen davon erzählt. »Jemand rief den Flur herunter: ›Brett Kavanaugh hat gerade seinen Penis in Debbies Gesicht gehalten‹.«

Der gute, nette, konservative, ehrbare Mann mit der hervorragenden Ausbildung und der wunderbaren Familie war plötzlich berüchtigt: als präpotentes Biermonster, das sich in seinen prägenden Jahren nicht unter Kontrolle bekam.

In seiner Jugend hatte er also vor Frauen die Hosen runtergelassen; jetzt stand er mit heruntergelassener Hose da, blamiert, an den Pranger gestellt.

An der Seite seiner Frau Ashley machte Kavanaugh daraufhin in einem Interview mit *Fox News* die Schuldfrage an einem seltsamen Detail fest: »Wir reden hier über Anschuldigen im Zusammenhang mit sexueller Nötigung. Ich habe nie jemanden sexuell genötigt. Ich hatte keinen Verkehr oder irgendetwas, das nah an sexuelle Aktivitäten käme, während meiner Highschool-Zeit oder für viele Jahre danach. Und die Mädchen an den Schulen, auf die ich ging, waren mit mir befreundet …«[22]

84

Martha MacCallum, die Fox-Journalistin, unterbrach ihn an dieser Stelle. »Wollen Sie damit sagen, dass Sie während besagter Jahre Jungfrau waren?«, sagte sie.

»Das ist richtig.«

»Sie hatten keinen Verkehr mit irgendjemanden an der Highschool?«

»Richtig.«

Das mag ein peinlicher Moment gewesen sein für Kavanaugh, aber es war auch ein wohlkalkuliertes Ablenkungsmanöver. Denn was hatte die Jungfräulichkeit Kavenaughs mit den ihm vorgeworfenen Übergriffen zu tun?

Es ist immer ein seltsamer Moment, wenn die Stille von etwas Schwingendem abgelöst wird. Man vergisst manchmal, wie viel Bedeutung in einem Tonfall liegen kann. Was es auslösen kann, wenn man auf einmal die Stimme einer Person hört.

Der Artikel der *Washington Post*, der Christine Blasey Fords Geschichte erzählte, war mit dem Foto von einer blonden Frau aufgemacht, die eine grüne Sportjacke mit weißen Ärmeln trug, hoch oben über einem Küstenstreifen stehend. Sie lacht, ihre Augen sind hinter einer Sonnenbrille versteckt, das stufig geschnittene, schulterlange Haar zu einem Mittelscheitel gekämmt. Wer ist diese Frau? Worüber lacht sie? Wie alt ist sie? Wie alt ist das Foto? Wo steht sie?

Der Artikel lieferte nur einen kleinen Ausschnitt aus ihrem Leben, was nicht ganz unwichtig schien, um bei einer derartig massiven Anschuldigung etwas mehr über die Person zu erfahren, die sie erhob. Für den Geschmack Blasey Fords war der Ausschnitt allerdings schon zu groß.

»Ich bin heute hier, nicht weil ich es will – ich habe wahnsinnige Angst. Ich bin hier, weil ich glaube, dass es meine Pflicht als Bürgerin ist, Ihnen zu erzählen, was mir passiert ist, während Brett Kavanaugh und ich an der Highschool waren«, sagte sie. Ihre Stimme klang brüchig, aber hörbar. Niemand legte ihr eine Hand über den Mund.

Es waren die ersten Worte nach ihrer Begrüßung am Morgen ihrer Befragung vor dem Senatsausschuss, drei Wochen nachdem Amerika gedacht hatte, hier gehe es ausschließlich um das Recht auf Abtreibung, und dieser Halbsatz, »Ich bin heute hier, nicht weil ich es will«, musste sich wie ein Stich in der Brust jeder Frau anfühlen, die eine ähnliche Geschichte zu erzählen hatte.

Hier traf eine Frau eine explizite Aussage über ihr Leid, wie Megan Garber in *The Atlantic* schrieb,[23] machte also ihren Schmerz öffentlich, damit daraus eine für jeden einsehbare Akte werden konnte, ein Eintrag in den Archiven der kollektiven Erinnerung, nur um sofort im Anschluss als Zeugin infrage gestellt zu werden.

Am Tag ihrer Aussage veröffentlichte die *Washington Post* einen weiteren Artikel, der das Fenster zu Blasey Fords Persönlichkeit weiter aufstoßen sollte. Sie erzählte darin von ihrem neuen Leben an der Westküste, das so weit entfernt von ihrer Washingtoner Vorortkindheit war, wie es innerhalb der USA nur geht; wie sie Kaliforniens langsamere Gangart zu ihrem neuen Alltagsrhythmus gemacht hatte, wie sie anfing, Surfstunden zu nehmen, und wie sie sich dort eine Karriere aufgebaut hatte, die sich um ein Thema drehte: »Nach und nach erarbeitete sie sich einen Ruf für ihre Forschungsarbeiten über Depression, Angst und Widerstandsfähigkeit nach traumatischen Erlebnissen«,[24] heißt es in dem Text.

Auf Senatorin Feinsteins Frage, ob sie sich sicher sei, dass es Brett Kavanaugh war, der ihr das angetan hatte, gab Blasey Ford eine wissenschaftliche Antwort über den Effekt eines Traumas auf das menschliche Gehirn. Sie sprach über die Erinnerungsfunktion, den Ausschuss körpereigener Hormonstoffe und wie sich das alles, verkürzt gesagt, im Hippocampus einbrennt:»Die traumabezogene Erfahrung ist dort gespeichert, wobei andere Details abweichen können.«[25]

Was genau sich dort oben festgesetzt hatte, sagte sie während der Anhörung dem demokratischen Senator Patrick Leahy aus Vermont.[26]

»Was ist die stärkste Erinnerung, die Sie haben«, fragte Leahy.

»Die stärkste Erinnerung an den Vorfall, etwas, das sie nicht vergessen können?«

»Unlöschbar im Hippocampus ist das Lachen«, sagte Ford. »Das brüllende Lachen zwischen den beiden und den Spaß, den sie auf meine Kosten haben.«

»Sie haben dieses Lachen nie vergessen; wie sie Sie auslachen?«

»Sie lachten untereinander.«

»Und Sie waren Ziel dieses Lachens?«

»Ich lag unter einem von ihnen, während sie lachten.«

Es gibt da diesen Satz, man findet ihn in verschiedenen Variationen, oft wird er Margaret Atwood zugeschrieben. Verkürzt geht er so:»Männer haben Angst, dass Frauen sie auslachen. Frauen haben Angst, dass Männer sie ermorden.«

Im Oktober 2017, fast genau ein Jahr vor Blasey Fords Aussage im Fall Kavanaugh, hatte die Welt von den Anschuldigungen gegen Harvey Weinstein erfahren und infolge beinah zwölf Monate lang Geschichten im Netz von Opfern *gelesen*, gezeichnet *#metoo*, selten hingegen auf so eindringliche Weise Anschuldigungen *gehört* wie im Fall Brett Kavanaugh, live und vor einem Millionenpublikum.

Ihr fehlten Eckdaten der Ereignisse, das wusste Christine Blasey Ford, das ließ an ihrer Glaubwürdigkeit zweifeln – auf den ersten Blick.»Auf Polizisten, die nicht darin geschult sind, Anzeichen für ein Trauma zu entdecken, wirken viele Vergewaltigungsopfer so, als würden sie lügen«, schrieb Barbara Bradley

Hagerty in einem langen, gut recherchierten Bericht[27] über die Tendenz von Behörden, Opfern nicht zu glauben.

Ein paar Tage später stand Donald Trump auf einer Bühne in Southaven, Mississippi vor ein paar Tausend Anhängern. Er drehte den Kopf zu einer Seite, sagte einen Satz, drehte ihn zur anderen, sprach noch einen Satz, um ein kleines Stück mit verteilten Rollen aufzuführen: »Wie sind Sie nach Hause gekommen? ›Ich erinnere mich nicht.‹ Wie sind Sie dort hingekommen? ›Ich erinnere mich nicht.‹ Wo ist der Ort? ›Ich erinnere mich nicht.‹ Vor wie vielen Jahren war das? ›Ich weiß nicht, ich weiß nicht.‹«, sagte Trump und machte sich über Blasey Fords Wissenslücken lustig.[28] »In welcher Nachbarschaft war das? ›Weiß nicht.‹ Wo war das Haus? ›Weiß nicht.‹ Oben, unten, wo war das? ›Weiß nicht, aber ich hatte ein Bier, das ist alles, an was ich mich erinnere.‹ Und schon ist das Leben eines Mannes ruiniert.«

Mit jedem »Weiß nicht« schaukelte Trump sein Publikum mehr auf. Am Ende lachte es schallend.

Nach Christine Blasey Fords Auftritt vor dem Senatsausschuss bekam Brett Kavanaugh nach der Mittagspause die Möglichkeit, sich gegen die Anschuldigungen zu verteidigen.

Aus dem freundlichen Mann, der Anfang September sein soziales Engagement hervorgehoben und liebevoll über seine Familie gesprochen hatte, war plötzlich ein Kämpfer geworden. Seinem Eröffnungsstatement merkte man eines ganz deutlich an: aufgestaute Wut.

Während Blasey Ford ruhig ihren Fall und ihre Bedenken vortrug, klang Kavanaugh wie jemand, »dessen Anspruchshaltung noch nie herausgefordert worden war«.[29]

»Das hier hat meine Familie und meinen guten Namen zerstört. Ein guter Name, aufgebaut durch Jahrzehnte harter Arbeit und Staatsdienst auf der höchsten Ebene der amerikanischen Regierung«, sagte Kavanaugh.[30] »Die Anstrengungen [gegen meine Nominierung] in den vergangenen zwei Wochen sind ein kalkulierter und orchestrierter politischer Anschlag, ausgelöst durch anscheinend aufgestauten Zorn auf Präsident Trump und die Wahl 2016.«

Aus diesen Sätzen sprach zweierlei. Erstens: die meritokratische Idee, dass er diese Position verdiente; egal, was jetzt gesagt wurde, weil er doch all diese herausragenden Schulen besucht und in Yale studiert hatte, weil er sich in den Dienst des Staates gestellt hatte, weil er sich engagiert hatte für Amerika, es jetzt also Zeit war, dass er dafür etwas zurückbekommt. Später sprach er davon, es seien »Millionen von Dollars von linken Oppositionsgruppen von außen« aufgebracht worden, um seinen Nominierungsprozess entgleisen zu lassen. Der Satz tauchte in seinem Eröffnungsstatement auf, es war kein Satz, der ihm im Zuge der Anhörung über die Lippen ging, was es umso bemerkenswerter machte, dass das Wort *outside* in seinem Statement auftauchte. »Linke Oppositionsgruppen *von außen*« klang so, als ob sich niemand in den Prozess der Nominierung einzumischen hatte und er darauf hoffte, dass es eine Insider-Entscheidung bleiben möge, getroffen von Männern, die ähnliche Lebensläufe wie er hatten und aus ähnlichen Verhältnissen stammten.

»Was für ein Zirkus«, beschwerte sich Kavanaugh an einer Stelle darüber, dass sein Bewerbungsgespräch aus dem Nichts in einen Verteidigungsprozess gemündet war, ohne juristische Formalitäten und Beweisführung. »Die Konsequenzen werden lange über meine Nominierung hinaus bemerkbar sein.« Selbstverständlich stimmte das, nur er musste keine Konsequenzen tragen. Er hatte sein Ziel erreicht, er wurde zum Verfassungsrichter ernannt.

Die Nominierung der Verfassungsrichter und -richterinnen findet öffentlich statt, die Wahl wird aber nicht dem Volk überlassen. Der Supreme Court trifft Entscheidungen, die das Leben von Amerikas Bürgern entscheidend beeinflussen können, nominiert werden sie aber vom Präsidenten, den das Volk wählt.

Dass der aktuelle Präsident im Volk keine Mehrheit der Stimmen bekam und dennoch gewann, ist eine andere Geschichte. Wichtiger ist hier die Tatsache, dass die Republikaner die Gerichte als eine Strategie politischer Machterhaltung auserkoren haben – handverlesene Kandidaten sollen ihre konservative Politik im klagefreundlichen Amerika vorantreiben, was ihre Partei-Agenda vorantreibt und sie bei den Wählern gut dastehen lässt.

Aus Kavanaughs Sätzen über den Zorn auf Trump sprach zweitens die Vorstellung, dass es sich bei Blasey Fords Anschuldigung um eine Art Auftragsmord handelte, was viele Republikaner schon vorher als Talkshow-Argument aufgegriffen hatten. Aus dieser Sicht war Blasey Fords Aussage der Versuch, eine distinguierte Karriere zunichtezumachen, als ein Bericht, dem man hätte nachgehen sollen – zumal er jemanden betraf, der darauf hoffte, eine Position als Verfassungsrichter zu erlangen, die auf Lebenszeit angelegt ist und potenziell darüber entscheidet, wie die Zukunft der Frauenrechte aussieht.

Eine Vielzahl an konservativen Experten in den Medien hatte sich zudem, wie der Jura-Professor Jedediah Purdy von der Columbia University später in einem Aufsatz bemerkte,[31] weniger darauf versteift, dass Kavanaugh die Wahrheit sagen könnte, sondern dass, falls er lügen sollte, sein Verhalten entschuldbar war. Die seltsame Morallektion, die sich daraus ableiten ließ, war relativ simpel, wie der *New Yorker* in einem anderen Text zusammenfasste: Für weiße und wohlhabende Teenager ist es irgendwie in Ordnung, sexuelle Nötigung zu begehen, solange sie später einen guten Job haben, eine Familie gründen und häuslich werden.[32]

Die Ausgangsfrage hatte einst gelautet: »Was geschah wirklich auf jener Party?« Was war passiert zwischen Kavanaugh und Blasey Ford? Aber natürlich ergab sich an diesem langen Tag vor dem Senatsausschuss noch eine ganze Reihe weiterer, komplizierterer Fragen.

Selten handelt es sich ja um einen Akt tatsächlichen Verlangens, wenn es um sexuelle Übergriffe geht. Lust spielt nicht unbedingt die Hauptrolle. Viel eher sind solche Attacken Machtdemonstrationen. Hier, um den Fall noch einmal zu verkomplizieren, vermischten sich Fragen nach körperlicher Machtausübung und professioneller Machterhaltung. Hatte Kavanaugh sie aufs Bett gedrückt, um ihre Hilfeschreie verstummen zu lassen? Und inwiefern deckten sich hier Männer in Machtpositionen, um ihr Überleben, fachlich wie gesellschaftlich, zu sichern oder voranzutreiben? (Mark Judge, der mit Kavanaugh und Blasey Ford im Raum war, sagte, er habe »keine Erinnerung« an den Vorfall.)[33]

Nirgends wird die Saat für den Drang nach körperlicher wie professioneller Machtausübung früher und tiefer gepflanzt als in Studentenverbindungen. Brett Kavanaugh war zu seiner Zeit in Yale Teil von DKE, einer der ältesten Verbindungen der USA. Er soll ebenfalls einem Geheimbund namens *Truth and Courage* angehört haben, wie der *New Yorker* berichtete. Der Geheimbund war, angeblich, auch bekannt unter dem Spitznamen *Tit and Clit*.[34]

»Studentenverbindungen ziehen Männer an, die andere Männer mehr wertschätzen als Frauen«, schrieb Nicholas L. Syrer in seinem Buch »The Company He Keeps« (2009) über weiße Burschenschaften. »Die Intimität, die sich innerhalb der studentischen Verbindungszirkel entwickelt, zwischen Männern, die einander zugetan sind, macht eine energische Aufführung von Heterosexualität erforderlich, um dem Eindruck von Homosexualität entgegenzuwirken.«[35]

In diesem Kontext werden Frauen zu nützlichen Gegenständen und sexuellen Objekten, die Männer sich zu eigen machen in einem intimen Akt von gegenseitiger Solidaritätsbekundung: »Zumindest auf den ersten Blick sind Frauen nicht so sehr potenzielle Partner als vielmehr potenzielle Mittel, um männliches Selbstinteresse aufrechtzuerhalten. Unter diesen Umständen sind die Linien zwischen rüpelhaftem Verhalten und sexuellen Übergriffen schnell verschwommen und einfach überschritten.«[36]

Ähnlich zornig wie Kavanaugh über die Extra-Anhörungsrunde nach Christine Blasey Fords Anschuldigungen, die eigentlich ein paar dieser indirekt aufgeworfenen Fragen hätte beantworten sollen, schien der republikanische Senator Lindsey Graham aus South Carolina zu sein.

»Würden Sie sagen, dass Sie durch die Hölle gegangen sind?«, fragte Graham ihn.

»Ich bin durch die Hölle gegangen und ein Stück weiter.«

»Das hier ist kein Bewerbungsgespräch.«

»Yeah.«

»Das ist die Hölle«, sagte Graham.

Und so war die Anhörung auch Indiz der performativen Kraft von Männerbünden. Der Kandidat Brett Kavanaugh, der dort vor dem Ausschuss im Senat saß, war ja nichts mehr als amerikanische Massenware, im gehobenen Sinne. Gute, teure Ausbildung, aber nichts, was ihn wirklich unter vielen anderen Jura-Studenten an Ivy-League-Universitäten herausstechen ließ.

Was hier herausstach, war das Verbitterte des Versuchs, die bereits Konvertierten davon zu überzeugen, doch der richtige Mann für den Job zu sein. Wobei das Imponiergehabe Kavenaughs sowie der Mehrzahl der elf weißen, männlichen Republikaner im Justizausschuss daran erinnerte, dass diese Art von Männern eben zusammensteht, wenn es eng wird und um Machterhalt geht. »Der Grund, warum solche Typen so sehr aneinander festhalten, ist, dass sie der Fahrstuhl des anderen nach oben sind, und wenn sie dort oben ankommen, sind sie die Versicherungspolice des anderen«, schrieb die Autorin Meagan Day. »Ihre Treue, ihre Solidarität ist es, wie sie die Welt anführen, im Angesicht ihres Mangels an besonderen persönlichen Qualitäten.«[37]

28. September 2018. Die rettenden Aufzugtüren waren kurz davor zuzuschnappen, als zwei Frauen dazwischengingen und Senator Jeff Flake aus Arizona an diesem Freitagmorgen zur Rede stellten.

»Am Montag stand ich vor Ihrem Abgeordnetenbüro. Ich habe meine Geschichte erzählt, wie ich missbraucht wurde. Ich habe das alles erzählt, weil ich aus Dr. Fords Geschichte herausgehört habe, dass sie die Wahrheit sagt«, sagte die eine Frau, Ana Maria Archila war ihr Name,[38] in einem vorwurfsvollen Ton, während Senator Flake, an der Seite von zwei Mitarbeiterinnen aus seinem Büro, immer wieder auf den Aufzugboden schaute. Er konnte oder wollte ihr nicht in die Augen sehen.

»Was tun Sie da, dass Sie jemandem, der tatsächlich eine Frau verletzt hat, erlauben, einen Sitz am Supreme Court zu bekommen? Das ist unerträglich«, fuhr die Frau fort, im Rahmen der Aufzugstür stehend. Flake, der vor Blasey Fords Anhörung ein mögliches Fragezeichen unter den republikanischen Ausschussmitgliedern gewesen war, hatte an jenem Morgen bekannt gegeben, nun doch für Kavanaughs Nominierung zu stimmen. Jetzt bekam er zu spüren, dass nicht nur Kavanaugh, sondern auch Amerikas Frauen gerechten Zorn verspürten.

»Sie haben Kinder in Ihrer Familie. Denken Sie an die. Ich habe zwei Kinder«, sagte die Frau, die diese Aufzugtür nicht zugehen lassen wollte und immer wieder mit dem Zeigefinger auf Flake zeigte. »Ich kann mir nicht ausmalen, dass die nächsten 50 Jahre jemanden dort am Supreme Court sitzen wird, dem vorgeworfen wurde, ein junges Mädchen missbraucht zu haben. Was glauben Sie, was Sie da tun, Sir?«

»Ich muss gehen, ich muss zur Anhörung gehen«, sagte Flake, bevor eine zweite Frau sich neben Ana Maria Archila drängte.

»Ich bin missbraucht worden und niemand hat mir geglaubt«, sagte die andere Frau. Mit jedem Satz wurde ihre Stimme belegter, sie war den Tränen nahe. »Und das ist es, was Sie allen

Frauen in Amerika sagen: dass es egal ist. Dass sie ihre Geschichten einfach für sich behalten sollen, denn wenn sie die Wahrheit sagen, bringen Sie diesen Mann so oder so an die Macht.«

Flakes Mitarbeiterinnen sahen die Frauen an, schielten auf diesen wenigen Quadratmetern zu ihrem Chef hinüber, der immer noch nervös oder peinlich berührt zwischen den anklagenden Frauen und dem Boden hin- und herguckte.

Ein geschulter Bürochef wäre dazwischengegangen, hätte den Senator, der nicht die Größe hatte, auf die Anliegen der Frauen einzugehen, mit einer Floskel gerettet – *müssen jetzt wirklich los, kein weiterer Kommentar zu diesem Zeitpunkt, Statement kommt,* und so weiter –, um ihn aus der Schusslinie zu nehmen und die Türen zufallen zu lassen. Die zwei Mitarbeiterinnen neben ihm schwiegen. Vielleicht ja auch aus Solidarität.

Und so stauchte die zweite Frau, Maria Gallagher war ihr Name, Senator Jeff Flake noch ein bisschen länger zusammen mit der Demütigung, die ihr widerfahren war.

»Das ist genau das, was Sie all diesen Frauen damit sagen. Das ist genau, was Sie mir jetzt und hier sagen«, sagte sie, ihre Stimme eine Mischung aus Beben und Vulkanausbruch. »Sehen Sie mich an, wenn ich mit Ihnen rede! Sie sagen mir, dass mein Missbrauch egal ist, dass das, was mir widerfahren ist, egal ist, und dass Sie Menschen, die diese Dinge tun, an die Macht hieven. Das ist es, was Sie mir hier sagen, wenn Sie für ihn abstimmen. Gucken Sie gefälligst nicht weg. Sehen Sie mich an und sagen Sie mir, dass es egal ist, was mir passiert ist, wenn Sie solche Menschen an das höchste Gericht im Land lassen.«

Innerhalb weniger Stunden verwandelte sich Flakes Ja-Stimme in eine mit Bedingungen. »Ich halte es für angemessen, die Abstimmung [im Senat] zu verschieben, um bis zu, aber nicht länger als eine Woche, damit das FBI ermitteln kann«,[39] lautete der Schlüsselsatz in der Pressemitteilung aus seinem Büro.

Es war ein kleiner Etappensieg dieser beiden Frauen, nicht mehr als ein Nadelstich für den Männerbund, der sich um Kavanaugh geschart hatte. Im Justizausschuss des Senats war Kavanaughs Kandidatur am gleichen Freitagmorgen mit 11:10 Stimmen bestätigt worden, elf republikanische Jas gegen zehn Demokratische Neins, was bedeutete, dass über die Nominierung nun im Senat diskutiert und danach abgestimmt werden konnte. Die beiden Frauen hatten Jeff Flake dazu gebracht, sein *Ja* für die Senatsabstimmung zu überdenken und eine Untersuchung der Anschuldigungen durch das FBI zu fordern. Die Ermittlungen des FBI änderten nichts daran, dass eine Woche später über Kavanaughs Nominierung abgestimmt wurde. Was durch die Fahrstuhl-Aktion der beiden Frauen indes eine neue Sichtbarkeit bekam, war die kollektive Wut der Frauen über das, was hier vor sich ging. Eine CNN-Kamera hatte die gesamte Unterhaltung eingefangen und übertragen. Flakes Taten- und/oder Hilflosigkeit im Angesicht dieser komplett ungefilterten weiblichen Anklage konnte man interpretieren, wie man wollte – sie diente noch einmal als sorgfältiges Anschauungsbeispiel dafür, wie viel Ignoranz Frauen weiterhin entgegenschlägt und wie wenig Mittel ihnen bleiben, um gehört zu werden.

»Ich wollte, dass er meinen Zorn spürt«, sagte Ana Maria Archila später in einem Interview, nachdem sie Jeff Flake im Aufzug konfrontiert hatte.

Nicht ganz zufällig erschien in den Wochen vor der Anhörung ein Buch,[40] das die Stimmung unter Frauen seit dem *Women's March* im Januar 2017, der am Tag nach Donald Trumps Vereidigungszeremonie stattfand, und dem Beginn der #metoo-Bewegung einfing. Wer »Good and Mad – The Revolutionary Power of Women's Anger« von Rebecca Traister schon vor Christine Blasey Fords Aussage vor dem Justizausschuss gelesen hatte, der hielt die perfekte Anleitung dafür in der Hand, Kavanaughs schnaufende Inszenierung zu entschlüsseln.

Blasey Ford hatte nie den Lautsprecher ausgepackt wie der wütende Kavanaugh. Konfrontativ, bissig, mit kurzer Lunte bei der Befragung der Senatoren, wäre sie vermutlich als weniger glaubhaft wahrgenommen worden. Ohne die stille, bescheidene, entgegenkommende Art hätte man ihr die Geschichte noch weniger abgenommen als ohnehin schon. Das antrainierte weibliche Verständnis ist, »dass Wut als rhetorisches Mittel den eigenen Standpunkt untergräbt, weil man als Frau ansonsten grundsätzlich als irrational betrachtet wird«, schreibt Rebecca Traister in ihrem Buch. »Frauen wird gesagt, dass Wut sie verrückt wirken lässt, dass man sie weniger ernst nimmt, sie als hysterisch, überemotional und unattraktiv erscheinen.« Traisters triste Bilanz für weibliche Verteidigungsstrategien: Kühl bleiben, weil »Emotionen disqualifizieren.«

Kavanaughs breitbeiniger Auftritt wurde währenddessen in der rechten Presse als gewinnbringendes rhetorisches Kampfmittel beklatscht: »Das war schlichtweg ungeheuerlich«, schrieb Richard Lowry, Chefredakteur des konservativen Magazins *National Review* über Kavanaughs Aussage vorm Justizausschuss.[41] »Angemessen wütend, persönlich, losreißend, detailliert, überzeugend.«

Blasey Ford musste ihr Unwohlsein über das demütigende Lachen und die körperliche Gewalt unterdrücken; Kavanaugh durfte zwei Gänge hochschalten, um nicht als schwach dazustehen.

In ihrem Buch verweist Traister auf die Superheldenwerdung dieser Art von *angry white men* in Amerika: Allein aus dem Zorn über die politische Dominanz der britischen Kolonialmacht sei damals die Nation entstanden. »Wir feiern die Wut der Gründerväter der Vereinigten Staaten als unseren Geburtsmythos.«

Die amerikanische Unabhängigkeitserklärung stammte bekanntlich aus der Feder einer Handvoll elitärer »Genug ist genug«-Männer, was die USA bis heute jedes Jahr in einem pompösen Schauspiel als revolutionären Aufstand feiern. Die weißen Gründerväter wussten, wie heute Kavanaugh, dass »sie ihren selbstgerechten Zorn für ihre Zwecke missbrauchen konnten, weil ihnen der historische Kontext zustimmt, dass ihre Wut rechtens und zutreffend ist«. Mit anderen Worten: Bei Männern sind wir konditioniert, Wut als zulässig zu betrachten. Für Frauen galten und gelten andere Regeln.

Falls Frauen sich wütend über einen Mangel an Chancengleichheit äußern, wird das nicht selten als hormongesteuertes Gekeife abgetan. Sobald hingegen dem Wutbürger, ob in Sachsen oder South Carolina, der Kragen platzt, wird übermäßig interpretiert. Dann hagelt es Analysen über deren Gemütszustand. »Wenn der weiße Mann vor Wut schäumt, müssen wir immer sofort herausfinden, warum er sauer ist«, schreibt Traister, »da die Annahme besteht, dass uns das erklären könnte, woher diese Ungerechtigkeit kommt oder warum wir das geradebiegen müssen.«

Wut zu erkennen, ist erwiesenermaßen relativ einfach; viel schwieriger ist es, ihren Ursprung herauszuschälen – sie kann u. a. ein biologischer Effekt des Körpers sein oder eine Reaktion auf Unrecht. Dieser vage Definitionsrahmen macht es in vielerlei Hinsicht schwierig, aus Wut ein brauchbares politisches Werkzeug zu formen.

Auch Amerikas Popkultur hatte in den Monaten nach Harvey Weinstein das innere Brodeln und das anschließende Beben bemerkt. Ob zufällig oder nicht, in der Woche von Kavanaughs erster Anhörung feierte ein Film Premiere, der auf subtile Weise mit einem altbekannten Muster brach: der Rollenverteilung von Opfer und Täter.

In »Halloween« (2018) muss sich Laurie Strode alias Jamie Lee Curtis vierzig Jahre nach Michael Myers' erster Attacke noch einmal dem Psychokiller mit dem langen Küchenmesser stellen. In der langen Liste illustrer Horrorfilmbösewichte ist dieser Michael Myers einer der schweigsamsten. Er taucht hinter einem auf – und dann ist man schon so gut wie tot. In vierzig Jahren hat er keinen Ton von sich gegeben, seit er 1978 als Sechsjähriger in John Carpenters Klassiker »Halloween« seine Schwester mit einem Küchenmesser ermordete, um später in der Kleinstadt Haddonfield in Illinois zu wüten. Er saß in der Psychiatrie, brach aus und stellte der Schülerin Laurie Strode nach. Sie entkam als Einzige an jenem Halloween-Abend 1978.

Ein Gesicht hat Myers in der 2018er-Fassung immer noch nicht. Er versteckt sich weiterhin hinter einer weißen Maske, und wenn sie mal fällt, wendet sich die Kamera ab. Hier erlaubt sich der Horrorfilm ein kleines Nicken Richtung Gegenwart, wo wir in den vergangenen zwölf Monaten erfahren mussten, dass die Tätermaske eben sehr unterschiedlich aussehen kann: berühmter Schauspieler, erfolgreicher Moderator, beliebter Komödiant, preisgekrönter Regisseur – *he too*, der auch. Die Botschaft ist so simpel wie zeitgenössisch: Jeder kann zum Opfer werden, weil niemand weiß, vor wem er sich schützen muss.

Und ähnlich wie die Frauen, über die Rebecca Traister schreibt, die Frauen im Saal der Kavanaugh-Anhörung, die Frauen beim *Women's March* und unzählige andere, hat Laurie Strode, die in den vielen »Halloween«-Fortsetzungen immer davonlaufen musste, um ihr Glück zu finden, in diesem Film genug davon, Opfer zu sein. Selbstverständlich bricht Michael Myers, dessen Wut eben nicht verbal ist, sondern sich in blutiger, messerstechender Rage manifestiert, im Jahr 2018 wieder aus der Psychiatrie aus, um Laurie Strode zu jagen. Was er aber nicht weiß: Seine liebste Widersacherin wartet zur Abwechslung nur auf diesen Moment, mit polierter Waffensammlung im Kellerversteck und reichlich Übungsstunden am Schießstand. Plötzlich wird der Jäger zum Gejagten, und der Film stellt die einfache Frage: Hat das eine Monster ein anderes geschaffen?

»Ich dachte«, sagt Laurie Strodes Tochter zu ihrer rachsüchtigen Mutter in einer Szene vor dem Showdown,»du würdest die Vergangenheit endlich mal hinter dir lassen.« Die antwortet kurz, aber bestimmt:»Kann ich nicht.«

Wie Blasey Ford stellt sich Laurie Strode Jahrzehnte später noch einmal ihrem einstigen Peiniger, um mit ihm und seiner Demütigung ein für alle Mal abschließen zu können.

Amerikas vielleicht berühmtester Fall weiblicher Gegenwehr im echten Leben fand am 23. Juni 1993 in Manassas, Virginia statt.

Über den genauen Tathergang gehen die Aussagen auseinander; Fakt ist, dass am Ende der Nacht Lorena Bobbitt ihrem Mann John, der im Bett lag, mit einem handelsüblichen Küchenmesser den Penis abtrennte, sich ins Auto setzte und auf ihrer Fahrt ins Nirgendwo das Genital aus dem Fenster warf. Polizisten fanden das Körperteil später im Gras und legten es auf Eis. In einer neunstündigen Operation wurde es wieder angenäht.

Die Schlagzeilen über die Geschichte gingen um die Welt. Ich bin alt genug, um irgendwo im Hinterkopf eine unscharfe Erinnerung an die Tat zu finden, ohne Details, Hintergründe, Schuldklärungen: *Eine Frau hat ihrem Mann den Penis abgeschnitten.* Autsch, dachte ich damals, stellte mir aber nie vor, was dieser Mann der Frau angetan haben musste, dass sie zu diesem Mittel gegriffen hatte.

In Amerikas Late-Night-Shows wurde Lorena Bobbitt, die 24 Jahre alte Ecuadorianerin, als heißblütige Latina verlacht, die ihren armen Mann buchstäblich seiner Würde beraubt hatte. Ihre Behauptung, sie sei zuvor jahrelang misshandelt worden, wurde angezweifelt; selbst manche Feministinnen fanden den Akt verstörend. Dabei hatte sie John Bobbitt mehrfach bei der Polizei gemeldet.

In einem späteren Prozess wurde sie für die Messerattacke freigesprochen. Vor dem Gerichtsgebäude boten Straßenverkäufer T-Shirts an:»Love hurts«.

Wenn sie die Dinge rückblickend betrachtet, sagte sie mir in unserem Gespräch im Frühjahr 2019, hätte sie hier oder da eine andere Entscheidung getroffen. »Aber das Leben ist nun einmal kein Aufnahmegerät, das man zurückspulen kann, um unliebsame Stellen zu überspielen.«

Lorena Gallo, die nach der Trennung von John Bobbitt wieder ihren Mädchennamen angenommen hat, kann ihre Tat nicht rückgängig machen; was John Bobbitt ihr angetan hat auch nicht. Die Medien wollten nur hören, sagte sie, was mit dem Penis war. »Ich wollte auf häusliche Gewalt aufmerksam machen.« Sein Schrei nach dem Schnitt war ihr Hilfeschrei.

Damals, sagte sie, hatte sie nie von sich selbst gesagt, dass sie ein Opfer ist. Sie hatte ihren Alltag als normal akzeptiert. »Ich dachte, mir passiert das einfach, auch wenn ich solch ein Verhalten nicht von meinen Eltern kannte. Später, als ich mit Psychologen darüber gesprochen habe, wurde mir klar, dass mein Ehemann mich so konditioniert hatte. Ich fing an, sein Verhalten zu akzeptieren.«

Man dreht sich im Kreis, sagte sie über die Hassliebe und die Unfähigkeit, auszubrechen: »Wenn er sagte, dass es ihm leidtue und dass er mich nicht habe verletzen wollen, habe ich ihm das geglaubt. Ich stamme aus einer streng katholischen Familie; sich scheiden zu lassen, wird dort als Versagen betrachtet. Ich liebte ihn ja. Deshalb war es mir peinlich, wenn ich die Polizei rief und denen meine Prellungen und Blutergüsse zeigen musste.«

Sie redete nicht gern über die Tat selbst, das merkte ich gleich, trotzdem kam ich nicht umhin, sie zu fragen, was sie in jener Nacht dazu bewegt hatte, sich endlich zu wehren. Diese Frage bekäme sie immer gestellt, sagte sie. Sie hatte mehrere Interviews gegeben, damals. Jetzt, 25 Jahre danach, tauchte sie wieder in den Medien auf. Ich weiß nicht, ob sie mittlerweile geschult war im Umgang mit der Presse, ob die Antwort ihre beste, auswendig gelernte Version war. »Diese Frage bekomme ich immer gestellt« klang für mich in dem Moment wie ein Satz, den man sagt, um Zeit raus- und um Luft zu holen, um noch einmal für ein, zwei Sekunden die Gedanken zu sortieren, bevor man antwortet.

»Die meisten Menschen können nicht nachvollziehen, in was für einer emotional-traumatischen Verfassung man sich als Opfer häuslicher Gewalt befindet«, sagte sie nach der kurzen Pause. »Vielleicht hat es mein Körper nicht mehr ausgehalten, den seelischen Missbrauch, die Vergewaltigungen. Das legt man nicht so einfach ab. Ich kann das schwer beantworten, es ist einfach passiert.«

Der Rollentausch aus Täter und Opfer in »Halloween« ist Fiktion. Er macht aus Laurie Strode nach 40 Jahren eine Frau, die nicht länger, wie in Horrorfilmen üblich, vor dem Bösewicht davonlaufen will. Sie sucht die Konfrontation, richtet die Waffe auf den Mann, der sie quält. Lorena Gallo hat irgendwann versucht, das Drehbuch, in das ihr Mann sie gepackt hatte, umzuschreiben: Sie ging in die Küche und nahm ein Messer. In »Halloween« ist Gewalt keine Lösung. Und im wirklichen Leben? Auch sehr selten. »Words are action«, sagte die Autorin Jia Tolentino in einem Interview über die Selbstermächtigung von Amerikas Frauen post Harvey Weinstein. Jetzt geht es darum, eine Stimme zu finden, sich nicht auch noch *nach* dem traumatischen Erlebnis die Hand vom Patriarchat über den Mund legen zu lassen. Die Botschaft dieser frisch artikulierten weiblichen Wut sollte man deshalb nicht falsch deuten. Sie ist kein Aufruf, den Männern, die ihnen etwas angetan haben, selbst etwas anzutun. Die weibliche Wut der #metoo-Ära sendet ein grundsätzlicheres Signal: *Hier stimmt systematisch etwas nicht, wir werden unterdrückt, ausgenutzt, misshandelt, und es reicht, verdammt noch mal – wir wollen Urheberinnen unserer eigenen Geschichte sein.*

»Ich habe vergeben, aber nicht vergessen«, sagte Lorena Gallo, als ich mit ihr sprach. »Manche Dinge kann man einfach nicht vergessen. Bloß muss man, um mit anderen im Reinen zu sein, zuerst mit sich selbst im Reinen sein.«

Sie hat danach noch einmal geheiratet, eine Tochter bekommen. Heute hat sie die Haare blond gefärbt. Ansonsten macht sie kein Geheimnis daraus, wer sie ist. Die Nacht im Juni 1993 wird immer ihre Geschichte bleiben. Sie lebt weiterhin in Virginia. »Es war traumatisch, aber ich habe nie meine Stadt verlassen oder meinen Freundeskreis aufgegeben. Das hier ist mein Leben, ich bin nicht davongelaufen. Ich wollte einfach nicht, dass John oder irgendwer sonst bestimmt, wo ich lebe, wo ich arbeite, wo ich einkaufen gehe.«

John Bobbitt ist weggezogen, schon vor Jahren. Er wohnt inzwischen in Las Vegas, der Stadt der Glücklosen.

5. Oktober 2018. Über allen #metoo-Geschichten steht die eine Frage: Wie erdrückend muss die Beweislast sein? Oder reicht es, Frauen zu glauben, sobald sie eine Anschuldigung hervorbringen?

»Ist Glaubwürdigkeit eine Geschichte, die in vorsichtigen Tönen erzählt wird?«, fragte die Autorin und Juristin Jill Filipovic in einem Aufsatz[42] im September 2019, ziemlich genau ein Jahr nach Kavanaughs Wahl an den Supreme Court. »Oder ist sie abhängig von Beweisen – oder zumindest der Bereitschaft, alles zu entblößen, um einem Fremden die Narbe zu offenbaren?«

Stimmen, männlich und weiblich, hatte ich in den vergangenen Wochen zuhauf gehört, laut und leise, zornig und wütend, ruhig und verschüchtert. Etwas Stimmiges aus den Zwischentönen zu machen, war gar nicht so einfach. Hatte sich Christine Blasey Ford das alles nur ausgedacht, um aus dem Nichts den Ruf eines Mannes zu beschädigen? Es klang nicht danach. Hatte Kavanaugh als Teenager besoffen Mist gebaut und sah jetzt keine Notwendigkeit, sich dafür zu entschuldigen, weil er wusste, was das für seine Richter-Karriere bedeuten würde? Es klang danach.

Die Narbe kennen jetzt alle; die Wahrheit weniger als eine Handvoll Leute.

An diesem Freitagmorgen, dem 5. Oktober 2018, trennten Brett Kavanaugh jedenfalls bloß noch zwei Abstimmungen davon, auf der Richterbank am Supreme Court Platz zu nehmen. Der Senat musste darüber abstimmen, ob er sich nach der FBI-Untersuchung, die ohne neue Erkenntnisse abgeschlossen worden war, dazu in der Lage sah, über seine Nominierung abzustimmen, um bei einem gültigen Ergebnis anschließend über die Nominierung selbst abzustimmen.

Im *Hart Senate Office Building* traf ich ein paar Frauen, bevor es zur Abstimmung über die Abstimmung kam.

»Ich kenne kaum eine Frau, die nicht in irgendeiner Weise schon mal sexuell genötigt wurde«, sagte Candice Sullivan, die aus Dover in Massachusetts angereist war. Die Frauen standen hier, mit Protestplakaten in der Hand, mit selbst bedruckten T-Shirts, ein paar unter ihnen kannten sich, waren zusammen angereist, andere nicht. Egal, wo sie herkamen, ob befreundet oder nicht, eine Sache hatte sie hier hingebracht: Sie glaubten Frauen und deren Geschichten mehr als Männern wie Kavanaugh, die ihre Machtposition in Gefahr sahen.

Sullivan, eine 45 Jahre alte Immobilienmaklerin mit schulterlangem, dunkelblondem Haar, erzählte von ihren Kindern, ihren zwei Söhnen, die sich plötzlich für Politik interessierten, und von ihrer 11 Jahre alten Tochter. Vor ein paar Tagen saßen sie zu Hause am Tisch, nur ihre Tochter und sie. Sie sprachen über Dr. Ford, wie Sullivan sie nannte. Darüber, dass sie nicht geschwiegen und damit für sie eine Tür aufgestoßen habe: Zum ersten Mal erzählte sie ihrer Tochter davon, was ihr in der Mittelstufe passiert war.

»Ich wurde sexuell missbraucht und habe damals einem Lehrer nach dem Vorfall Bescheid gesagt. Der hat mich ignoriert.« Mit den Jahren erinnert man sich nicht mehr unbedingt an die

Zeit, das Datum, sagte Candice Sullivan im Atrium des Senatsbüros, vielleicht erinnert man sich nicht einmal mehr an den Namen der Person, »aber du erinnerst dich an das Gesicht, an die Tat, und wie du dich danach gefühlt hast ... weil du dich schmutzig und schuldig fühlst«.

Im Senat hielt Chuck Grassley, der Vorsitzende des Justizausschusses, kurz danach noch einmal ein Plädoyer für Brett Kavanaugh. Er sprach von »mob rule«, der Herrschaft des Pöbels, als ob wütende Frauen wie Candice Sullivan und ihre Mitstreiterinnen draußen vor dem Kongress mit Mistgabeln und Fackeln warteten. Danach ging Mitch McConnell ans Rednerpult. Der Fraktionsvorsitzende der republikanischen Mehrheit im Senat ist ein Mann mit großen, kindlichen Augen, seine Mundwinkel sind Merkel-esque, sein Doppelkinn sieht aus wie ein Windbeutel ohne Puderzucker. Amerikas Karikaturisten zeichnen ihn mit Vorliebe als Schildkröte. McConnell hielt eine lange Rede, nannte das Nominierungsverfahren und die darauffolgenden Anschuldigungen ein »schmachvolles Spektakel« für die Demokratie und sagte: »Fakten zählen, Fairness zählt, die Unschuldsvermutung ist sakrosankt.«[43]

Die Abstimmung dauerte keine zwanzig Minuten. Einhundert Senatoren und Senatorinnen wurden namentlich aufgerufen, traten einzeln nach vorne zum Schriftführer, gut sichtbar für die politischen Kollegen, Zuschauer und Medien. Es war die erste von zwei Abstimmungen: Hatte der Senat lange genug über Kavanaughs Nominierung diskutiert – dafür oder dagegen? *Yeah. Nay. Yeah. Yeah. Nay. Nay. Yeah. Nay. Nay ...*

Wie ein Metronom zwischen Für und Wider ging es hin und her, am Ende stand es 51:49. Der Senat beziehungsweise die 51 Republikaner im Senat hatte entschieden: Ende der Diskussionen und Reden; innerhalb von 30 Stunden, so sehen es die Regeln vor, musste letztgültig über Brett Kavanaughs Nominierung abgestimmt werden.

Um 15:30 Uhr am Folgetag kamen sie wieder zusammen. Gegenüber vom Kapitol hatten sich ein paar Tausend Demonstranten vor dem Supreme Court versammelt. Wären die Mauern des Kongresses nicht so dick, hätten sie vielleicht gehört, wie sie Same Cookes Bürgerrechtssong anstimmten: »It's been a long time coming/but I know a chance is gonna come.«

Während der Abstimmung im Plenarsaal des Senats sprangen immer wieder Frauen in den Besucherreihen auf. »Sie sind Feiglinge!«, rief die eine; »Schande, Schande! Amerikas Frauen verdienen etwas Besseres!«, eine andere. Ihre Zwischenrufe fielen in die gebannte Stille, die ansonsten nur von den einsilbigen Gewissensentscheidungen der Senatoren und Senatorinnen unterbrochen wurde. Jedes *Yeah* der Republikaner wirkte dabei wie ein Hammerschlag auf einen Sargnagel: Egal, was man über Christine Blasey Ford dachte, mit dem vorübergehenden Abschluss dieser Geschichte wurde auch ein Stück vom Ansehen der Institution *Supreme Court* begraben – durch die Wahl eines Richters, dessen Urteilssprüche von nun an nicht an seinen juristischen Fachkenntnissen, sondern seinem beschädigten Ruf gemessen werden würden.

Am Ende entfielen auf Brett Kavanaugh 50 Ja- und 48 Nein-Stimmen; ein Senator war abwesend, eine Senatorin enthielt sich. Und Jeff Flake? Auch der stimmte an diesem Samstagnachmittag für Kavanaugh ab.

Auf Linda Rittelmanns T-Shirt stand geschrieben: »Believe Women«; in ihrem Gesicht stand: *Jetzt erst recht.*

Die 56-Jährige stand mit einer Gruppe Frauen an der Straße zwischen Kapitol und Supreme Court, wo sie demonstriert hatten, während im Senat die Stimmen gezählt wurden. Wie sollte es jetzt weitergehen? »Wir müssen alles tun, um die Menschen an die Urnen zu bekommen«, sagte Camille Mihalic, die neben Rittelmann stand, im Hinblick auf die *mid-terms* in ein paar Wochen. »Wir sollten zusehen, dass so viele progressive Politiker wie möglich gewählt werden und die Führung in der Demokratischen Partei übernehmen. Leute wie Corey Booker, Kamala Harris, Elizabeth Warren. Ob das reicht? Ich weiß es selbst nicht.«

»Wir brauchen ein neuen Obama«, sagte ihre Freundin Sue Takemoto.

Brauchte Amerika einen neuen Obama? War die Reaktion auf ihn nicht das, was Trump den Weg geebnet hatte? Würde das das Land nicht noch mehr polarisieren?

»Ha!«, lachte Camille Mihalic. »Wenn du gegen den Riss in unserer Gesellschaft ein Heilmittel gefunden hast, dann sag uns bitte Bescheid.«

Oktober 2019. Ein Jahr danach. 35 Stufen führen hinauf zum Supreme Court. Es ist Amerikas steilste Treppe, hier kommt nicht jeder rein. Nach einem Termin Anfang Oktober hatte ich einen Abstecher ins Regierungsviertel gemacht. In der Abenddämmerung stand ein Wachmann am Vorplatz des Supreme Court, er schaute auf sein Telefon. Die neun Richter, die Wachmänner und Wachfrauen der Demokratie, schauten auf Amerika. Nur konnten beide, das Telefon und die USA, nicht bei voller Akkuleistung sein.

Amerika wirkte ausgezehrt von diesem ständigen Tauziehen. Die Demokraten hatten in den *mid-terms* die Mehrheit im Abgeordnetenhaus zurückerobert, dafür blockierte Mitch McConnell im Senat; Trump ließ seinen Twitter-Account heiß laufen, und in den Medien wurden die Schlagzeilen über seine Amtsführung von links nach rechts und hin- und hergeschoben. Es war alles so ermüdend. Amerikas offene Wunde konnte oder wollte nicht heilen.

In dieser Zeit erschien ein Artikel in der *New York Times*, ein Auszug aus dem Buch »The Education of Brett Kavanaugh:

An Investigation«, worin noch einmal neue Details aus Kavanaughs College-Zeit in Yale geschildert wurden,[44] ohne handfeste Beweise für sein Fehlverhalten zu liefern. Die Rufe nach seiner nachträglichen Absetzung verhallten nach kurzer Zeit. Und so sitzt Brett Kavanaugh weiterhin am Supreme Court und spricht Recht. Amerika hatte zwei Versionen einer Geschichte gehört, eine stimmiger als die andere.

Die lautere von beiden hatte sich durchgesetzt.

SCHUSS-WECHSEL

Vom Leben der Schüler mit der Angst.
Yorktown, Virginia & Washington, D. C.

Ein kurzes Vibrieren unterbrach die Unterrichtsroutine. Das Telefon zuckte über den Tisch. *Bzzzz, bzzzz.* Auf dem Display: das Datum, 14. Februar, Valentinstag – und eine Eilmeldung. »Ich saß im Klassenzimmer und guckte auf das Telefon«, erzählt Erica, Schülerin an der Tabb Highschool in Yorktown, Virginia. »Ich dachte, mir wird schlecht. Ich war vollkommen perplex, als ich die Zahl sah. Ich guckte hoch, sah die anderen Schüler und sagte: ›Oh, Gott. in Florida hat es eine Schießerei an einer Schule gegeben. Es klingt ziemlich schlimm.‹«

Der 14. Februar 2018 ist der Tag, den sie an der Marjory Stoneman Douglas Highschool in Parkland nie wieder vergessen werden. Der Schütze, ein ehemaliger Schüler, hatte sich den Moment ausgeguckt, an dem er den größtmöglichen Schaden anrichten könnte: wenn alle aus den Klassenzimmern auf die Flure stürzen – kurz nach Schulschluss, gegen 14:20 Uhr, feuerte er seinen ersten Schuss aus einem halbautomatischen Gewehr ab. Am Ende der schrecklichen Bluttat hatte er 17 Menschen erschossen, 14 Schüler und drei Lehrkräfte.

Absatz, Luft holen.

Das Einzige, was in dieser Geschichte *vollautomatisch* ist, dürfte der amerikanische Antwortreflex auf solche Taten sein. In den sonst so wortgewaltigen USA lautet die Trostspenderbeschwichtigungsformel knapp: »Our thoughts and prayers are with the victims.«

An die Opfer zu denken und für sie zu beten, ist natürlich eine feine Geste, aber eben auch: purer Hohn. Wie kein anderer Satz steht er für eine Politik der Ohnmacht. Jetzt, heißt es dann, sei nicht die Zeit, sich über strengere Gesetze und verhindernde Maßnahmen zu unterhalten – das Land trauert doch noch. Kann es überhaupt einen besseren Zeitpunkt geben?

Aber Waffen und Waffengesetze in Amerika sind wie zwei Kreuzfahrtschiffe, die sich in der Nacht auf offener See begegnen: Man meidet einander, damit ja nichts passiert. Das einzige Gesetz, das nach wie vor Bestand hat und kulturell über jeder Debatte zum Thema Waffen steht, ist der zweite Zusatzartikel der amerikanischen Verfassung. Das *Second Amendment*, kurz auch 2 A genannt, stammt aus dem Jahr 1791 und erlaubt es (mit gewissen Ausnahmen) jedem einzelnen Amerikaner, eine Waffe zu besitzen und zu tragen. Für freiheitsliebende Patrioten ist dieser Verfassungszusatz der ausschlaggebende und unantastbare Punkt im Streit um strengere Gesetze. Dass er 229 Jahre alt ist und aus einer Zeit stammt, in der die *american frontier* Richtung Westen noch nicht erschlossen ist und dahinter oftmals bloß das Recht des Stärkeren gilt, mag eine andere Geschichte sein. Aber genau so hat sich über die Jahrhunderte eine Geisteshaltung etabliert, die zu einer milliardenschweren Industrie herangewachsen ist. Waffen sind aus Amerika, dem Land von John Wayne und Dirty Harry, nicht wegzudenken. Auf rund 320 Millionen Einwohner in den USA kommen etwa 390 Millionen Waffen im Privatbesitz.[45]

Ich erinnere mich noch ganz gut an das erste Mal, als ich in den USA eine Waffe sah, die nicht am Gürtel eines Polizisten festgemacht war. Im Wahlkampf 2016 hatte ich in einem Motel in North Carolina haltgemacht. Ich war auf dem Weg nach draußen zu meinem Leihwagen, um zu einer Veranstaltung zu fahren. An der Rezeption stand ein Mittdreißiger, seine Jeans hing auf halb acht, die Schirmmütze im Gesicht. »Habt Ihr eine

Eismaschine?«, fragte er die junge Frau hinterm Tresen. Sie antwortete und beider Stimmen klangen vertraut, als ob das nicht seine erste Nacht in dem Motel und nicht sein erster Flirtversuch bei ihr gewesen war. Er beugte sich leicht nach vorne, stützte die Arme auf die Ablage, wobei ihm das T-Shirt hinten hochrutschte. Zwischen Unterhose und Jeans hatte er einen Revolver geklemmt.

In einem Motel in Udine oder Uerdingen hätte ich wahrscheinlich die Polizei gerufen. In North Carolina rief ich auf dem Parkplatz vorm Motel eine Webseite auf, um mich fix in die Waffengesetze des Bundesstaates einzulesen. Augenblick … *nee, geht klar, kann er machen; die Eismaschine ist rechts den Gang runter.*

Als in Parkland die Schüsse fielen, befand ich mich im Urlaub. Wie es sein muss, überlebt zu haben, erfuhr ich nur aus der Presse. Einmal, im Sommer 2016, hatte auch ich Trauernden die Frage gestellt, wie es sich anfühlt.

In der Nacht vom 12. Juni starben 49 Menschen im »Pulse«, einem Klub für schwule Männer in Orlando, durch Schüsse eines Attentäters. Noch am nächsten Morgen flog ich nach Florida.

Es ist ein seltsamer Trauertourismus nach solchen Anschlägen. Ich stand am Abend nach der Tat in Orlando an der Mahnwache im Zentrum der Stadt, einem Meer aus Kerzen, Mitleidsbekundungen und Plüschtieren. Neben mir weinten Freunde, Verwandte, Hinterbliebene. Mit einem Stift und einem Notizbuch in der Hand ging ich auf verschiedene Männer zu, fragte, ob ich ihnen ein paar Fragen stellen dürfte. Die meisten schüttelten nur den Kopf, einer schluchzte.

Kann es überhaupt einen besseren Zeitpunkt geben?

Selbstverständlich ist es wichtig, zu hören, was hier passiert ist, trotzdem kam ich mir dumm und hilflos vor, aus Orlando zu berichten, wo sie, so schien es mir, allein oder im Beisein von Freunden trauern wollten, und nicht mit der Presse.

Natürlich gibt es auch solche, die ihre Trauer durch Reden verarbeiten, und so fand ich doch noch jemanden, der mit mir sprach.

»Werde ich morgen wieder okay sein? Nächste Woche? Bestimmt nicht«, sagte Scotty. Er saß an der Bar im »Parliament House«, einem der ältesten Schwulen-Klubs in Orlando. Damals war der Laden 41, Scotty 34 Jahre alt. Gelegentlich arbeite er hier hinter der Bar, eigentlich sei er Immobilienmakler, erzählte er mir. Er gab mir seine Visitenkarte und rührte weiter in seinem Drink. »Du weißt, dass irgendetwas nicht stimmt mit diesem Land, wenn du anfängst, Beerdigungen in deinen Kalender eintragen zu müssen, weil du sonst den Überblick verlierst.« Scotty hatte mehrere Freunde verloren im »Pulse«. »Das ist der Albtraum für jeden Barkeeper. Ich will hier nicht mit einer Kevlarweste stehen müssen.«

Zurück aus dem Urlaub fuhr ich nicht nach Parkland. Stattdessen fragte ich mich, wie es sich anfühlen muss, jeden Tag zum Unterricht zu gehen in dem Wissen: kann auch hier passieren. Genug Waffen gibt es, genug Verrückte ebenfalls.

Obwohl das mit dem Verrücktsein so eine Sache ist. Die Forschung ist sich da nicht ganz einig.[46] Der intuitive Gedankengang lautet ja erst einmal: Wie rational und organisiert muss man sein, wenn man solch eine Tat durchzieht? Anderseits gibt es in anderen Ländern auch jede Menge Menschen mit psychischen Erkrankungen, aber deutlich weniger Attentate als in den USA, weshalb die Vereinigten Staaten vielleicht einmal ernsthaft den freien Zugang zu Waffen überdenken sollten.

Genau das haben die hinterbliebenen Parkland-Schüler getan. Auf allen Kanälen pladierten sie nach dem Anschlag für härtere Gesetze und erschwerten Zugang zu Schusswaffen.

»Der Amoklauf von Columbine ist diesen April 19 Jahre her und es hat sich fast nichts getan«, sagt Erica, die Schülerin aus Virginia. Heute, im Frühjahr 2018, heißt der Standardsatz immer noch »thoughts and prayers«, nur funktioniert die Welt ein wenig anders als in den vergangenen Jahren. Die Schüler tauschen sich anders aus, organisieren sich schneller, vernetzen sich weltweit. In knapp zwei Wochen, am 24. März 2018, soll in Washington und in mehr als 800 anderen Städten der »March For Our Lives« für striktere Waffengesetze stattfinden. Erica und ihre Schulfreundin Eunice sind 17 Jahre alt, eigentlich wollten sie sich auf die Schule und ihre Prüfungen konzentrieren. In ein paar Monaten machen sie ihren Schulabschluss. Parkland hat ihren Fokus verschoben. Sie wollen am »March For Our Lives« teilnehmen. Sie haben die vage Hoffnung, dass sich doch etwas tut, wenn genug Amerikaner auf die Straßen gehen. Vielleicht, denken sie, sieht sich die Politik endlich dazu gezwungen, etwas zu unternehmen, damit Attentate an Schulen wie in Parkland oder Columbine sich nicht so schnell wiederholen.

Aus den beiden Schülerinnen, die sich aufs College vorbereiten sollten, sind Aktivistinnen geworden. Als in den USA ein landesweiter Schulstreik stattfand, an dem Schüler 17 Minuten lang den Unterricht verließen, um an die 17 Parkland-Opfer zu erinnern, organisierten Erica und Eunice an ihrer Schule das Schulboykott-Programm: Sie dachten sich eine Art Protestwerkstatt mit verschiedenen Ständen aus. Das Ziel für ihre Mitschüler an der Tabb Highschool im Süden von Virginia war es, die traumatischen Geschehnisse von Parkland verarbeiten zu können. In der einen Ecke hatten sie Stifte und Briefpapier zurechtgelegt, damit die Schüler und Schülerinnen an ihre zuständigen Kongressabgeordneten schreiben konnten. In einer anderen Ecke bastelten sie Protestplakate für den »March For Our Lives«.

»Wir sind Schüler, wir sind keine Opfer« hatten sie auf eins der Pappschilder geschrieben.

Die zwei Schülerinnen hatten in einer abgedunkelten Ecke 17 Steckbriefe aufgestellt. 14 davon, die der Schüler, die erschossen worden waren, lasen sich ähnlich wie die eigenen Biografien.

Neben dem Namen und einem Foto hatten sie aufgeschrieben, wer die einzelnen Opfer waren, was sie im Leben vorhatten, wovon sie träumten. »Wir wollten zeigen«, sagt Eunice, »dass die 17 nicht viel anders waren, als wir es sind.«

An einem weiteren Stand konnten die Schüler den Überlebenden kurze Notizen und Grußbotschaften schreiben. Erica und Eunice stehen in Kontakt mit den Organisatoren aus Parkland, sie wollen ihnen die Nachrichten bei der Demo in Washington persönlich übergeben. »Die eine Hälfte waren Beileidsbekundungen«, erzählt Eunice. »In den anderen Briefen stand, wie sauer die Schüler sind. Sauer, dass das passieren konnte.«

Wie sorgt man für absolute Sicherheit? Oder wie vermittelt man zumindest den Schülern und Schülerinnen, dass sie sich sicher fühlen können? Am Eingang von Eunice und Ericas Schule sitzt eine ausgebildete Polizistin. Metalldetektoren gibt es keine. Reicht das, um morgens unbeschwert zur Schule zu gehen? Die zwei haben deshalb eine Umfrage gestartet: »Was kann dein Abgeordneter tun, damit du dich sicherer fühlst?«

Erica war vor Kurzem bei einer Lokalveranstaltung, auf der auch Tim Kaine sprach. Kaine ist einer von zwei Senatoren für ihren Bundesstaat Virginia, zudem war er 2016 Hillary Clintons Kandidat für das Amt des Vizepräsidenten. Sie hatte bis zum Ende seines Vortrags gewartet, dann jemanden aus dem Team des Politikers angesprochen. Zu Ericas Überraschung wurde sie vorgelassen und durfte ihm von ihrem Schulprojekt erzählen. Am Ende tauschte sein Team mit Erica Kontaktdaten aus, mit dem Versprechen, sich die Ergebnisse ihrer Schul-Umfrage anzuhören.

Der geschickteste Move wäre, es nicht nur bei einem Versprechen bleiben zu lassen. Auch in Amerika geht es zurzeit darum, wie ernst man die Anliegen der nächsten Generation nehmen sollte und muss. Wobei das Anliegen der Teenager aus Florida, Virginia und den anderen 48 Bundesstaaten weit mehr als eine

Forderung nach strikteren Waffengesetzen umfasst. Es geht auch darum, dass Politik zur Rechenschaft gezogen werden und jedes Handeln oder eben das Nichtstun Konsequenzen haben kann.

Die nächste Wahl, und damit die Neuordnung der Machtverhältnisse, ist nie weit entfernt in Amerika.

Ortswechsel, ein paar Tage später. In den Gängen der D.C. International School, die 30 Autominuten vom Weißen Haus entfernt liegt, geht es zu wie in den meisten Schulen, wenn die letzte Stunde des Tages anbricht: es wird gegackert, geschubst, gefrotzelt. In einem der Klassenzimmer, im dritten Stockwerk des Hauptgebäudes, wird über Parkland gesprochen. Nicholas Curwen ist Geschichtslehrer, er sitzt mit fünf Zehntklässlern im Stuhlkreis. Sie reden darüber, wie das Attentat von Parkland sie berührt hat und was jetzt getan werden sollte.

»Erst mit 18 haben wir wirklich eine Stimme«, sagt die 15 Jahre alte Heaven. »Natürlich haben wir auch jetzt schon eine Stimme, aber niemand hört uns zu, weil wir Kinder sind. Dabei sollte man uns zuhören. Uns betrifft das alles weitaus mehr als Erwachsene.«

Wenn die waffenvernarrten Republikaner, aber auch die Demokraten, jetzt versäumen, in der Debatte um Parkland mit den Teenagern den Dialog zu suchen, hat die amerikanische Volkszählung eine Überraschung für die Politik parat: Die Zwischenwahlen für den Kongress sind im kommenden November, bis Jahresende werden knapp vier Millionen Mädchen und Jungen in den USA ihren 18. Geburtstag gefeiert haben. Selbst wenn am Ende die Gesetzgebung unverändert bleibt, könnte Parkland für eine ganze Reihe von Teenagern so etwas wie ihre »origin story« werden – der Gründungsmythos des eigenen Aktivisten-Ichs.

Wie einfach es gehen kann, als Jugendlicher gehört und wahrgenommen zu werden, hat Emma González bewiesen: Seit die leidenschaftliche, tränenreiche Rede der Parkland-Schülerin mit den kurz geschorenen Haaren durchs Netz ging, hat sie mit 1,26 Millionen doppelt so viele Follower auf Twitter wie die Waffenlobbyisten der NRA. (»Während wir den Parkland-Schülern applaudieren, ihr Recht auf freie Meinungsäußerung auszuüben, sprechen sie nicht für ihre gesamte Generation #2 A #NRA«, schrieb die Organisation auf Twitter.)[47]

»Um in Florida eine Pistole zu kaufen, braucht man keine Erlaubnis, keinen Waffenschein, und wenn man sie einmal gekauft hat, muss man sie nicht registrieren. Um verdeckt eine Waffe am Körper zu tragen, braucht man keine Erlaubnis. Man kann mit einem Mal so viele Pistolen kaufen, wie man will«, sagte Emma González in ihrer Rede, wenige Tage nach der Tat an ihrer Highschool. »Wenn unsere Regierung nicht mehr zustande bringt, als Gedanken und Gebete zu senden, dann ist es an der Zeit, dass die Hinterbliebenen der Wandel sind, den wir benötigen.«[48]

»Wenn Ihr Euch die Geschichte anguckt«, sagt Lehrer Curwen, »dann seht Ihr, dass einige der einflussreichsten Bewegungen von Jugendlichen ausgingen, wie die Bürgerrechtsbewegung und die Anti-Vietnam-Proteste. Eure Generation ist anders als die Kinder in Sandy Hook [*Grundschule, in der 2012 bei einem Amoklauf 20 Schüler im Alter von 6 und 7 getötet wurden – Anm. d. Autors*]. Ihr wisst, wie Ihr Euch für Eure Belange einsetzen könnt, weshalb mich das auch immer etwas traurig macht, wenn ich Euch so entmutigt antworten höre.«

Das, was in Parkland passiert ist, ist nicht spurlos an den Schülern vorbeigegangen. Sie haben darüber nachgedacht, dass das Leben vorbei sein kann, bevor es überhaupt so richtig begonnen hat. Als ob der dem Kapitalismus immanente Leistungsdruck und ein sich wandelndes Klima nicht schon genug wären, sorgen diese Amokläufe dafür, dass Amerikas Schüler und Schülerinnen in eine noch kompliziertere, brutalere Welt katapultiert werden, die es ihnen kaum erlaubt, sich ans Erwachsenwerden heranzutasten. Plötzlich müssen sie sich mit der eigenen Sterblichkeit befassen.

Wie viel kindliche Unschuld wird ihnen noch zugestanden, wenn sie über Fluchtwege nachdenken und sich entscheiden müssen, ob sie sich einen kugelsicheren Schulrucksack anschaffen sollten? Gabriela, 15, sagt: »Ich weiß nicht, welche Gesetze diese Taten wirklich verhindern können. Aber als Kind solltest du auf dem Schulweg nicht an solche Dinge denken müssen.« Ihr gegenüber sitzt Sienna, sie ist 16. »Eine Tornado-Warnung ist eine Sache, aber Probealarm für einen Amoklauf – das verändert deine Sichtweise auf die Schule und das Leben.«

Aus der Fünferrunde hat nur ein Einziger schon mal eine Waffe abgefeuert. Jackson, der vorm Unterrichtsbeginn noch rumgeclownt hatte, im Stuhlkreis dann überraschend leise und verhalten redet, war auf einer Ranch und durfte nach einer kurzen Einführung losschießen. »Am Anfang hat es Spaß gemacht. Dann war es schon ein komisches Gefühl, als ich gemerkt hab, was dieses Ding in meiner Hand alles anstellen kann.«

Am nächsten Abend hat die Schulleitung der D.C. International School aus aktuellem Anlass zu einem Elternabend eingeladen. Im Forum, wo in der Mittagspause die Schüler sitzen, stehen Snacks und Getränke auf einer langen Tischreihe aufgebaut. Es dauert noch eine halbe Stunde, bis es losgeht. Penny Gerber, die neben ihrer Tochter Amélie sitzt, erzählt, wie die vergangenen Monate aus der Neuntklässlerin eine Aktivistin gemacht haben: »Unser Land ist zurzeit wie eine Limonadenflasche, die kräftig geschüttelt wurde und aus der es jetzt rausprudelt. Vergangenes Jahr fing es mit Frauenrechten an, nach Parkland sind es Waffengesetze. Sie kennen die Bilder von klein auf, jetzt sehen sie, dass es Kinder in ihrem Alter betrifft. Natürlich stehen sie da auf und engagieren sich.«

Amélie ist 14 Jahre alt. In ihrem blonden Haar trägt sie ein paar pinkfarbene Strähnen, dazu Lederjacke und Dr. Martens.

»Ich habe keine Angst, zur Schule zu gehen, aber ich denke definitiv über all diese Dinge nach«, sagt Amélie, »bis zu dem Punkt, an dem ich mittags lieber in einem Klassenzimmer esse als in der Cafeteria, weil ich weiß, dass ein Attentäter da in der Pause wahrscheinlich eher aufkreuzen würde.« Neben ihr sitzt Oliver, auch er ist 14. Die beiden kennen sich noch aus Grundschul tagen. Der erste Tagesordnungspunkt beim Elternabend, wie kann es anders sein, ist die Sicherheit der rund 800 Schüler. Eine Mutter erkundigt sich, ob die Schule nach Parkland jetzt überlegt, Metalldetektoren zu installieren. Die seien bisher nicht vorgesehen, sagt der Schulleiter, auch weil es das Zusammengehörigkeitsgefühl zerstören würde. Hier, in diesem wohlhabenden Teil der Stadt, will man die Schüler erst einmal nicht verdächtigen, morgens mit Revolver im Rucksack zur Schule zu gehen. Die geschäftsführende Direktorin sagt: »Ich will, dass diese Schule super sicher ist.« Sie spricht davon, dass Besucher nur noch durch den Haupteingang die Schule betreten dürften, auch wenn das etwas umständlicher sei, weil der Parkplatz schließlich hinter der Schule liegt.

Die Diskussion zieht sich hin, draußen ist es inzwischen dunkel geworden. Die Klassenzimmer sind verwaist, die Flure leer. Am Seitenflügel der Schule, ein paar bequeme Schritte von den geparkten Autos entfernt, hat jemand für die verspäteten Eltern einen Stuhl zwischen Tür und Türrahmen geklemmt, damit sie nicht zufällt. Von außen lässt sie sich nicht öffnen. Aus Sicherheitsgründen.

SHOWTIME

Ein Abend mit Trumps treusten Fans.
Washington, D.C.

Das ultraliberale Washington ist für Trump-Anhänger alles andere als eine Löwenhöhle. Schon richtig, in D. C. stimmten 2016 rund 91 Prozent der Wähler für Hillary Clinton und nur 4 Prozent machten ihr Kreuz hinter Donald Trumps Namen, aber wenn man dann doch mal einen Trump-Anhänger in der Stadt trifft, wird der eher wie ein exotisches Dschungeltier bestaunt als verbal niedergemacht – den hier selten anzutreffenden ideologischen Ausreißer halten die meisten ganz gut aus. Washingtons liberale Blase hat dicke Wände.

Wer jedoch als konservativer Trumpist mit Gleichgesinnten auf Nummer sicher gehen will, geht am besten zur Hausnummer 1100 an der Pennsylvania Avenue, an den einen Ort in der Stadt, der sich perfekt als *safe space* für krude Rechtsaußentheorien eignet: das *Trump International Hotel Washington D.C.*

Das Hotel, das im September 2016 eröffnet wurde, ist im alten Postamt der Stadt untergebracht, einem von außen schmuckvollen Neuromantik-Bau aus dem Jahr 1892. In den vergangenen Jahren habe ich vielleicht drei-, viermal in der Bar neben der Rezeption vorbeigeschaut. Um den ehemaligen New Yorker Bürgermeister und Trump-Buddy Rudy Giuliani bei einem Drink anzutreffen oder die Stimmung der Republikaner in Washington auszuloten, ist das offene Atrium mit den Sitzgruppen und der langen u-förmigen Theke kein schlechter Ort. Im Oktober 2018, fast genau zwei Jahre nach Trumps Wahlsieg, machte ich mich allerdings das erste Mal auf den Weg zu einem Teil des Hotels, den ich noch nicht kannte: dem Ballsaal-Trakt im extra für Veranstaltungen errichteten modernen Seitenanbau, wo an jenem Abend Trumps »treuste Fans«, wie sie sich selbst bezeichnen, auftreten sollten.

Wer schon einmal im New-York-Urlaub den *Trump Tower* besucht hat, kann sich ungefähr in die ästhetische Welt des Präsidenten hineinversetzen. Für den Rest würde ich den Eingang zum Präsidentschaftsballsaal des Trump-Hotels folgendermaßen beschreiben: So eingerichtet, wie es nur ein amerikanischer Innenarchitekt hinbekommen kann, der noch nie im alten Europa war – teuer, aber ohne jegliches Stilempfinden, als ob man das Wort Prunk neuerdings n-e-w m-o-n-e-y buchstabieren würde.

Während ich meine Presseakkreditierung an einem Tisch abhole, der mit einem »TRUMP: KEEP AMERICA GREAT 2020«-Banner abgehangen ist, und noch über innenarchitektonische Geschmacksfragen nachdenke, bereiten sich die Stargäste des Abends beinah unbeobachtet auf ihren Auftritt vor. Vor dem Ballsaal liegt parallel zu einer Fototapete ein kurzer roter Teppich. Abseits der Blicke des vor dem Saal rumstehenden Publikums zupft Lynette Hardaway neben ihrer Schwester Rochelle Richardson ihre aufwendige Hochsteckfrisur zurecht. Die beiden Afroamerikanerinnen scannen jetzt noch einmal das andere Ende des Raums, wo die zahlenden Gäste warten. Es ist 19:25 Uhr, Premiere-Abend, sie wollen ihren ersten Kinofilm vorstellen. »Dummycrats« heißt er. Gleich ist Showtime.

Die Geschichte dieser zwei Schwestern, um die es hier geht, handelt auch davon, wie banal der *American Dream* sein kann in Zeiten, in denen Menschen im Internet bekannt für ihre Bekanntheit sind: Lynette Hardaway bekam 2015 zum Geburtstag ein iPad geschenkt. Sie spielte ein bisschen herum, das Gerät und die Technik waren neu, bis sie eine Idee hatte. Sie baute sich vor der Kamera auf und drückte auf den roten Aufnahmeknopf. »Lad das auf Youtube hoch«, sagte ihre ältere Schwester Rochelle, als sie das Video sah. Sie probierte herum, manches funktionierte, andere Ideen verwarf sie wieder. Das erste Video, das sie tatsächlich auf ihren Kanal stellten, den die beiden »The Viewer's View« tauften, ist eine leise Montage über Polizeigewalt mit dem Titel »Black Lives Matter«, ganz ohne Auftritt der beiden. Aus ein paar Klicks für die darauffolgenden Videos, in denen sich die beiden über die Nachrichten ereiferten, wurden bald Tausende. Als sie anfingen, sich in ihrem Wohnzimmer mit einem Glas Wein in der Hand über Liberale und Demokraten lustig zu machen, schossen die Klicks plötzlich nach oben.

Inzwischen sind die zwei Frauen unter dem Künstlernamen *Diamond & Silk* im Internet zu Stars unter rechten Meinungsmachern aufgestiegen mit mehr als drei Millionen Anhängern auf diversen Plattformen.

Im Trump-Hotel sind ein paar Minuten vergangen, ein Raunen geht durch die Menge. Flankiert von drei aufgepumpten Bodyguards nehmen die zwei Frauen eilige Schritte auf hohen Absätzen Richtung roter Teppich. Binnen Sekunden stehen lauter Smartphones senkrecht in der Luft, auch ein paar professionelle Fotografen klicken drauf los. Die zwei sind jetzt auf Sendung, im wahrsten Sinne: Ein alter Bekannter oder jemand, der sich für einen ausgibt, dreht sich zwischen die Schwestern und hält ihnen am roten Teppich sein iPhone hin für eine Grußbotschaft – »… hey, wir sind live auf Facebook!«

Das Publikum an diesem Abend besteht, das kann man bei den vielen roten Schirmmützen wohl konstatieren, aus wohlwollenden Anhängern. Für das VIP-Paket zum Meet-and-Greet haben einige der über hundert Teilnehmer bis zu 500 Dollar Eintritt[49] bezahlt.

»Danke, Donald Trump, dass wir heute Abend hier in Ihrem Hotel sein dürfen«, sagt Lynette Hardaway, jetzt wieder vor dem Analogpublikum am roten Teppich. Ihre Schwester nickt.

Der Rhythmus ihrer Stimme klingt fast wie vorgespult, irre schnell rattert sie die Wörter herunter. BAM BAM BANG – PUNCHLINE. »Diejenigen, die behaupten«, sagt sie, »er sei ein Rassist, denen sagen wir: Ihr erzählt Bullshit.«

Das ist natürlich ein lustiger Begrüßungssatz, zumal niemand hier im Trump-Hotel, einem Ort, an dem man sich frei und leidenschaftlich über die Politik des Präsidenten äußern kann, ohne kritisiert zu werden, den beiden die Frage gestellt hat, ob der Präsident womöglich ein Rassist sei.

Vielleicht kann man bei gewissen Menschen aber auch nicht oft genug darauf hinweisen, dass sie mit Fremdenfeindlichkeit nichts am Hut oder der roten Schirmmütze haben.

Wie dem auch sei, wenn es Teil ihres Geschäftsmodells ist, sich ungefragt zu Dingen zu äußern, heißt ihr Ladenpächter Präsident Trump, und was sie dort auf Facebook und Youtube machen, ist dann auch die einfachste Wir-gegen-den-Rest-Welle, die man seit 2015 reiten kann: *Ist das zu fassen – die politisch Korrekten haben wohl komplett den Verstand verloren.*

Bis vor drei Jahren waren die zwei noch überzeugte Demokratinnen aus einer Kleinstadt in North Carolina. Dann schwebte Donald Trump im Sommer 2015 die goldene Rolltreppe im Trump Tower hinab, um seine Kandidatur zu verkünden. Hardaway und Richardson, die normalerweise nur die Sätze ihrer Schwester nachplappern oder einfach nur »mnh, oh yeah« und »that's right« sagt, schlossen sich kurz darauf als Mitglieder den Republikaner an, um in den Vorwahlen für Trump abstimmen zu können. Im ersten Video, mit dem sie im Sommer 2015 viral gingen, kritisierten die zwei die damalige *Fox-News*-Moderatorin Megyn Kelly, die wiederum Trump bei einer Debatte mit Fragen nach seinem Frauenbild schwer genervt hatte. Trump dankte es Diamond & Silk mit einem Retweet an sein digitales Millionenpublikum. Seitdem ist ihre Karriere an sein politisches Überleben geknüpft.

121

Ein knappes halbes Jahr nach Hardaways Geburtstag, im Dezember 2015, holt Trump Diamond & Silk zum ersten Mal auf die Bühne bei seiner Wahlkampfveranstaltung in Raleigh, North Carolina: »Eines Abends mache ich den Fernseher an und sehe diese beiden auf dem Bildschirm … *aren't they the greatest?*« Sind sie nicht die Größten, fragte Trump an jenem Abend.

Zumindest sind sie unter den Loyalsten, sie bezeichnen sich selbst als seine »treusten Fans«, was zusammen mit ihren Werbevideos in Sachen Trump-Agenda nicht weiter erwähnenswert wäre, wenn das alles nicht auch eine Geschichte über den Wohlfühlrassismus der Republikanischen Partei und von Trumps Wählern erzählen würde.

2016 bekam Trump bei der Präsidentschaftswahl ganze 4 Prozent der Stimmen von schwarzen Amerikanerinnen.[50] In keiner anderen Bevölkerungsschicht ist Donald Trump so unbeliebt wie unter Afroamerikanern, selbst unter Latinos hat er trotz seiner erbarmungslosen Einwanderungsrhetorik höhere Zuspruchswerte.[51] Zwei Schwarze Frauen, die für einen Mann schwärmen, der es nicht übers Herz zu bringen scheint, den weißen Herrenmenschen unter seinen Anhängern die Stirn zu bieten – wie passt das also alles zusammen?

»Wir brauchen uns von den Medien nicht sagen zu lassen, was wir zu tun haben.« So antwortete die damals 44 Jahre alte Hardaway dem amerikanischen »Rolling Stone« im Herbst 2016 in einem Interview auf die Frage, warum sie ausgerechnet ihn unterstützten. »Wir können schon ganz gut für uns allein denken. Wir sehen in Donald J. Trump einen Mann, der niemals schwankt oder klein beigibt, und das lieben wir an ihm. In meinen Augen kann er nichts falsch machen.«

Kann nichts falsch machen – dieser Halbsatz aus Hardaways Mund sagt fast alles darüber aus, warum die zwei derart von den Republikanern hofiert werden.

Dabei grenzen ihre Facebook-Videos starke an Kuriositätenkabinett, politisch gesehen sind die Clips so inkorrekt wie irrelevant. Die Künstlerin und Bürgerrechtsaktivistin Bree Newsome nannte in einem Interview mit der *New York Times* ihre Videos »eine moderne Minstrel-Show« (*eine Form der Unterhaltungsmusik aus dem 19. Jh., bei dem Weiße etwa mittels Blackfacing Schwarze spielten*), die mit »stereotypischen Vorstellungen von Schwarzen Frauen«[52] spielt und sicherlich nicht von Konservativen gefeiert würden, wenn die zwei nicht eindeutig pro Trump wären. Kurz vor dem heutigen Premiere-Abend im Trump-Hotel erscheint ihr aktuellstes Video. Es ist eine Empfehlung, bei den anstehenden Kongresswahlen im November für Trumps Republikaner abzustimmen, die Demokraten seien schließlich »die Partei des Ku-Klux-Klan, die Partei der Sklaverei, der Antifa, des Sozialismus.«

Im Internet, dem Zuhause ihrer Kunstfiguren, schlägt kontroverse Meinung immer noch die beste Faktenlage.

Dass sich unter ihren Fans in den Kommentarspalten auf Facebook auch sehr viele weiße Frauen finden, wie die *Washington Post* in einem Artikel anmerkte,[53] ist natürlich kein Zufall. Zwei Schwarze Frauen, die einen Mann vorbehaltlos unterstützen, der nach den rechtsextremen Krawallen im August 2017 in Charlottesville die Gewalt nicht eindeutig verurteilte – für seine Wähler muss das wie eine Rückversicherung sein, dass sie und er gemeinsam doch auf der richtigen Seite der Geschichte stehen.

So ein Mann kann doch nicht rassistisch sein. *Kann nichts falsch machen.*

»Sie sprechen aus, was sehr viele Menschen bloß denken. Es ärgert sie, wie die Mainstream-Medien mit Trump umspringen.« Kyle Olson ist Produzent und Regisseur von »Dummycrats«, diesem aberwitzigen Werk über die Demokraten, die Lieblingsgegner von Diamond & Silk. Der Film, der an diesem Abend in 800 Kinos läuft, stammt von ihm, es ist auch seine Premiere.

Aber Olson, der ebenfalls als konservativer Kommentator arbeitet, steht bloß unter den Gästen, weitestgehend anonym und unbehelligt, während die Schwestern ein paar Meter weiter Selfies mit zahlenden Fans machen. Wie sind die Töchter von zwei Fernsehpredigern, über deren Privatleben man so gut wie nichts weiß, abseits der Kamera? Großartig, sehr unterhaltsam und geradeaus, sagt Olson. Was man auf dem Bildschirm sehe, seien die beiden durch und durch. Es gäbe noch so viele Fragen – an die beiden. Selbstverständlich profitieren sie voneinander: Er hat zwei halbwegs prominente afroamerikanische Fürsprecher, die zwar Schwarze Wähler nicht umstimmen, seinen weißen Wählern aber immerhin ein gutes Gewissen machen – und für Diamond & Silk kommt mit Trump die Miete rein. Er ist ihr Eintritt zum amerikanischen Traum.

Und trotzdem wüsste ich doch gern, warum sie sich mit ihm solidarisieren und nicht mit dem Schwarzen Amerika, für das Trump offensichtlich so wenig übrig hat. Auf die Anfrage, ob die beiden vielleicht vorab für ein kurzes, vielleicht zwanzigminütiges Interview zur Verfügung stünden, sagt ihre PR-Agentin ein paar Tage vor der Premiere am Telefon: »Sie können sich glücklich schätzen, wenn sie Ihnen zwei Minuten zuhören.«

Nicht einmal das tun sie. »Wollen Sie auch ein Foto?«, fragt mich einer ihrer Bodyguards. Nein, nur eine Frage stellen. Ich trage meine Presseakkreditierung um den Hals. Er lehnt sich hinüber zu Hardaway, die flüstert ihm etwas ins Ohr. Dann schüttelt er den Kopf, schirmt seine Klientinnen ab und führt die beiden in den abgesperrten VIP-Bereich.

Showtime ist nur, wenn die zwei es sagen.

SEITEN-WECHSEL

Unterwegs an der texanisch-mexikanischen Grenze.

Laredo, Texas

Die Bundesstraße zieht sich wie ein ellenlanger Strich durch dürre Felder in der texanischen Wüste. Nur die Strommasten in der Ferne lassen ein Mindestmaß an moderner Zivilisation erahnen, bis sich nach einer unerwarteten Rechtskurve ein paar Palmen am Horizont auftun, deren Umrisse in diesem fahlen Licht erst nach und nach schärfer werden.

Das Navigationssystem in meinem Mietwagen bittet mich, ein letztes Mal rechts abzubiegen, und plötzlich steht sie da: Amerikas Antwort auf die Einwanderungskrise.

Wenn es unangenehm wird, wartet Bürokratie ja gerne mit Euphemismen auf. So steht auf dem Begrüßungsschild am El Rancho Way, in den ich abbiege,»Willkommen am *South Texas Family Residential Center*«. Was wie ein Kulturzentrum für Familien klingt, ist in Wahrheit das größte Auffanglager für Mütter, die mit ihren minderjährigen Kindern illegal die amerikanische Grenze überquert haben. Hier ist Platz für 2400 Menschen, hier verbringen sie die ersten Nächte in dem Land, das ihre neue Heimat werden soll.

Die Einrichtung liegt am Rande der 4000-Einwohner-Stadt Dilley. Auf dem Parkplatz stehen Ford-Trucks, Chevrolet-Cabrios, Toyota-Hybridautos. Ein paar der Stellplätze sind als *Reserved ICE Parking* ausgewiesen. ICE sind, das weiß jeder, der sich illegal in den USA aufhält, die schlimmen Jungs. Die Beamten der *Immigration and Customs Enforcement* muss man sich

125

wie Feldjäger für Abschiebefälle vorstellen. Wenn die in ihren dunkelblauen Windjacken irgendwo anrücken, gibt es meistens Ärger. Hier in Dilley sind sie neben einer privaten Sicherheitsfirma für den Betrieb der Einrichtung mitverantwortlich. Wie diese Flachdach-Containerwelt von innen aussieht, kann ich nicht sagen. Die Sicht auf alles, was hinter dem Parkplatz liegt, ist verdeckt. Hohe, abgedeckte Zäune, Flutlichter im Innenhof, überall Kameras. Ein Rolltor rattert hörbar auf und zu, und weil es ansonsten hier im texanischen Nirgendwo so still ist, weht von irgendwo Musik herüber.

Meine Vorabanfrage auf offiziellem Wege, ob ich die Einrichtung besuchen dürfe, versandet in mehreren unbeantworteten E-Mails. Auf Google hat das 2014 von der Obama-Regierung errichtete Gebäude fast 120 Kommentare. Ein Nutzer schreibt auf Spanish:»Wie nehme ich Kontakt mit meiner Familie auf, die sich in dieser Haftanstalt befindet?« Als Bewertung lässt er fünf von fünf Sternen da.

»Die Einrichtung ist in jeder Hinsicht ein Gefängnis, ohne eben ein Gefängnis zu sein«, sagt Spencer Bloom. Ich treffe ihn in einem mexikanischen Restaurant am Rande der Bundesstraße. Bloom arbeitet für das *Dilley Pro Bono Project*, eine gemeinnützige Organisation, die Frauen in der Einrichtung vor allem juristische Hilfe anbietet.

Zwar sind die Insassen (offizielle Sprachregelung: Bewohner) nicht in Zellen untergebracht, das Gelände verlassen dürfen die Frauen und Kinder aber keineswegs – nicht, bis Amerikas Einwanderungssystem sie nach dem eingegangenen Asylantrag erfasst und eine vorläufige Unterkunft für sie gefunden hat. Blooms Organisation verbringt mehrere Stunden am Tag damit, die Mütter auf das alles entscheidende»credible or reasonable fear«-Interview vorzubereiten: Ist der Ort bzw. der Umstand, der sie flüchten ließ, Grund genug, Asyl in den USA gewährt zu bekommen? Müssen sie mit Folter oder unrechtmäßiger Verfolgung in ihrem Heimatland rechnen? Falls es ihnen nicht gelingt, die Behörden in diesem Interview zu überzeugen, wird ihnen keine Folter angedroht – bloß Abschiebung.

Der Großteil von Blooms Klienten kommt aus Honduras, El Salvador, Guatemala, und nicht etwa aus Mexiko. Einige von ihnen würden noch nicht einmal Spanisch sprechen, nur Maya-Dialekte. Wenn sie mit den Mitarbeitern des *Dilley Pro Bono Project* zusammensitzen und den Asylantrag ausfüllen, wüssten die Mütter mitunter nicht, welcher Tag heute sei, sagt Bloom. Viele hätten bis zur amerikanischen Grenze Tausende von Kilometern hinter sich, eine derart gefährliche Reise nehme man nicht so einfach auf sich. Besonders mitgenommen sind, wie soll es auch anders sein: die Kinder. Oft machten sie einen Entwicklungsrückschritt, verhielten sich jünger als ihrem Alter entsprechend. Viele nässten plötzlich wieder ein, sagt Bloom, könnten weder essen noch schlafen.

Wir sprechen noch etwas über die Familien-Trennungen und deren rechtliche Grundlage, an der sich unter Präsident Trump menschliche Empathie seit Monaten das Geweih abstößt. Vor ein paar Jahren musste ich mal auf die Nichte einer Freundin aufpassen. Für zwei sehr, sehr lange Minuten fand ich das fünf Jahre alte Kind in den schmalen Gängen eines Supermarktes nicht wieder. Da merkte ich zum ersten Mal, wie groß die Welt sein kann.

Warum sollte man Familien trennen? Warum müssen harmlose Mütter mit ihren Kindern nach unfassbaren Strapazen auf dem Weg zur Grenze hinter Stacheldraht, hohen Mauern und blickdichten Zäunen ihr amerikanisches Abenteuer beginnen? Als Sicherheitsmaßnahme wirkt es für ausgezehrte, eingeschüchterte Frauen mit Minderjährigen übertrieben. Ist es praktischer so? Soll es Abschreckung sein? Oder einfach: Demütigung?

Bestimmt gibt es auf diese Fragen irgendeine Art von Antwort. Und vielleicht ist es bloß Zufall, dass zwischen Traum und Trauma nur ein Buchstabe liegt.

Die Sonne hat sich längst am Horizont verabschiedet, Bloom sagt, er bleibe noch einen Moment sitzen für ein Telefonat. Ich zahle, steige in mein Auto, lasse den Motor an, tippe eine Hoteladresse in das Navigationssystem. Auf dem Weg zu einem der größten Grenzübergänge an der texanischen Grenze komme ich noch einmal an der Einfahrt zum *South Texas Family Residential Center* vorbeigefahren. Ob die Kinder vom Lager aus wohl die Palmen an der Straße sehen können?

Ich biege wieder auf die Bundesstraße ab und fahre Richtung Süden, durch die karge Wüste, die in der Dämmerung nur noch ein paar schattige Umrisse ist. Irgendwann spucken Gas- oder Ölraffinerien Feuer in den texanischen Abendhimmel. Was so apokalyptisch aussieht, hat Texas reich gemacht. Falls mir allerdings gleich ein hupender Viehtransporter voller Cyberpunks mit Stachelradkappen die Autotür bei 120 Sachen aufschlitzt, würde es mich in diesem Mad-Max-Amerika nur kurz wundern.

Bei meiner Ankunft bereitet sich Laredo, eine knappe Autostunde südlich von Dilley, auf die Nacht vor. Die meisten Geschäfte haben ihre Rollladen heruntergelassen und das Licht ausgeknipst. Taghell ausgeleuchtet ist nur der Grenzübergang für Warenverkehr nach Mexiko. Ich habe mein Auto am Hotel in der Stadtmitte abgestellt und gehe zu Fuß auf die Brücke zu. Fünfzehn, zwanzig Sekunden vergehen, bis ein Beamter auf *mich* zukommt. Er guckt, sagt keinen Ton. Ich sage: »Hey, how are you?«

Wieder kein Wort. Sein Blick sagt: Was hast du hier zu suchen? Ich frage nach dem Fußgängerübergang. Er lächelt. Falsche Brücke, die ist da hinten, und bietet mir freundlich eine von zwei Beschreibungen an: »Es gibt einen einfachen Weg«, sagt der Grenzbeamte, »und einen komplizierteren, der aber kürzer ist. Welcher ist Ihnen lieber?«

Am San Agustín Plaza, wo noch ein paar Gestalten der Nacht

auf Mopeds über den Asphalt heizen und ein älterer Mann im Halbschatten einer Laterne vor einem Restaurant den Bürgersteig fegt, steht die Kathedrale der Stadt. Die Uhr am Kirchturm steht auf 22:57. Sie zeigt Richtung Mexiko.

Je näher ich der Fußgängerbrücke komme, die über den Rio Grande in die mexikanische Nachbarstadt Nuevo Laredo führt, desto höher wird die Wechselstubendichte. In verschiedenen Neontönen wirbt der amerikanische Kapitalismus durch die zwei Buchstaben C&V an den Außenfassaden für seinen begrenzten Zweck: *compra & venta*, Kauf und Verkauf.

Einen Tränenpalast hat Laredo nicht, nur eine Kusstreppe. Ein Pärchen lehnt gegen eine Wand unter den Stufen, die hoch zur Länderbrücke führen, und tauscht flüchtige Zärtlichkeiten aus. Er sagt ihr etwas ins Ohr, streichelt ihre Wange, küsst sie ein letztes Mal für heute, und geht davon in ein anderes Land.

Ganze 27 Stufen, oder zwei Rolltreppen der Marke Schindler, muss man nehmen für das denkbar einfache Länder-Hopping auf die mexikanische Seite: Einen 1-Dollar-Schein am Automaten wechseln, dann eine der ausgespuckten Münzen einwerfen, es piept kurz, ein grüner Pfeil leuchtet, und schon rotiert das Drehkreuz den Besucher nach Mexiko. *Es gibt einen einfachen und einen komplizierteren Weg.*

Mein Pass liegt im Hotelzimmer, also bleibe ich heute Nacht in Amerika, wie die geküsste Frau.

Am nächsten Morgen herrscht in der City Hall von Laredo eine angenehme Betriebsamkeit. Einer seiner Assistenten sagt mir, dass der Burgermeister noch ein paar Minuten brauche. Im Flur des Vorzimmers zum Büro hängen an den Wänden eingerahmte Zeitungsausschnitte. Ein Bericht handelt vom gemeinsamen Baseball-Team, das Laredo und Nuevo Laredo gegründet haben. Die Verständigung unter den Spielern dürfte kein Problem sein.

Auf amerikanischer Seite haben 95 Prozent von Laredos Einwohnern lateinamerikanische Wurzeln, in einigen Läden guckt man ohne Spanisch in fragende Augen. Laredo ist Amerikas größter Binnenhafen, Tausende Waren gehen hier jeden Tag hin und her. Wie selbstverständlich die Amerikaner an diesem Ort Kultur und Sprache mit den Nachbarn teilen, kann man sich wahrscheinlich im Weißen Haus gar nicht vorstellen – wenn Laredo im Juli 2015 nicht ungewöhnlichen Besuch gehabt hätte. Donald Trump hatte ein paar Wochen vorher seine Kandidatur bekannt gegeben. In seiner berühmten Rede im Trump Tower kam Mexiko nicht gut weg, »they're bringing drugs, they're bringing crime; they're rapists, and some, I assume, are good people«, sagte er. Kurz danach kündigte sein Wahlkampfteam an, dass er sich die Grenze anschauen werde.

In Trumps Privatflugzeug nahm Laredos Bürgermeister Pete Saenz den Präsidentschaftskandidaten damals in Empfang. Nach ein paar Minuten Plauderei fragte ihn Trump: »Muss ich mir Sorgen um meine Sicherheit machen, wenn ich gleich aussteige?« Nein, scherzte Saenz, er habe nichts zu befürchten, da warteten nur ein paar neugierige Demonstranten, die schlichtweg noch nie einen weißen Republikaner gesehen hätten.

Es vergehen noch ein paar Minuten. Neben mir nimmt ein Mann mit einem Schreiben in einer Klarsichtfolie Platz, dann geht die Tür auf, Saenz' Assistent bittet mich den Flur entlang, durch eine weitere Tür, hinein in ein offenes Großraumbüro und von dort in das Zimmer des Bürgermeisters. Der ist groß gewachsen, hat zupackende Hände und einen auf den Millimeter genau getrimmten Schnauzbart. Freundlich begrüßt er mich, und als er merkt, dass ich keinen Kameramann mitgebracht habe, zieht er den zweiten Besucherstuhl ran und setzt sich zu mir vor den Schreibtisch.

Trump habe gut vorbereitet auf ihn gewirkt bei seinem Besuch, sagt er, neugierig sei er gewesen, wie es hier an der Grenze aussehe, obwohl sich seine Vorstellung nicht ganz mit dem gedeckt hatte, was sie ihm später gezeigt hätten. Ach ja, frage ich, was hatte Trump denn für Vorstellungen? »Er hat uns gefragt, ob Mexiko wirklich *bad hombres* über die Grenze schickt.« Von einer Mauer, wie Trump sie im Sinn hat, hält Saenz nichts. Zwar brauche Amerika, da solle man ihn bitte nicht falsch verstehen, effektiven Grenzschutz, in und um Laredo sei jedoch der Fluss die natürliche Grenze. Saenz wünscht sich mehr Personal im Einsatz, mehr Technologie, Sensoren und Drohnen, die das Grenzgebiet absuchen. Er nennt das Konzept »eine virtuelle Mauer«.

Noch vor unserem Termin war ich morgens am Ufer entlanggelaufen, um mir anzuschauen, wie es dort aussieht. Der Rio Grande ist wahnsinnig breit, aber vor allem lang. Er schlängelt sich von Norden in Colorado durch New Mexico, entlang der texanischen Ländergrenze, und mündet in den Golf von Mexiko. An diesem Morgen in Laredo lag er da wie eine stumme Mausefalle: sein braunes Schlammwasser zog langsam vorüber, das andere Ufer scheinbar zum Greifen nahe. Wie tief das Wasser ist, kann man unmöglich erahnen, geschweige denn im Schutze der Dunkelheit austesten. Irgendwann schwamm ein abgebrochener Zweig an mir vorbei, groß genug für ein Hundemaul, zu klein, um sich daran festzuhalten. Er lag auf dem Wasser, wackelte kurz, dann riss ihn die Strömung an sich, schleuderte ihn für eine halbe Minute zwischen den Uferseiten wie eine Flipperkugel im Automaten hin und her, bevor die Flut ihn verschluckte.

Dass der Fluss den Fluss der Migranten in Laredo stoppt, mochte stimmen, an anderer Stelle, wo sie kein wilder Fluss aufhielt, versuchten die Menschen es doch immer wieder ins Land zu kommen. Wie es sich anfühlt, verdurstete, sonnenverbrannte Körper in der Wüste und den schwer zugänglichen Gebirgslandschaften weiter westlich zu finden, hatte mir Francisco Cantú, ein ehemaliger Grenzbeamter aus Arizona, vor ein paar Monaten erzählt. Den Zaun, der in seinem Abschnitt errichtet wurde, sei oft aufgetrennt oder hydraulisch hochgebockt worden, damit die Drogenschmuggler mit dem Auto hätten drunter herfahren können.

Das vage Versprechen des *American Dream*, Trumps abstoßende Rhetorik, die haftähnlichen Bedingungen in den Flüchtlingslagern, die unerbittliche, lebensgefährliche Vegetation, das alles hielt und hält die Menschen nicht davon ab, einen Weg über die Grenze zu finden. Wie schlimm musste es dort sein, wo sie herkamen? Und was macht Amerika im Jahr 2019 noch zu einem verheißungsvollen Land?

Andererseits, was sind schon Grenzen für ein Land wie Amerika?

Vor mehr als 50 Jahren hatten die USA eine Vision. Sie wollten auf dem Mond landen. Damals war es die letzte denkbare Grenze, die man überwinden konnte. »Warum, fragen manche, der Mond?«, sagte John F. Kennedy in einer Rede an der Rice University im September 1962 in Houston. Was für ein toller, lakonischer Satz. Kennedy hatte eine simple Erklärung, warum es der Mond sein musste. Seine Antwort, die so einfach wie selbsterklärend war, steckte voller Wissensdurst und Entdeckerfreude und einem Funken Demut: »Wir haben uns vorgenommen, in diesem Jahrzehnt auf dem Mond zu landen und andere Dinge zu tun – nicht weil sie einfach sind, sondern weil sie schwierig sind.«[54]

Es dauerte noch fast sieben Jahre, bis Neil Armstrong im Juli 1969 mit seinen linken Fuß den ersten Schuhabdruck auf der Mondoberfläche hinterließ. Fast jeder, der dort oben im Weltall war und auf unseren Planeten geschaut hat, sagt ähnliche Dinge über den Anblick der Erde. Dieses Erhabenheitserlebnis durch den Perspektivwechsel, der es einem erlaubt, die Grenzen verwischen zu sehen, nennt die Wissenschaft »Overview

Effect«. »Wenn man nur mal ein wenig Zeit damit verbringt, die Erde von der Umlaufbahn zu betrachten«, beschrieb der Weltraumforscher Carl Sagan einmal das Phänomen, »fangen die zutiefst verwurzelten Nationalismen an, sich aufzulösen.«

Der Geist dieser gewollten Grenzüberschreitung hat kein Platz in Trumps Version von Amerika, auch nicht der herausfordernde »nicht weil es einfach, sondern weil es schwierig ist«-Part. Wie anders konnte er sonst rechtfertigen, die Situation damit zu lösen, eine Mauer hochzuziehen und sich der Herausforderung im wahrsten Sinne zu verschließen?

Pete Saenz sagt, dass in seiner Gemeinde natürlich auch illegale Einwanderer wohnen, »und das schon seit vielen, vielen Jahren«, und trotzdem, sagt er, sind sie Teil der Gemeinde wie jeder andere. Er selbst hat mexikanische Vorfahren. Mauer hin oder her, kurz vor Ende des Gesprächs spricht er sich für eine grundlegende Reform des Einwanderungsgesetzes aus, »damit die, die einst illegal nach Amerika kamen und heute hart arbeiten, einen Weg haben, offiziell Teil der Gesellschaft zu werden, mit allen Rechten und Pflichten.«

Darüber könnte man noch stundenlang sprechen, aber Saenz' Assistent gibt mir ein Zeichen: noch fünf Minuten. Ganz so häufig trifft man ja nicht auf Menschen, die mal ein bisschen Zeit mit einem späteren US-Präsidenten verbracht haben. Laredos Bürgermeister ist parteilos. Er müsse mit beiden Seiten auskommen, sagt er und lacht. Entsprechend vorsichtig fallen seine Antworten mitunter aus. Gern hätte ich ihm noch ein paar banalere Fragen gestellt: Wonach riecht Donald Trump, hat er weiche Hände, wie aufgeräumt sieht es in seinem Privatflugzeug aus? Dafür reicht die Zeit leider nicht, also nur kurz: Hat Saenz eine Seite an Trump gesehen, die die Öffentlichkeit nicht kennt? »Er war interessiert, sehr umgänglich und nett. Wenig von dem, was ich im Fernsehen sehe, erinnert mich an den Donald Trump, den ich hier getroffen habe. Ich habe seine gute Seite gesehen, aber gewiss hat er auch eine politische Agenda, die er verfolgt und mit der wir hier an der Grenze über Kreuz liegen.« Der Assistent drängt jetzt, ich bitte noch schnell um ein Foto vom Bürgermeister. Aber gern, sagt Saenz, steuert auf seinen Bürostuhl zu, lässt sich fallen, und schnappt sich wie selbstverständlich ein Schriftstück und einen Stift. Er tut beschäftigt, lächelt in die Kamera:»So in Ordnung?«

Mexiko. In Nuevo Laredo warten am Fußgängerübergang über den Rio Grande vermummte Soldaten, im Arm schweres Geschütz. Die Straße hinter dem mexikanischen Grenzübergang führt unmittelbar zum Marktplatz. Kurz vor meiner Reise hatte Präsident Trump den Notstand an der Grenze ausgerufen. Hier in Nuevo Laredo, um 11:45 Uhr an einem Donnerstagmorgen, shoppen in einer Drogerie ein paar Gringos, die ungefähr so weiß sind wie Eminem in einem Schneesturm. Kinder jagen auf dem Marktplatz Kätzchen hinterher, Autos hupen, ältere Herren lassen sich im Freien die Schuhe blank polieren, ein älteres Pärchen sitzt wortlos mit Einkaufstüten auf einer Parkbank. Wahrscheinlich sind die Geheimdienstbriefings des US-Präsidenten detaillierter als meine oberflächlichen Beobachtungen, aber: nach Krise sieht das erst einmal nicht aus. Problematischer ist es auf dem Weg zurück.

Hinter dem Drehkreuz hat sich entlang des Zauns auf der Brücke eine lange Schlange gebildet. Schon vor Monaten. Männer, Frauen, Kinder, Babys kauern hier. Sie sehen abgekämpft aus, müde, übernächtigt, ungewaschen, haben kaum Gepäck dabei. Pro Tag lassen die ICE-Beamten nur eine kleine Zahl an Menschen vor, um auf der amerikanischen Seite der Brücke offiziell Asyl zu beantragen. Als ich auf Spanisch frage, wo sie herkommen, sagt ein Beamter im Ton eines Diskotürstehers, dass ich weitergehen soll. Seine Kollegin winkt mich herbei, fragt nach meinem Ausweis, dann werde ich weitergeschickt in ein kleines Häuschen mit Schaltern wie bei der Passkontrolle am Flughafen.

Der zuständige Beamte blättert vor zu meinem Visum, fragt, was ich von Beruf mache, nickt und wünscht einen guten Tag. Das ist Amerika, ich bin wieder zurück.

San Antonio, Juni 2019. Die Holzbänke im Gerichtssaal sind nicht besonders bequem. Ein paar Monate sind vergangen, ich bin zurück in Texas, in einer anderen Stadt, zwei Stunden nördlich von Laredo. Ich will sehen, wie es aussieht, wenn die Mütter, Töchter, Väter, Söhne aus diesen Auffanglagern kommen und um ihr Asylverfahren bangen. Am *Immigration Court San Antonio* verhandelt an diesem Morgen Richter Charles M. McCullough Anträge im Akkord. »Wenn Sie laut sind, kann es passieren, dass er Sie rausschmeißt. Er ist da nicht pingelig«, hatte mir der Polizeibeamte beim Abtasten direkt vorm Saal gesagt und mich in den Raum gelassen.

Leise gehe ich durch die Bankreihen und suche einen freien Platz. Bis auf den Richter, einen Mann im Publikum und mich ist hier in diesem fensterlosen Raum niemand weiß. Hinter Richter McCullough hängt das Siegel des Justizministeriums. Der Adler darauf hat einen Olivenzweig und ein Bündel Pfeile in seinen Fängen, sein Kopf ist weiß, sein Körper braun. Lang auf der Bank vor mir liegt ein Kind, das vielleicht drei oder vier Jahre alt ist und schläft. Die Mutter streichelt dem Mädchen über den Kopf.

»… egal, wer Ihnen dabei hilft, Sie müssen das Formular vollständig ausfüllen« – ist der erste Halbsatz, den ich aufschnappe, als ich mich hinsetze. Er klingt seltsam trivial. Natürlich, denke ich, kann man bei einem Asylantrag nicht nur eintragen, worauf man Lust hat. Ich schreibe die Worte des Richters in mein Notizbuch und nachdem ich einen Augenblick darüber nachdenke, merke ich: darin steckt weniger eine Selbstverständlichkeit als die Hilflosigkeit der Antragsteller.

Vor Richter McCullough sitzt eine Frau an einem schlichten

Holztisch, sie hat eine Mappe in der Hand, trägt Kopfhörer. Rechts vom Richter, etwas versetzt, übersetzt eine ältere Dame simultan seine Anweisungen auf Spanisch. Die Frau bekommt einen neuen Termin genannt sowie den Namen einer gemeinnützigen Organisation, die ihr beim Ausfüllen helfen soll. »Die Organisation heißt *American Gateways*; die haben ein Büro gleich hier draußen den Gang runter.« Ein fehlerhaft und ein korrekt ausgefüllter Asylantrag liegen, wie Glück und Pech, und eigentlich alles in Amerika, ganz nah beieinander. Die Frau darf aufstehen und verlässt den Saal.

»So, wer ist als Nächstes dran?«

Der Gerichtsdiener sagt einen Namen. Hinten links im Saal steht eine Frau auf.

»Haben Sie einen Anwalt?«, fragt der Richter. Sie wartet auf die Übersetzung.

»No.«

»Sie können nach vorne kommen. Wie geht es Ihnen heute Morgen?«

…

»Bien.« – »Gut«, sagt die Übersetzerin.

Mit jedem verhandelten Fall leeren sich die Bänke, die für viele, die hier mit einem Antrag in der Hand sitzen, im wahrsten Sinne Besucher-Bänke sind. Aufenthalt: allerhöchstens temporär. Es kann passieren, dass man hier stundenlang ausharren muss, mehr als ein grobes Zeitfenster für den Morgen oder Nachmittag bekommen die geflüchteten Menschen nicht, als ob ein Asylantragsverfahren so etwas wie ein Termin mit dem Handwerker wäre. Wie Richter McCullough dort hinter seinem Schreibtisch sitzt, unter einer schwarzen Robe, ist es nicht ganz einfach, sich einen Eindruck von seiner Statur zu machen. Zierlich wirkt er nicht, aber ist er klein, hat er einen Bauch, sind die Beine kürzer als die Arme? Brille und Vollbart trägt er, und er nimmt sich Zeit, so scheint es. Er erklärt Details, wartet die Übersetzungen ab, und manchmal fragt er, wie es den Frauen oder Männern geht, die vor ihm stehen und auf ihr Schicksal warten. Natürlich sagt niemand, dass es die Hölle ist. Nicht zu wissen, was passiert; sich frei bewegen zu können, ohne frei zu sein im *Land of the Free*. Sie sagen bloß, was der Anstandsplauderton in Amerika vorgibt: »gut, danke« oder »danke, gut«. Tage später gucke ich, was die Statistik über den geduldigen Charles M. McCullough sagt: Im August 2017 wurde er vom damaligen Justizminister Jeff Sessions zum Richter am *Immigration Court San Antonio* ernannt. Von den 131 Asylanträgen, die im ersten Jahr auf seinem Tisch landeten, lehnte er 63,4 Prozent ab. Landesweit wurden im gleichen Zeitraum 57,6 Prozent der Anträge zurückgewiesen, am Gericht in San Antonio jedoch 73,3 Prozent.[55] In dieser Stadt scheint er einer der verständnisvolleren Richter zu sein.

Jedes Kind, das mit einem Elternteil vor ihm steht, fragt er zuerst nach dem Alter, dann nach dem Geburtsdatum. Es ist die einfachste Sicherheitsmaßnahme, die der Staat hat, um festzustellen, ob das Kind vor dem Richter auch das Kind ist, das im System aufgenommen wurde. Jedes Mal fragt McCullough: »Welche Sprache verstehen Sie am besten?« Nur ein einziges Mal an diesem Morgen lautet die Antwort Englisch. Der Rest setzt sich Kopfhörer auf. Die Männer und Frauen kommen aus: Honduras, El Salvador, Guatemala, Guatemala, Honduras, El Salvador. Nur eine Frau stammt aus Mexiko. Was auffällt: Wirklich niemand hat einen Anwalt dabei, kaum jemand macht sich Notizen oder hat überhaupt irgendwelche Unterlagen bei sich. Elizabeth Almanza von *American Gateways*, der gemeinnützigen Organisation im Gerichtsgebäude, sagt mir später, dass sich unter den Asylbewerbern immer mal ein Akademiker befinde, sie es jedoch in manchen Fällen mit einem »Bildungsstand von Siebtklässlern« zu tun habe: »Die Menschen wissen selten, was auf sie zukommt, wenn sie es einmal bis nach Amerika geschafft haben.«

Zwischendurch wandern meine Gedanken ab, der Sauerstoff wird knapp. Ich denke daran, was wohl die erste Erinnerung dieser Kinder sein mag, wenn sie später einmal groß sind. Die lange Reise nach Amerika? Flackernde Szene aus diesem fensterlosen Raum mit dumpfen, unverständlichen Wortfetzen, wie aus einem Traum? Oder der Horror in ihrem Heimatland? Nach einer zehnminütigen Pause gegen 11 Uhr wird ein Vater mit seiner Tochter aufgerufen. Sie trägt ein Kleid, ihre Haare sind zu Zöpfen geflochten, einer hängt links, einer rechts über ihrer Schulter. Sie setzt sich mit ihrem Vater an den Tisch der Verteidigung. Sie trägt ihre eigenen Kopfhörer, die sie mitgebracht hat. Leise, aber hörbar summt sie vor sich hin.

»Ihre Tochter ist sehr gut erzogen. Wahrscheinlich wird sie eines Tages mal Anwältin«, sagt der Richter und lacht. Kurzes, reflexartiges Lachen im Saal, obwohl doch eigentlich niemand Englisch versteht. Es ist der einzige unbeschwerte Moment an diesem Morgen, wenn man das so nennen kann.

»Haben Sie Angst, in Ihr Land zurückzukehren?«, fragt der Richter den Mann jetzt.

»Sí.«

»Haben Sie Angst, dass Ihnen etwas angetan wird?«

»Sí.«

Der Mann aus El Salvador wurde mit seiner Tochter ohne die notwendigen Papiere an der amerikanischen Grenze aufgelesen. Wie alle hier im Saal, erinnert ihn der Richter, hat er das Recht auf einen Anwalt. Ob er plant, sich für den Fall einen Rechtsbeistand zu suchen, will der Richter wissen. Ja, antwortet der Mann. Er bekommt einen neuen Termin in zweieinhalb Monaten. Er hat sich gerade ein bisschen Luft zum Atmen verschafft. Ob seine fünf Jahre junge Tochter später mal als Anwältin arbeiten kann, wird dann wohl auch von diesem Termin abhängen.

Unter all den erwachsenen Gesichtern sitzt eine deutlich ältere Dame auf einer der Bänke mit einem Jungen und zwei Mädchen neben sich.

Wo sie heute Morgen gewesen sei, als ihr Name aufgerufen wurde, fragt sie der Richter: »Sie hätten um 9 Uhr da sein sollen.« Auf dem Gerichtsschreiben habe keine Uhrzeit gestanden, sagt sie und entschuldigt sich. Später wird der Richter ihr sagen, dass sie abgeschoben werden kann, falls sie noch einen Termin verpasst.

Marta López, so heißt die Frau, spricht Englisch mit Akzent, sie sagt, sie verstehe beide Sprachen, setzt sich aber doch die Kopfhörer auf. Hier, so viel habe ich nach drei Stunden kapiert, hilft ein falsch verstandenes Wort oder eine inkorrekte Antwort niemandem weiter.

Ob sie einen Anwalt hat, fragt Richter McCullough.

»Ich habe einen Anwalt, ja.«

»Was glauben Sie, warum er nicht hier ist?«

»Er hat mir gesagt, dass er heute nicht hier sein muss.«

»Wenn Ihr Anwalt Sie vertritt, wäre es sehr hilfreich gewesen, wenn er jetzt hier wäre.«

»Ich bin unzufrieden mit seiner Arbeit. Vor fast zwei Jahren habe ich einen Antrag gestellt ...«

»Den habe ich hier nicht im System«, unterbricht sie der Richter.

»Sie hat ein Visum-Gesuch eingereicht«, sagt ein Vertreter der Staatsanwaltschaft, der am Nebentisch vor einem Laptop sitzt.

Sie klingt jetzt den Tränen nahe. Was geschieht hier gerade? Es ist nicht wie im Kino, wo der Fall noch einmal für die unbeteiligten Zuschauer erklärt wird. Beide Seiten kennen die Fakten. In meinem Notizbuch landen bloß Lebenslaufbruchstücke: »das ist mein Geburtsname«, »seit 29 Jahren hier«, »meine Kinder helfen mir«. Worum auch immer es geht, diese Frau ist nicht kürzlich wie all die anderen vor ihr an der Grenze eingesammelt worden.

Der Richter zeigt Verständnis – oder er sieht schlichtweg keinen Sinn darin, ohne den Anwalt fortzufahren, so genau lässt sich das nicht heraushören. Jedenfalls gibt er Marta López einen neuen Termin in drei Monaten. Sie steht auf, ihre drei Kinder stehen auf, sie verlassen den Saal. Leise erhebe ich mich und gehe hinterher.

»Darf ich Ihnen ein paar Fragen stellen, ich bin Reporter aus Deutschland«, sage ich. Sie nickt. Was war denn da gerade los, möchte ich wissen, wo ist der Anwalt?

Marta López entschuldigt sich. Natürlich nicht bei mir, sie sagt es einfach so: »I'm very sorry ... ich wollte nicht zu spät kommen. Ich habe den Brief vom Gericht bekommen, da steht nur das Datum, keine Uhrzeit.« Sie faltet den Brief auf und zeigt mir die Vorladung. Ich sehe das Datum von heute, keine Uhrzeit. Ihre Worte sind hastig, ich muss sie bremsen: Worum geht es hier eigentlich?

Eine ihrer Töchter legt ihre Hand auf ihren Arm, als ob sie sagen wollte: *slow down, der Mann weiß ja gar nicht, was passiert ist.* Dann fängt sie an zu erzählen.

Marta López kommt aus Mexiko. Vor ein paar Jahren hat sie einen Antrag auf ein Visum für Opfer körperlicher Gewalt gestellt. Es ist der Antrag, den der Staatsanwalt im System hatte. Ihr Ex-Mann habe sie jahrelang missbraucht, geschlagen und schikaniert, sagt sie. Unter gewissen Umständen stellen die US-Behörden in solchen Fällen ein spezielles Visum aus. Vor drei Wochen bekam sie einen Brief mit der Aufforderung, sich bei der Polizei zu melden für die Abnahme ihrer Fingerabdrücke. López hatte sich gefreut, sie dachte, dass es sich um ihr Visum handelt und nach Monaten des Wartens der Bewerbungsprozess endlich vorangehen würde. Zwei Tage später kam die Gerichtsvorladung. Jetzt weiß sie, dass ihr Visumantrag nicht erfolgreich war. Jetzt weiß sie, dass sie im System erfasst ist, ihre Fingerabdrücke freiwillig abgegeben hat. Jetzt weiß sie, dass sie

140

abgeschoben werden kann. Marta López hält sich illegal in den USA auf.

Sich in den USA aufhalten. Vor dem Gesetz mag diese Sprache korrekt sein, aber natürlich fängt sie nicht annähernd irgendwelche Lebensrealitäten ein. López stammt aus Nuevo Laredo, sie ist seit 29 Jahren in den Vereinigten Staaten. Sie wohnt, lebt, arbeitet, schläft, atmet, lacht seit 1989 in diesem Land. Und manchmal weint sie auch, zuletzt häufiger. Denn jetzt muss sie es vielleicht bald verlassen und in ein Land einreisen, das sie seit fast 30 Jahren nicht betreten hat.

Gracie, ihre jüngste Tochter, die direkt neben Marta López steht, hat in der Pause mit dem Anwalt gesprochen. Sie haben jetzt gleich einen Termin bei ihm. Sie wollen klarstellen, was als Nächstes passiert und warum er heute nicht da war. Wir verabreden, noch einmal in Ruhe zu sprechen. Sie gibt mir ihre Nummer und die vier verschwinden hinter Jeeps und Trucks auf dem Parkplatz vorm Gerichtsgebäude.

Es vergeht genau eine Woche, bevor ich unterwegs in Delaware einen Anruf bekomme. Gracie López ist am Apparat. Ihrer Mutter geht es nicht so gut, sagt sie, sie haben schlechte Nachrichten: Der Anwalt hat Marta López versäumt mitzuteilen, dass ihr Antrag bereits im Mai 2019 abgelehnt wurde, jetzt bleiben ihr nur noch eine Handvoll Optionen, damit sie nicht ausgewiesen wird. Falls ihr jüngerer Bruder sich beim Militär verpflichten würde, könnte er die Mutter offiziell ins Land holen. Er hat darüber nachgedacht. Niemand in der Familie will ihm diese Bürde auferlegen.

Sie könnte einen Amerikaner heiraten, natürlich. Aber Marta López ist 54, sie ist zutiefst religiös, würde nur aus Liebe heiraten, sagt ihre Tochter. Eine andere Möglichkeit wäre, Gracies Tochter zu adoptieren. Sie ist zehn, in Amerika geboren und damit automatisch Staatsbürgerin. Allerdings müsste Gracie dann ihre elterliche Fürsorge ablegen, was weder Gracie noch Marta López wollen.

Vielleicht könnte sie nach Kalifornien ziehen, sagt Gracie, wo die Richter in Einwanderungsfragen als mildere Zeitgenossen gelten. Aber noch einmal umziehen, Freunde und Familie hinter sich lassen, jetzt, da sie gerade das Haus abbezahlt hat? Sie wissen nicht weiter.

Amerika, wer bin ich und wo kann ich sein?

Dann fängt Gracie an, ganz von vorne zu erzählen, von jener Nacht im Oktober 1989.

Gracie hing vorm Bauch ihrer Mutter, sie war erst vor Monaten auf die Welt gekommen, an der Hand hatte Marta López ihre älteste Tochter. Ihr Mann, Gracies Vater, war schon auf der anderen Seite, er hatte eine Arbeitserlaubnis. Mitten in der Nacht ging sie mit den zwei Kindern auf den Fluss in Nuevo Laredo zu. Wie es weiterging, weiß Gracie nicht. Sie weiß nur, wie es ausging: Sie lebte fortan in Amerika. Die restlichen Details kennt sie nicht. Nicht, weil sie zu klein war. Es ist ein ähnlicher Grund, aus dem so viele von uns nicht wissen, was unsere Väter und Großväter im Zweiten Weltkrieg getan haben. Die Frage tut weh, sie reißt alte Wunden auf.

»Für meine Mutter ist es sehr schwierig, das alles noch einmal zu durchleben. Sie spricht nicht darüber. Ich kann sie nicht einmal fragen, wie das damals war«, sagt Gracie. Sie weiß, dass sie unterernährt waren, dass ihre Tante schon in Amerika war, dass ihre Eltern sich ein besseres Leben in den USA erhofften, aber die Mutter nicht die richtigen Papiere hatte. Also wateten sie durch den Rio Grande, wenige Tage bevor in Berlin die Mauer fiel.

Ein paar Jahre wohnten sie in Laredo, »in einem Abstellraum, so einer Art Garage, dann zogen wir von Haus zu Haus«, wie Gracie López sagt. In der Schule hörte sie später Ausdrücke wie *wetbacks*, ein Schimpfwort für die, denen das Wasser bis zum Halse steht, wenn sie die amerikanische Grenze auf dem Flussweg überqueren. Erst als sie an der Universität eingeschrieben war, erzählte sie ihren Freunden, wie sie ins Land kam. In der Schule hielt sie still. Sie hatte keine Sozialversicherungsnummer. Ohne die kann man in Amerika noch nicht einmal einen Internetanschluss bekommen. »We were always living in the shadows«, sagt sie über diese Zeit.

Abgedrängt in eine Schattenwelt. Ihr Vater hatte keine feste Arbeit, schwang sich von einem Gelegenheitsjob zum anderen. 2003 trennten sich die Eltern. Er habe immer öfter zugelangt, sagt Gracie. Sie und ihre Geschwister hätte er nie angepackt, ihre Mutter habe er dagegen manchmal übel zugerichtet. Außer Schulden hinterließ er ihnen nichts, dafür hätten sie jetzt ihren Frieden. Na ja, nur fast. Da ist noch die Frage nach Marta López und ihrem Aufenthaltsstatus.

Kurz nach der Scheidung habe sie versucht, dieses Visum zu beantragen. Ohne Visum hält sie sich illegal im Land auf. Damals, hieß es, hätte sie nicht genug Beweise gegen ihren Ex-Mann. Der Antrag wird abgelehnt. Aber unter der Obama-Regierung hat das wohl niemanden weiter gestört. Marta López lebte ihr amerikanisches Leben weiter, ohne Ärger. Jahre später, unter Präsident Trump, will sie sichergehen, schickt den Antrag ein zweites Mal ab. Dann kommt der Brief mit den Fingerabdrücken in der Polizeiwache, anschließend die Gerichtsvorladung. Plötzlich steht sie wieder im Schatten der Gesellschaft.

Ihre Tochter hat mehr Gewissheit, aber nur ein bisschen. Im Juni 2012 verabschiedete Präsident Obama ein Dekret mit dem sperrigen Namen *Deferred Action for Childhood Arrivals*, kurz DACA. Kinder wie Gracie, die einst illegal nach Amerika kamen, durften sich ab sofort für das Programm bewerben, um eine Arbeitserlaubnis und einen aufgeschobenen (»deferred«) Abschiebestatus zu erlangen. Voraussetzung: eine bis auf die illegale Einreise saubere Akte. Im Juni 2013 bekam sie ihre Erlaubnis, heute arbeitet Gracie López in einer Bank.

Wer sich nichts zuschulden kommen ließ, konnte damit rechnen, nach zwei Jahren um zwei Jahre verlängert zu werden. Bis am 5. September 2017 die schlimmsten Befürchtungen der 700 000 DACA-Empfänger wahr wurden: Donald Trump kündigte an, das Programm auslaufen zu lassen.

Noch beschäftigen sich die Gerichte mit der Entscheidung des Präsidenten, aber für Gracie López laufen die Tage ab, eben bis ein letztgültiges Urteil gefällt wird. Vor Kurzem hat sie einen Strafzettel bekommen, sie war mit dem Auto zu schnell unterwegs zur Arbeit. Nur eine Kleinigkeit, sicherlich. Trotzdem ärgert sie sich, weil das eines Tages gegen sie verwendet werden könnte. Ihre große Schwester hat einen Amerikaner geheiratet, ihr Bruder ist in Laredo geboren, beide können sich im Land aufhalten, beliebig ein- und ausreisen. »Wir DACA-Kinder hängen in der Schwebe, wir sind weder Einwohner noch Bürger in diesem Land.«

Sie hatte einmal einen Ehemann, den Vater ihrer Tochter. Der ist Amerikaner, kommt aus New Orleans. Längst sind die beiden geschieden. Ihre Tochter kam in San Antonio zur Welt, sie ist Amerikanerin. Gracie fühlt sich nur so. Gracie López bleibt Mexikanerin, die sich noch in Amerika aufhalten darf.

Es gibt diese berühmte Rede von Ronald Reagan aus dem Dezember 1988. Seine Tage als Präsident waren nach zwei Amtszeiten gezählt, George W. H. Bush war bereits gewählt, da sprach er wie zum Abschied in seiner Weihnachtsansprache noch einmal darüber, was es heißt, Amerikaner zu sein.

»Amerika steht für etwas Einzigartiges auf dieser Welt«, sagte Reagan. »Vor nicht allzu langer Zeit bekam ich einen Brief von einem Mann, der schrieb: ›Man kann nach Japan gehen, um dort zu leben, aber man kann nicht Japaner werden. Man kann nach Frankreich gehen, um dort zu leben, und doch kein Franzose werden. Man kann nach Deutschland oder in die Türkei gehen, und man wird trotzdem nicht Deutscher oder Türke.‹ Aber dann fügte er hinzu: ›Ein jeder, egal aus welchem Winkel dieser Erde er stammt, kann nach Amerika kommen, um hier zu leben und Amerikaner zu werden …‹«[56]

Reagan erinnerte an die Werte, die die Gründerväter in die Verfassung geschrieben hatten. Er wollte verdeutlichen, dass man Amerikaner werden kann, wenn man sein Leben nach gewissen Prinzipien lebt.

Vom Oval Office aus sagt sich das als weißer, privilegierter Mann sehr leicht. Marta López' Gerichtstermin ist in drei Monaten. Gracie López' DACA-Status läuft im Januar 2021 aus, wenige Tage bevor in Washington der nächste Präsident oder die nächste Präsidentin vereidigt wird.

RING FREI

Wrestling gegen das Trauma.

San Antonio, Texas

Irgendwann im Frühjahr 2019 saß Dave Campos am Steuer seines schwarzen Ford Focus – einer dieser geräumigen Mittelklassewagen, die sicher auf der Straße liegen, bei einem Auffahrunfall mit einem Laster trotzdem aussehen wie zertretene Blechbüchsen –, als auf dem Weg von San Antonio nach Laredo sich die Natur wie eine Decke über das Auto warf. Der Sandsturm, in den Campos und John Brazier, der neben ihm auf dem Beifahrersitz saß, hineingeraten waren, dauerte nicht einmal zehn Sekunden. Wenn die Wüste allerdings aus dem Nichts das Licht ausknipst, können sich *weniger als zehn Sekunden* wie eine halbe Ewigkeit anfühlen. Campos und Brazier, die auf Autofahrten ohnehin nicht viel reden, die lieber Rockmusik oder Podcasts über Wrestling hören, sagten nichts, während sie durch die fauchende Wüste rasten wie durch einen Tunnel ohne Scheinwerfer. Sie erinnerten sich nur an eine Welt, die sich immer wieder vor ihrem inneren Auge aufbaut in Momenten wie diesem. Sie dachten an die Sandstürme im Irak, an den Krieg, an die Sprengfallen am Straßenrand, an den aufgewirbelten Staub nach dem krachenden *BOOM* einer dieser Bomben, an die Verwirrung im Inneren des Panzers, an genau diese wenigen Sekunden, die über Leben und Tod entscheiden.

Aus ihrer Zeit als Soldaten im Irak, und vor allem der Zeit danach, wussten sie, dass man sich auf niemanden verlassen kann und man, wenn es darauf ankommt, für sich selbst sorgen muss. Im Krieg hatten sie in solchen Situationen nicht angehalten, so wurde es ihnen beigebracht, zu riskant, zu gefährlich. Also behielt Dave Campos auch jetzt die Hände am Steuer, nahm bloß den Fuß etwas vom Gaspedal und wartete, bis – *drei, vier, fünf, sechs, sieben* – das Tageslicht wieder in ihren Wagen schien.

Ein halbes Jahr später sitzen die beiden Männer wieder nebeneinander, als sie diese Geschichte erzählen. Warmer Wind weht durch die *Hybrid School of Wrestling*, eine zu einem Trainingsraum umgebaute Lagerhalle ganz im Nordwesten von San Antonio. Vorne und auf der Rückseite stehen die Lastentore auf Durchzug, der den abgestandenen Turnhallengeruch nach draußen schickt im Austausch gegen frische, aufgeheizte Sommerluft. An der Wand fächern Ventilatoren, draußen in der Sonne flimmert der Asphalt, die Temperatur ist an diesem Nachmittag bis auf 36 Grad gestiegen.

Zu dritt hocken wir am Rand eines Training-Rings, die elastischen Seile im Rücken, unsere Beine hängen über der Kante, ohne den Boden zu berühren, wie bei Kleinkindern, die auf einem Erwachsenenstuhl Platz nehmen. Mir ist so heiß, dass jede meiner Bewegungen schweißtreibend ist, was ein bisschen peinlich wirken muss, weil die zwei neben mir vor ein paar Minuten oben auf diesen dünnen, leicht gepolsterten und mit Leinwandtuch überspannten Brettern hin- und hergeflitzt sind, sich in die Seile geworfen haben und in einem fein abgestimmten Tanz aufeinander zugerannt sind, ohne sich umzuwerfen – und fast ohne Schweißflecken auf ihren T-Shirts zu hinterlassen. Ich versuchte die Choreografie dieses Machoballetts genau zu studieren, die federleichten Schritte nachzuverfolgen, die im Kontrast zu der krassen Aufmachung und dem Lärm des Aufpralls stehen, und plötzlich wusste ich nicht mehr, wann ich zuletzt etwas so Kunstvolles gesehen hatte. Vielleicht vor ein paar Jahren, als ich in einem Freibad ein paar Elfjährigen und Zwölfjährigen dabei zusah, wie sie sich furchtlos vom Zehnmeterturm warfen und scheinbar einen Sommer lang nur für diese kurzen Augenblicke der Schwerelosigkeit lebten.

Eine Sehnsucht nach dem freien Fall steckt auch in dem, was John Brazier und Dave Campos hier machen.

Beide waren mit der US Army im Irak stationiert, Brazier 2011, Campos 2003, »gleich zum Anfang der Invasion«. Die Bilder nach dem *BOOM*, wenn der Staub sich legt und sie zu ihren Kameraden am Straßenrand eilten, sind sie nie losgeworden, bis heute nicht. Das Blut, die abgerissenen Gliedmaßen, die Schreie, das ganze Elend, zu dem wir Menschen bereit und imstande sind. Zurück in Amerika suchten sie nach einem Ventil, durch das all der Schrecken entweichen sollte, den sie auf ihren Touren im Kriegsgebiet aufgelesen hatten. Auf ihrem Findungspfad (zu dieser Zeit kannten sie sich noch nicht einmal) guckten beide in sehr, sehr, sehr, sehr viele Bierflaschen und merkten, dass auf deren Grund nichts zu finden war. Bis sie im Wrestling, diesem Sport und dieser (ja, Sie hören richtig) Kunst etwas fanden, das ihnen guttat: Sie konnten sich vergessen.

Den Gefallen tat ihnen der Alkohol selbstverständlich auch, aber im Ring passierte der Rausch ohne Reue und, viel wichtiger, ganz ohne zitternde Hände und Kater am nächsten Morgen.

Bevor ich nach Amerika zog, hatte ich kein Verhältnis zum Militär. Es interessierte mich nicht. Panzerlieferungen nach Saudi-Arabien? Warum beschäftigt man sich mit so etwas? Krieg fand ich dumm; nur verstand ich ihn auch nicht, warum er ausbrach oder andauerte, weil ich nie groß über ihn im Zusammenhang mit Hass, Macht, Religion, Besitz und Größenwahn nachgedacht hatte. Außer beim Zweiten Weltkrieg, den mein Geschichtslehrer damals sehr ausführlich mit uns durchnahm, außerdem hatte Guido Knopp etwa zur gleichen Zeit eine äußerst produktive Phase und wir zu Hause kein Kabelfernsehen. Hitler verstand ich irgendwie, das hieß, ich nahm auf, was er getan hatte, *kapierte* ihn aber null, und immer wenn ich ins Ausland in den Urlaub fuhr, musste ich mich obendrein für ihn rechtfertigen. Warum würde man sich bei dieser Truppe also freiwillig melden, besonders zu Kriegszeiten, zumal man ja gar keine Ahnung hat, ob man sich da den Gewinnern oder Verlierern anschließt, da der Richtwert fehlt und es im Gegensatz zum Fußball, den ich als Kind liebte, keine verlässlichen Statistiken vergangener Aufeinandertreffen gab. Im Geschichts- und selbst im Lateinunterricht (»333, bei Issos Keilerei«) war immer nur die Rede von »taktischen Finten«, »raffinierten Ablenkungsmanövern«, »aussichtslosen Hinterhalten in Unterzahl«, die dann doch gewonnen wurden, und als ob das nicht genug war, kam uns im Religionsunterricht Herr Kokoschka auch noch mit Davids Zwille um die Ecke, die wider Erwarten Goliaths Laterne ausschoss. Als ich mit 16 einen Brief von der Bundeswehr bekam, schrieb ich, dass ich noch etwas länger in Klassenzimmern sitzen wollen würde, um möglichst lang, mindestens bis zum Abitur, diesen Heldentaten zu lauschen, und meldete mich nie wieder.

In den Vereinigten Staaten, das stellte ich sehr schnell fest, herrscht ein anderes Verständnis für die Opferbereitschaft der Frauen und Männer, die sich zum Militär melden. Hier sah ich wildfremde Menschen an der Fußgängerampel auf einen herumstehenden, sich unterhaltenden Mann in Stiefel und tarnfarbener Uniform zukommen, bevor sie ihm einen Klaps auf die Schulter gaben, die ausgestreckte Hand hinhielten, ihm ein Lächeln mit dem Zusatz »Thank you for your service!« schenkten und einfach weitergingen. Hier sah ich, wie bei jedem Flug Soldaten nach den Business-, aber vor den Economy-Class-Trotteln ans Gate gebeten wurden. Und in Deutschland machen sie Witze über ein paar Benjamine, die in Uniform umsonst im WLANlosen-Zug nach Hause fahren. Hier traf ich einen Amerikaner, der mir einen Mutmachbrief von General Eisenhauer an seine Truppe zeigte, den sein Onkel aus der Normandie wieder mit nach Hause gebracht hatte, und als ich ihn fragte, ob er selbst gedient hatte, mir erzählte, dass er nicht nach Vietnam gemusst hatte (es gab eine Art Lotteriesystem und sein Jahrgang fiel durchs Raster), und auf meine Frage, ob er froh darüber gewesen sei, antwortete er: »Weißt du was, das ist eins der wenigen Dinge, die ich in meinem Leben bereut habe, damals nicht in Vietnam gewesen zu sein. Ich glaube, ich wäre schneller erwachsen geworden und hätte mich früher reifer verhalten als der junge Mann, der ich war.«

Er sagte das so, als ob das Militär die beste Schule des Lebens sei, während ich nur daran dachte, dass er im Krieg nicht schneller erwachsen geworden wäre, sondern womöglich bloß schneller tot. Aber wenn man in einem Land der Siegermächte aufwächst, das sich nicht mit kollektiver Schuld befasst oder befassen muss, und in dem Pflichtbewusstsein, Nationalstolz, und der Glaube, Gott an seiner zu Seite zu haben, zum Alltag gehören, kann man wahrscheinlich problemlos argumentieren, dass Krieg charakterbildend und nicht charakterzerstörend ist.

John Brazier war 21 oder 22, als er sich verpflichten ließ. So genau weiß er das nicht mehr, es war jedenfalls 2010, erzählt er an diesem Nachmittag in der *Hybrid School of Wrestling*. Nach der Grundausbildung flogen sie ihn im Februar 2011 mit Zwischenstopp Deutschland nach Kuwait. Vierzehn Tage später landete er im Irak. »Die Einheit vor Ort hat uns zwei Wochen lang gezeigt, wie es geht, und dann sind die nach Hause geflogen«, sagt er heute über den Moment, an dem ihm klar wird, dass er sich im Krieg befindet. »Von da an liegt es an dir.«

Seine Eltern ließen sich früh scheiden, da war er eins oder anderthalb, so genau weiß er das nicht mehr. Die Sommer verbrachte er oft in North Carolina bei seinem Vater. Der arbeitete auf dem Bau, und wenn er das nicht tat und Zeit mit seinem Sohn verbrachte, versuchte er, eine Karriere als Wrestler anzuschieben. Und wie baut man als Kind eine Verbindung zu einem Mann auf, den man selten sieht? Man fängt an, sich für die Dinge zu interessieren, die den Vater interessieren. Mit seiner Oma fuhr der kleine John den Auftritten von Papa Brazier hinterher. Nach seinem 16. Geburtstag lebte er nicht mehr nur den Sommer über, sondern für ein paar Jahre ganz bei seinem Vater in North Carolina. Der versprach ihm, einen Trainingsring im Hinterhof aufzubauen und dem Jungen ein paar Griffe und Kombinationen beizubringen. Aber nur, wenn die Noten stimmten. Also kam *lil' John* nach Hause, machte seine Hausaufgaben und stieg anschließend mit dem Vater in den Ring. Hin und her schwang er sich zwischen den Seilen, hinfallen, aufstehen, hinfallen, und am Ende immer wieder aufstehen.

Bis er einmal zu oft fiel. Nicht im Ring, sondern in der Schule, und zwar in Ungnade. Er hatte Mist gebaut, musste die Schule verlassen und zurück zu seiner Mutter. In Virginia machte er seinen Abschluss, holte danach die Miete mit »odd jobs« rein, wie er sagt, Gelegenheitsjob, ein bisschen hier, ein bisschen da. Bei der Armee meldete er sich, weil das Leben ihm Steine in den Weg warf. Der Kindheitstraum, Wrestler zu werden, ging nicht in Erfüllung, John Brazier wusste nicht, was er mit sich anfangen sollte. Er war geknickt. Vielleicht würde ihn ja das Militär wieder geradebiegen.

Der Irak, wo sie ihn hinschicken, ohne dass er es sich aussuchen kann, ist dann die Hölle auf Erden. »Ich war nervös, aber ich war jung, also dachte ich: Na ja, was soll's, wird schon schiefgehen.« Brazier hofft, dass man ihn dort zum Sanitäter ausbildet, was nicht passiert. Er wird Panzerfahrer, bewacht nachts das Flugfeld seines Stützpunkts und geht auf Patrouille in der umliegenden Stadt, wenn er tagsüber Dienst hat. Er redet nicht viel über die Dinge, die er gesehen hat, warum auch. »Haben die uns ausreichend darauf vorbereitet, da rüberzugehen und über den Haufen geschossen zu werden?«, sagt er. »Würde ich nicht sagen«, beantwortet er dann doch seine Frage, die gar keine Antwort gebraucht hatte, und lacht sarkastisch, weil er ja doch überlebt hat und heute weiß, dass das Militär alles andere als eine Schule des Lebens ist.

Als er nach zehn Monaten wieder nach Hause kommt, fallen sich um ihn herum Familien in die Arme. Auf ihn wartet niemand am Flugfeld in Texas. Seine Frau hat ihn verlassen. John Brazier muss die ersten zwei Wochen in der Kaserne übernachten; erst als der nächste Gehaltsscheck kommt, kann er sich ein neues Apartment leisten.

Das sei die schlimmste Zeit gewesen, sagt er, alles mit sich allein ausmachen zu müssen. Von da an sei es abwärtsgegangen, mit ihm und den Bildern vom Krieg in seinem Kopf.

Wie es darin aussieht, in diesen Köpfen, ist kaum vorstellbar. Und wenn man es trotzdem versucht und sich die Geschichten dieser Männer anhört, selbst oder gerade wenn man nichts für Krieg übrighat, trifft man auf ein Amerika, das nach einer Aufgabe und sich selbst sucht. Im Januar 2016 (ich war gerade drei Tage in den USA) flog ich von Washington nach Iowa, um über den Präsidentschaftswahlkampf zu berichten. Neben mir saß ein Mann aus Des Moines, unserem Zielflughafen. Wir kamen ins Gespräch, ich erzählte ihm, dass jetzt und hier mein amerikanisches Abenteuer losgehe, weil ich von nun an über Politik, die Wahlen, Hillary Clinton, Bernie Sanders, Jeb Bush und Donald Trump berichten würde, aber hier noch etwas orientierungslos sei. Unter uns zogen Flüsse, Wälder und schneebedeckte Ackerfelder vorbei, und der Mann erklärte mir Iowas Eigenheiten, den Unterschied zwischen George W. Bush und seinem jüngeren Bruder Jeb, und irgendwann sagte er: »Wenn du Amerika verstehen willst, musst du auch das Militär verstehen.«

Ich dachte mir nicht viel dabei, kannte ja Hollywood-Filme und wusste, dass Aliens die Erde ausnahmslos immer zuerst in den USA angreifen, ein starkes Militär also nicht unwichtig war, und im Studium hatten wir über *American exceptionalism* gesprochen, diese zuerst einmal prahlerisch anmutende Idee, dass Amerika ein besonderes Verhältnis zur Freiheit und ihrer Verteidigung hat, weshalb das Land die Welt zumindest moralisch anführen sollte. Weltpolizei nennt man das in Deutschland etwas verächtlich. Ob diese Rolle unter Präsident Trump eine andere geworden ist und sich in ihren Grundzügen verändert hat, wird sich wahrscheinlich erst in ein paar Jahren zeigen, schließlich ist mit dem Begriff *American exceptionalism* ein nationales Wertegerüst gemeint, das sich nicht einfach von einem Präsidenten umstoßen lässt. Was jedoch sicher scheint, ist die Tatsache, dass der militärische Pfeiler dieses Konstrukts auf dem Rücken von Frauen und Männern wie John Brazier und Dave Campos steht. Wenn Amerika noch etwas besser kann, als Helden zu verehren, dann ist es, Verlierer zu vergessen.

Laut einer der aktuellsten Studien aus den Jahren 2016 im Auftrag des *U.S. Department of Veterans Affairs* nehmen sich in Amerika täglich etwa 20 Veteranen das Leben.[57] Selbst wenn die Familie am Flugfeld wartet, ist die Rückkehr in den Alltag schwierig genug. Es ist eine seltsame Frage, man kann sie trotzdem stellen: Was ist ein Soldat ohne Krieg? Was kommt danach?

Für John Brazier war es das Wrestling. Das merkte er nicht sofort, weil er in den verlorenen Jahren nach dem Krieg zwar oft doppelt, aber selten klar sah, wie ein neues Leben zurück in Amerika aussehen könnte. 2016 traf er bei einer Veranstaltung auf den Mann, der an diesem heißen Nachmittag in der Trainingshalle auch hier am Ring hätte sitzen sollen: Jan Ohrstrom.

Keine Sorge, Ohrstrom ist wohlauf, dafür ist seine Tochter krank, kurz vor unserem Termin lässt er sich entschuldigen, wir telefonieren anschließend. Jedenfalls lernten sich die beiden,

Ohrstrom und Brazier, bei einem Wrestlingmatch kennen, und merkten, dass sie eine ähnliche Odyssee verbindet: Der 11. September hatte den *American exceptionalism* gerade auf die härteste Probe seiner jüngsten Geschichte gestellt, als Ohrstrom sich 2002 bei der Armee einschrieb, um den plötzlich so verwundbaren Vereinigten Staaten zu dienen. Im Februar 2004 wurde er mit seiner Einheit nach Baidschi ausgeflogen. Er blieb 13 Monate im Irak. Die schlimmsten Momente nahm er mit nach Hause wie ein unheilbringendes Souvenir.

Diese Erinnerungen (»Ich bin nicht damit klargekommen, den Kindern, Männern und Frauen, die vor mir in Stücke gerissen wurden«) versuchte er wie Brazier in Alkohol zu ertränken. Bei seiner abschließenden Entlassungsuntersuchung wurde (wie bei Brazier) eine posttraumatische Störung festgestellt. Bevor er seinen Spind in der Kaserne ausräumte, gab ihm sein Vorgesetzter noch einen guten Rat mit für die Zeit danach: »Don't hit your wife, don't kick your dog, and don't get arrested.«

Das *U.S. Department of Veterans Affairs,* wo Ohrstrom sich für Hilfe wegen des Traumas melden sollte, wollte es sich leicht machen, glaubt er. »Die drehten mir ständig diese Pillen an, schwerste Anti-Depressiva. Aber ich wollte nicht zu Hause vor den Augen meiner Tochter wie ein ruhiggestellter Zombie rumsitzen.« Also hörte er auf, zu den Sitzungen zu gehen, und saß stattdessen wie ein betrunkener Zombie zu Hause rum. 20 Bier habe er am Tag aufgemacht, sagt er. »Ich war kein schlechter Mensch, bloß unglaublich traurig.«

Ein paar Wochen nach meinen Gesprächen mit John Brazier, Dave Campos und Jan Ohrstrom, veröffentlicht Lana Del Rey, die Königin der Millennial-Internet-Melancholie, ein neues Album. Es trägt den Namen »Norman Fucking Rockwell!«, benannt nach dem Maler, der in seinen Bildern ein Amerika festhielt, das eine Zeit lang unantastbar wirkte. Rockwells USA waren ganz bei sich, Del Reys modernes Update blickt auf eine

Nation, in der die Armee für das Land, aber zugleich jeder Bürger für sich kämpft. Erst als ich die exzellente Rezension von Jenn Pelly zum Album auf *pitchfork* las, fand ich den richtigen Begriff für das, womit *America's fucking Soldaten* ringen, wenn sie zurückkehren. »Sie singt Geschichten von heiß geliebten Barkeepern und gebrochenen Männern«, schreibt Pelly in ihrem Text über Del Reys Songwriting, »von schnellen Autos und allen Gefühlen, von Freiheit und Wandel« und von »... *the wreckage of being alive*«.[58]

Wie navigiert man durch dieses Trümmerfeld des eigenen Ichs, wenn man überlebt hat und sich als Dank im Alltagsamerika zerreiben muss, in und an einer Gesellschaft, die nach der Wahl 2016 endgültig in zwei Lager gespalten ist?

Jan Ohrstrom hatte da eine Idee. Er wusste, dass er wieder eine Mission brauchte, nichts Militärisches, vielmehr etwas Menschliches. Erst vertraute er sich John Brazier an, dann Eddie Wittern, einem weiteren Veteran, der seit seinem Einsatz im Krieg ebenfalls unter einer posttraumatischen Störung leidet. Als Jugendlicher hatte Ohrstrom (wie Brazier) davon geträumt, Wrestler zu werden. Er hatte sein Leben inzwischen wieder in den Griff bekommen, obwohl er sagt, dass ihn die Bilder aus dem Irak bis ans Ende verfolgen werden, und er hatte gemerkt, dass Wrestling ihm guttat: Ohrstrom hörte auf zu trinken, ging mehrmals die Woche trainieren, aß gesünder und bewusster. Der Sport verlangte ihm Disziplin und Routine ab. Könnte das nicht auch anderen Veteranen helfen, fragte er sich.

Er tauschte sich mit Brazier und Wittern aus, sie erzählten sich ihre Ängste, sprachen über ihre Trigger, also jene Impulse, die sie wie der Sandsturm im Auto an den Irak denken ließen und gründeten daraufhin etwas, das sie den *Valhalla Club* nennen. Die Idee des Klubs ist denkbar einfach: Zu dritt treten sie als Wrestling-Gruppe auf, reden mit ihrem Publikum anschließend über ihre Erfahrung im Krieg, und wer will und ein ähnliches Schicksal hat, kann sich gern dem *Valhalla Club* zugehörig fühlen, nur einen Mitgliedsausweis, den gibt es nicht. »Der Valhalla Club ist für alle, die jeden Tag mit ihren Dämonen kämpfen und nicht aufgeben«, sagt Ohrstrom. *The wreckage of being alive.* Es fühle sich wie ein Volksstamm an, sagt er, eine Gruppe von Männern und Frauen, die durch die Hölle gegangen seien und trotzdem weitergemacht hätten. In der nordischen Mythologie ist Valhalla bekanntlich eine Art Ruhestätte für Krieger, die zwar ihre letzte Schlacht verloren, aber im Kampf erhobenen Hauptes ihr Leben gelassen haben.

Klingt düster, was okay ist, Wrestling ist ja keine Erfindung von Walt Disney, aber was der Name *Valhalla Club* vor allem bedeutet: Ein paar von diesen Frauen und Männern haben schon mal an die prächtigen Tore dieser Halle geklopft, um im letzten Moment doch noch im Hier und Jetzt zu bleiben. Und genau an dieser Stelle kommt Dave Campos ins Spiel.

Er hat seine eigene Irak-Geschichte. Ein Jahr nach dem Schulabschluss, mit 19, meldet er sich bei der Armee. Zwei Jahre später, im Frühjahr 2003, marschieren die USA im Irak ein, Campos ist Sanitäter, er versorgt die, die noch zu retten sind. Als Junge hat er viel Mist gebaut, obwohl er in einer liebevollen Familie aufwächst. Seine Mutter, sagt er, habe ihn wohl erzogen, ein Teil seiner Familie stammt aus Mexiko, die Familienbande sei bei Latinos sehr eng und fürsorglich, aber er sei halt ein *bad kid* aus dem Süden von San Antonio gewesen. Auch er meldet sich bei der Armee in der Hoffnung, ein bisschen was fürs Leben mitzunehmen. Aus dem *bad kid* soll ein *good boy* werden. Stattdessen bricht ihn der Krieg, den er im Namen eines Volkes kämpft, das Soldaten zwar den Vortritt am Flugsteig lässt, ihre anschließenden Schicksale jedoch lieber ignoriert wie Gepäck auf dem falschen Kofferband.

Im November 2018, an seinem 37. Geburtstag, geht er zu einem Wrestling-Event. Ein gemeinsamer Freund stellt ihm John Brazier vor. Der 1,85 Meter große Campos schüttelt dem 1,71 Meter kleinen Brazier die Hand, die beiden bauen auf Anhieb eine Verbindung auf. Bei ihrem zweiten Treffen sagt Campos zu ihm, dass er – sollte er je einen Fahrer brauchen – sich bei ihm melden könne. Ein paar Wochen später fährt er Brazier zu einem Kampf, für den er gebucht ist. Heute, in der stickig-heißen Trainingshalle in San Antonio, sagt er über seinen Protegé: »Dave gehört zur Familie.«

Er ist so etwas wie Braziers eigenes, kleines Projekt, abseits vom *Valhalla Club*. Auf einer ihrer langen Autofahrten im Winter 2018 fragt Dave Campos in die Stille hinein, ob er ihn trainieren würde. So enthusiastisch wie Brazier die Geschichte erzählt, klingt es, als ob er nur darauf gewartet hätte, jemandem zu zeigen, wie man fällt und wieder aufsteht.

Seit sie zusammen Gewichte stemmen, joggen gehen und in den Ring gestiegen sind, hat Campos, der Mann mit dem buschigen Schnauzbart, ganze 17 Kilo verloren. Brazier hat ihm ein paar Matches besorgt, manchmal treten sie auch zusammen auf, dann gibt Campos in Lederjacke den Bodyguard für Braziers Sexprotz-Persona Mr Studtacular.

Seit er fünf ist, liebt Campos Wrestling und die Show drum herum. 1999 probiert er es zum ersten Mal, Wrestler zu werden, aber er ist zu jung, hat Flausen im Kopf. 2006, nach seiner Zeit in der Armee, nimmt er einen zweiten Anlauf. Damals hat er ... er schüttelt den Kopf und sagt dann nur: »Alcohol ruined my life.«

Der Krieg hat Campos traumatisiert. »Ich war nicht ganz doof, hab bei den Einstufungstests sehr gut abgeschnitten und durfte mir aussuchen, wo ich hingehe. Ich dachte, wenn ich Sanitäter werde, kann ich einfach im Krankenhaus arbeiten.« Das tat er auch, anfangs, bis 2002 die staubigen Straßen im Irak zu seinem Krankenhaus wurden. Die Bilder von damals hat er nie abgeschüttelt. Nachts wacht er auf, schweißgebadet. Mehr als einmal denkt er an Suizid. Er sagt das vor mir nicht so, er spricht davon, als ob es ein Ort wäre, an den man seine innersten Gefühle stationiert:»... that dark place.«

Im Irak rückte er im Panzer aus, um die verwundeten Soldaten und Passanten zu versorgen. Der Krieg hat ihn traumatisiert, ja, und er hat ihm beigebracht, misstrauisch zu sein.»Die haben die Sprengfallen in tote Tiere am Straßenrand gepackt, oder in Müllbeutel oder Verpackungskarton.« Noch heute durchfährt es ihn, wenn er im Auto sitzend am Wegesrand etwas rumliegen sieht.»Es ist egal, wie oft ich mir sage: *das ist schon nichts, das ist schon nichts* ... ich muss dann sofort die Spur wechseln.«

Während er von einem Heimaturlaub erzählt, überlege ich kurz, wie seltsam das eigentlich ist, wenn man mal einen Moment länger darüber nachdenkt: *im Krieg Leben retten.* Wie ehrenvoll und wichtig es ist, als Sanitäter zu arbeiten, und wie komisch, dafür ausgerechnet in den Krieg zu ziehen. Als ob man sich extra zum Schlachter ausbilden lässt, um in einer Wurstfabrik den Kollegen von vegetarischen Rezepten vorschwärmen zu können.

Ich frage ihn, ob er immer noch als Sanitäter arbeitet. Aber Campos verneint nur und sagt, für den Beruf sei er für immer verloren:»Ich kann nicht mehr als Sanitäter arbeiten, leider. Das hat mir viele Türen verschlossen. Sobald es ums Krankenhaus und Erste Hilfe geht, zucke ich sofort zusammen.«

Verständlich. Nie hätte ich erraten, was dieser Hüne mit seiner zurückhaltenden Art, der Geschichten von mit Sprengstoff ausgestopftem Straßenaas erzählt und an Wochenenden andere Männer kontrolliert im Ring vermöbelt, um den ganzen Mist aus dem Irak mal für ein paar Minuten zu vergessen, heute beruflich macht. Ist er Türsteher? Quatsch. Koch vielleicht? Auch nicht. Na gut, Kindergärtner? Nein, Dave Campos ist *dating consultant* für die Webseite match.com. Er erklärt Menschen, wie sie beim

Flirten richtig vorgehen und online ihre Schokoladenseite präsentieren. Okay, Moment. Wir sitzen in dieser aufgeheizten Halle, die zwei Veteranen erzählen mir von Leben und Tod, von Ängsten und Albträumen, von Valhalla und tapferen Kriegern, und dann kommt raus: Dieser beinah schüchterne Typ stiftet hauptberuflich ... Liebe?

Das ist natürlich so absurd und lustig, schön vor allem, dass wir drei jetzt alle lachen müssen. Der ehemalige Sanitäter verarztet Singles. Besser kann man anderen Menschen ja gar nicht helfen.

Wer sich in seinem Leben ein bisschen mit Wrestling beschäftigt hat, dem wird das Kasperletheaterhafte daran nicht entgangen sein. Während die Choreografie unglaublich raffiniert sein kann, ist die Theatralik dieses Schauspiels in ihrer unterkomplexen Handlung oft kaum zu fassen.

Stehen sich zwei Wrestler im Ring gegenüber, ist einer das sogenannte *babyface* (kurz auch: *face)*, der ehrliche, rechtschaffene, oft patriotische Held, der auf die Gunst des Publikums aus ist und gegen den *heel*, den Bösewicht in diesem Stück, antritt. Mit diesem einfachen Konzept, Gut gegen Böse, das naturgemäß ein paar irre *plot twists* zulässt, generierte die World Wrestling Entertainment Inc. (WWE), die größte professionelle Wrestling-Liga der Welt, 2018 einen Umsatz von 930 Millionen Dollar. Und wo trashige Unterhaltung, Macho-Gehabe, Show und Geld im Spiel sind, war Donald Trump in den 80er-Jahren bekanntlich nicht weit. 1988 und 1989 hielt die WWE ihr jährliches *WrestleMania*-Spektakel in einer Halle neben dem Trump Plaza ab, Donald Trumps Casino-Hotel in Atlantic City, das später pleite ging. 2013 wurde Trump in die »Hall of Fame« der WWE aufgenommen.

Schaut man heute den Präsidenten und noch viel mehr den Wahlkämpfer Trump an, würde man mutmaßen, dass seine

Gastauftritte bei der WWE das Feuer waren, das den Politiker Trump geschmiedet hat. Beim sogenannten »Battle of the Billionaires« gab Trump 2007 den großzügigen Milliardär-*babyface*, ließ 100-Dollar-Scheine auf das johlende Publikum regnen und sich im Ring von einem Profi-Wrestler namens Umaga vertreten. (UMAGA, hm. UMAGA? U Make America Great Again? Amerika ... Zufälle gibt's.)

Diese laute, brutale, gnadenlose Prahlhans-Welt, in der schmutzige Tricks zur Show gehören, klingt wie Trumps politische Realität, bloß mit vertauschten Rollen: Heute gibt er den perfekten *heel*, macht Freunde wie Feinde verbal oder auf Twitter platt und riskiert eine dicke Lippe, wenn es um seine Errungenschaften geht. Wen interessiert's, ob die Zahl hinter und vorm Komma stimmt – *it's a good show!* Als *heel* ist es okay, zu manipulieren, unsauber zu arbeiten und sich zum Sieg zu schummeln, weil man eh nur eine einzige Aufgabe hat: das Publikum anzustacheln.

Als ich John Brazier und Dave Campos in der Trainingshalle nach dem berühmt-berüchtigten Wrestling-Fan Donald Trump frage, der sich per Attest übrigens vom Militärdienst drückte, werden die Männer auffallend einsilbig. Nicht, weil sie glühende Anhänger sind und sich nicht äußern wollen, eher bekomme ich das Gefühl, dass das Gegenteil der Fall ist. Ihr Trauma, die Alkoholabstürze, in Stücke gerissene Kameraden, *the dark place*, über all das reden sie stundenlang. Bei Politik kommen sie ins Stocken, sie gucken zu Boden wie schüchterne Kinder, wenn sie antworten. Und dann merke ich: Politik, Trump, die Medien, der ganze Zirkus in Washington, das hat alles zwar irgendwie auch mit Militär, dem Irak und ihrem Schicksal zu tun – für die traumatisierten Soldaten jedoch null Komma null.

Gucken sie nach ihrer Zeit in der Armee anders auf Amerika, nach all dem, was sie gesehen haben?

»Ich liebe dieses Land. Wir tun großartige Dinge, aber man kann nichts Gutes tun, ohne etwas Schlechtes zu tun. Ohne diese Balance geht es nicht«, sagt Dave Campos schließlich. Er klingt, als ob er eine klare Meinung hat, sie aber lieber für sich behält. »Wie überall im Leben muss man sich bloß manchmal ganz genau überlegen, welche Kämpfe man austrägt und welche nicht.« Er macht, wie ein guter Performer, eine kleine Kunstpause. »Nicht jeder Kampf ist dein Kampf«, sagt er und schaut zu John Brazier rüber, damit der endlich etwas sagt.

Der ziert sich, will nicht so richtig auf die Frage eingehen, wiegelt ab. Ich warte einen Moment – *zwei, drei, vier, fünf* –, bis er selbst die peinliche Stille bricht: »Wir haben so viele obdachlose Veteranen, wir haben genug brutale Polizisten, aber anstatt uns darum zu kümmern, treiben wir uns in anderen Ländern herum. Aus welchen Gründen? Attackieren die unser Land? Falls nicht, sollten wir uns erst einmal um die Menschen hier kümmern.«

Klingt irgendwie nach einem klügeren *America first*, Augenblick, John Brazier ist noch nicht fertig.

»Ich rede nicht gern über Politik, die sozialen Medien sind voll davon, ich habe wer weiß wie viele Freunde verloren durch irgendwelche Streitigkeiten in den Kommentarspalten. Ich habe aber auch jede Menge anderer Freunde, die aus den unterschiedlichsten Verhältnissen stammen, ein paar sind Afro-Amerikaner, andere sind Latinos, die müssen sich mit Rassismus rumschlagen; ich habe Freunde, die homosexuell sind, die müssen irgendwie mit dem Hass klarkommen, der ihnen entgegenschlägt. Ich bin doch nur ein normaler Mensch, ich bin sensibel wie jeder andere. Wenn einer meiner Freunde sich durch so etwas verletzt fühlt, verletzt auch mich das, und ich habe nicht das Gefühl, dass Trump das in irgendeiner Weise interessiert. *This is America*; kümmer dich um Amerika, um dein Volk, das sind deine Leute, ganz egal, ob die schwarz, braun, weiß, gelb, lila oder blau sind, ob die Männer und Frauen mögen, oder nur Männer, oder nur Frauen, ist doch scheißegal. Das ist dein Volk, das sind Amerikaner, kümmer dich gefälligst um sie ...«

Wow. Das kam unerwartet. Falls Außerirdische mit orange-farbener Haut und kleinen Händen doch eines Tages die USA angreifen sollten, könnte man John Brazier problemlos die emotionale Hollywood-Rede kurz vorm Vergeltungsschlag der *U.S. Army* halten lassen.

Wir sitzen da, der heiße Nachmittag hat sich hingezogen, zwei Stunden sind vergangen und ich denke: was für irre Typen. Nach wie vor ist es mir ein Rätsel, wie man sein Land so sehr lieben kann, um sich freiwillig für einen Kampfeinsatz zu melden. Wenn überhaupt, dann hat sich meine Abneigung gegenüber Krieg und dem Militär noch verschlimmert, jetzt da ich dank John Brazier und Dave Campos ein paar der blutigen Details kenne. Es stimmt, wir haben nicht über die Iraker und Irakerinnen gesprochen, die unschuldig starben. Wir haben nicht über die Massenvernichtungswaffen geredet, die niemand fand. Ich wollte von ihnen bloß wissen, wie es ist, in den Abgrund zu blicken, im Irak und nach ihrer Rückkehr in den des eigenen Ichs.

Wie das ist, werde ich wohl nie ganz verstehen. Ich weiß bloß, dass sie etwas für sich gefunden haben, das sie für ein paar Minuten glücklich macht. Sie helfen sich gegenseitig und anderen. Sie haben ihren Kopf hingehalten, viele ihrer Kameraden sind früh gestorben. Sie haben überlebt, sie wollen alt werden. Wie die Politik die Welt lenkt, ist im Großen und Ganzen für sie unerheblich. Sie haben dringendere Sorgen. Sie haben genug Scheiße gefressen. Sie haben es sich verdient, ihre Kämpfe von nun an selbst auszusuchen.

KAPITEL 9 – SEPTEMBER 2019
ZWEI MÜTTER

Über die dramatischen Auswirkungen der Opiumkrise.
Fairmont, West Virginia

Am 6. November 2016, dem Tag, an dem der kleine Gabriel geboren wird, kann Monica Allen nicht aufhören zu weinen. Sie weint nicht vor Glück, sondern weil sie vor ein paar Tagen ein Kind verloren hat. Nur im übertragenen Sinne, aber es fühlt sich wie ein echter Verlust an. Ende Oktober hat sie mit ihrem Ehemann Craig einen Säugling adoptieren wollen, sie bekommen eine Zusage, dann entscheidet die leibliche Mutter sich plötzlich um: Sie will das Kind behalten.

Monica Allen weint und weint und weint, geht spazieren, geht in die Kirche und betet. Wenig hilft, zu groß ist der Schmerz, das Baby doch nicht in den Armen halten zu können. Am nächsten Tag, am 7. November, weint sie immer noch, und gleichzeitig ist sie besorgt, dass Donald Trump vielleicht nicht die Präsidentschaftswahl gewinnen würde. Am 8. November, als sie ihre Stimme für ihn abgegeben hat, bekommt sie einen Anruf: »Monica, wir haben einen Sohn für Sie!«

Im Norden vom Bundesstaat West Virginia, fast an der Grenze zu Pennsylvania, ziehen grüne Bäume und Sträucher am Autofenster vorbei, ein Bach läuft parallel zur Fahrbahn, die Straße hebt und senkt sich, irgendwo hinter einer Kurve und dem dichten Wald kann man ein paar amerikanische Leichtbauhäuser erkennen, ein Stück weiter zwei Wohnwagencontainer. Sieht idyllisch aus, denke ich, könnte auch das Weserbergland sein. Links neben mir am Steuer sitzt Brenda Pizatella. Sie zeigt mir die Gegend, fährt mit mir durch die Orte, die nach Töchtern von Bergbaubaronen benannt wurden. Sie ist hier aufgewachsen. Vor ein paar Wochen am Telefon hatte sie gesagt: »Oh, it's bad.« Sie sprach nicht von ihrer Heimat, sie meinte das, was Amerika seit einigen Jahren wie eine Seuche überrannt hat: die Opiumkrise. Manchmal fielen Menschen einfach in der Straße um, sagte Brenda, am helllichten Tag. Überdosis.

Was wie ein Horrorfilm klingt, ist seit Jahren bittere Realität im ganzen Land:[59] insgesamt 700 000 Überdosistote zwischen 1999 und 2017 zählt die US-Behörde *Centers for Disease Control and Prevention*, die dem Gesundheitsministerium unterstellt ist. Von den 70 200 Drogentoten im Jahr 2017 starben fast 70 Prozent im Zusammenhang mit Opium-Missbrauch.[60] Die Epidemie fing mit Schmerzmitteln auf Opium-Basis an, die Ärzte Ende der 90er-, Anfang der 2000er-Jahre vermehrt verschrieben. Ganze Städte wurden mit diesen Pillen geflutet. In die 3000-Einwohner-Gemeinde Williamson im Süden von West Virginia lieferte die Pharma-Industrie zwischen 2008 und 2018 beispielsweise fast 21 Millionen Schmerztabletten.[61] Rund 7000 Pillen pro Einwohner. Von diesen teuren, hochgradig süchtig machenden Medikamenten fällt der Abstieg ins Reich der Untoten nicht schwer: Die preiswerten Alternativen auf der Suche nach dem nächsten High heißen Heroin und Crystal Meth. Mittlerweile schießen sich die Menschen mit synthetischen Opioiden wie Fentanyl oder Tramadol das Funkeln aus den Augen.[62]

»Oh, it's bad.«

Brenda Pizatella hat den Niedergang mit eigenen Augen gesehen. Seit 42 Jahren arbeitet sie an einem kleinen Krankenhaus in Fairmont, West Virginia. An der Universität ließ sie sich zur Sozialarbeiterin ausbilden. Als sie 1977 anfing, musste sie sich im Krankenhaus um alle möglichen Fälle kümmern, Alkohol- und Drogenpatienten, Altenpflege, Adoptionen. »Ich war 26, hatte keine Ahnung, dachte aber, ich wüsste alles«, sagt sie im Auto, während wir durch die grüne Landschaft kurven. Dass ich Brenda besuchte, lag an ihrer Tochter Rachel.

Rachel und ich lernten uns vor ein paar Jahren über meine Freundin Caitlin in Kalifornien kennen. Die beiden studierten zusammen in Berkeley. Mit mehreren Leuten verbrachten wir im Sommer 2019 ein Wochenende am Fluss. Wir saßen auf einem Steg, trockneten in der Sonne unsere nassen Badesachen und ich erzählte in der Runde, dass ich ein Buch über Amerika schreiben und dass auch die Opiumkrise darin vorkommen würde. »Irre, was da passiert«, sagte Rachel damals über die Geschichten ihrer Mutter. Aha, fragte ich, was zum Beispiel? Der Betrag, der in der Jahresplanung des Krankenhauses für Bestattungen von Menschen ohne Angehörige vorgesehen ist, sei bereits nach ein paar Monaten erschöpft gewesen, weil so viele Obdachlose an einer Überdosis gestorben waren, sagte Rachel. Wäre das nicht ein gutes Thema? »Das kleine Kreiskrankenhaus, das die Krise zu stemmen versucht.« Ich fragte Rachel nach der Nummer ihrer Mutter.

Ein paar Tage später am Telefon merkte ich, dass *die Geschichte* vielleicht doch eine andere sein müsste. Brenda hatte von West Virginia, dem Krankenhaus und der Opiumkrise gesprochen, irgendwann fingen wir an, über sie und ihr Leben zu plaudern. Sie machte Witze über ihre italienische Erziehung, wir lachten über die Klischees des zurückgebliebenen Hinterwäldlers aus West Virginia und welche davon stimmten, bis sie in einem kurzen Satz einen Nebenjob erwähnte, von dem ich bis dahin nichts wusste.

»Ich helfe Kindern, die zur Adoption freigegeben wurden, ein neues Zuhause zu finden«, sagte sie damals am Telefon.

Jetzt, im Auto auf dem Weg zu ihrem Büro im Krankenhaus, sagt sie, dass in den vergangenen Jahren immer öfter Fälle dazugekommen seien, bei denen die Großeltern ihre Enkel adoptieren, weil die Eltern, von der Sucht zerfressen, selbst wieder zu Kindern werden: orientierungslos und hilfsbedürftig. Die Opiumkrise ist kein vorübergehender Jugendtrend, der ein paar Zehntausend Pubertierende vom rechten Pfad abgebracht hat, so viel ist klar. Diese Drogen haben das Nervensystem der Gesellschaft erreicht: die Familie. Die Abhängigkeit und ihre Folgen ziehen sich durch Amerikas Stammbäume, von Jung bis Alt.

Bevor wir auf den Parkplatz vorm Krankenhaus einbiegen, erzählt Brenda, wie sie zum ersten Mal merkte, dass etwas in West Virginia nicht stimmt: Ende der 90er-Jahre besuchte sie einen alten Mann, der an Krebs litt. Es ging ihm nicht gut, er hatte starke Schmerzen. Sie saßen auf seiner Veranda und unterhielten sich. Plötzlich horchte Brenda auf, der Mann erzählte etwas, das sie stutzig machte. Er sagte, er habe sich einen Safe angeschafft. »Warum haben Sie sich denn einen Safe besorgt?«, fragte sie den Mann, der auf nicht viel mehr als seinen Tod wartete. »Nicht für mein Geld. Der ist für meine Medizin.« Er war mehrfach bestohlen worden, sagte er. »Die sind hinter meinen Schmerztabletten her.«

In Brendas Krankenhaus erzählt mir eine der Schwestern, dass heute Junkies in der Lokalzeitung die Todesanzeigen scannen, um in die Häuser und Wohnungen der Toten einzusteigen. Manchmal liegen noch ein paar Schmerzmittel rum, bevor die Verwandten ausmisten. Das Problem der Opiumkrise, sagt Brenda, sei noch viel weitreichender als die meisten ahnten.

Nachdem Monica Allen nach ihrer gescheiterten Adoption im Oktober am Tag der Präsidentschaftswahl den Anruf bekommt, dass man einen Sohn für sie gefunden hat, nimmt sie am nächsten Tag einen Flug nach Colorado, wo der kleine Gabriel geboren wurde und auf sie wartet. Dieses Mal wird es gut gehen, das weiß sie. Sie hat drei Adoptionsversuche hinter sich, die alle scheiterten. Dieses Mal fühlte es sich richtig an, sagt sie heute über den Anruf. Dass das Telefonat am Tag kommt, an dem Trump gegen Hillary Clinton die Präsidentschaftswahl gewinnt, nennt sie einen »glücklichen Zufall«. Am 9. November 2016, am Morgen danach, als Amerika und Trump nicht so recht wissen, wie ihnen geschehen ist, weiß Monica Allen: es klappt, die leibliche Mutter hat die Papiere unterschrieben. Der Adoption steht nichts mehr im Wege.

Der kleine Junge, dem die leibliche Mutter direkt nach der Geburt einen amerikanischen Allerweltsnamen gibt, bevor Monica und Craig Allen ihn ein paar Tage später auf den biblischen Namen Gabriel taufen, ist zierlich. Er wiegt gerade einmal 2 kg, ist 40 cm groß. Er wird einen Helm tragen müssen, die Lage in der Gebärmutter hat seinen Kopf verformt, und er wird wachsen müssen. Über die Placenta hat er nicht die Nährstoffe bekommen, die er braucht. Monica Allen hält ihn im Arm, sie sieht seine fleckig-ädrige Haut. Für sie sieht er wunderschön aus. Er hätte lila sein können, sagt sie, es wäre ihr egal gewesen. Endlich hat sie Grund, vor Glück zu weinen.

Die diensthabende Krankenschwester sagt ihr, noch während Monica ihn auf dem Arm hat: »Ich erzähle Ihnen mal kurz, was alles nicht mit ihm stimmt …«

Drei Tage sind nach der Geburt vergangen. Im Blut der Mutter befinden sich Heroin, Meth, Cannabis und Alkohol. »Die Krankenschwester hat mich angesehen, als ob sie sagen wollte: Wollen Sie ihn trotzdem?«, erzählt Monica Allen heute vom Moment ihrer ersten Begegnung mit ihrem neuen Sohn. »Sie hat diesen perfekten Augenblick für mich komplett ruiniert.«

Monicas Mann Craig fährt von West Virginia mit ihren beiden leiblichen Kindern im Auto hinterher. Die reine Fahrtzeit beträgt fast 30 Stunden. Das geht in Ordnung, in der Schule vermisst die zwei niemand, die Kinder werden zu Hause von Monica unterrichtet. Ihr Wohnzimmer ist ihr Klassenzimmer.

Nach der letzten von drei gescheiterten Adoptionen im Oktober 2016 ist die vierköpfige Familie so am Boden zerstört, dass sie das einzig Vernünftige macht, um die Stimmung aufzuhellen: Sie fährt vom Krankenhaus geradewegs nach Disneyland. Dieses Mal bleiben sie mit dem kleinen Gabriel noch vor Ort. Über die Adoptionsagentur, die den Allens Gabriel vermittelt hat, heißt es: Die leibliche Mutter möchte ihren Sohn sehen.

»Ich bin hier geboren und aufgewachsen. Meine Eltern sind hier geboren und gestorben«, sagt Brenda Pizatella über ihre Heimat West Virginia. »Wahrscheinlich werde auch ich hier sterben.« Wir gehen die kargen Krankenhausflure entlang, dritter Stock, Westseite. Vor Kurzem hat ein privater Betreiber das *Fairmont Regional Medical Center* übernommen. Man sieht den verfärbten Tapeten einen gewissen Investitionshunger an, Brenda hingegen erwartet noch mehr Kürzungen. Viele Abteilungen seien zusammengeschrumpft worden, am meisten los sei dort, wo die Abhängigen und Überdosispatienten landen.

Aus unternehmerischer Sicht sind es die Untoten, die das Krankenhaus am Leben halten.

In Brendas fensterlosem Büro hängen gerahmte Poster von Musicals, die sie liebt: In »Hairspray« geht es um Rassentrennung in Baltimore in den frühen 60er-Jahren, und »Mamma Mia« ist die Geschichte einer jungen Frau, die nicht weiß, wer ihr leiblicher Vater ist. Brenda hat ein Theaterabo, für das sie mit einer Freundin fast zwei Stunden von Fairmont nach Pittsburgh in Pennsylvania fährt. Während sie ihren Laptop in ihre Tasche packt, spricht sie über Fernreisen, Südostasien, Afrika und andere Ziele, und darüber, froh zu sein, dass ihre beiden Töchter jetzt in New York und Washington leben. »They got out«, sagt sie, als ob man aus West Virginia flüchten müsse.

Wir kommen an das Ende eines verwinkelten Flurs. Brenda klopft an eine Bürotür. Sie stellt mir Karen Waddell und Amy

Parker vor. Die beiden arbeiten auch im Krankenhaus, Waddell noch genau zehn Tage, dann geht sie in Rente. Sie werde die Leute hier vermissen, sagt sie, nicht unbedingt die Arbeit: »Die vergangenen Jahre waren hart.« Die Opiumkrise habe das Krankenhaus wie nie zuvor auf die Probe gestellt. »Die 80 Millionen Dollar, oder was auch immer das genau waren, die das Gesundheitsministerium zusätzlich für West Virginia vorgesehen hat,[63] um die Lage in den Griff zu bekommen, reichen bei Weitem nicht«, sagt Karen Waddell. Laut jüngsten Berechnungen für 2017 ist in Amerika drei Jahre hintereinander die Lebenserwartung gesunken, auch aufgrund der Opiumkrise.[64] Was ist denn vonnöten, um die Situation zu verbessern, frage ich Waddell. Mehr Geld, sagt sie, mehr Behandlungseinrichtungen, mehr Ressourcen, mehr Aufklärung darüber, wo die Probleme liegen, und mehr Verantwortung aufseiten der Ärzte und der Pharmaindustrie wünscht sie sich. (Später, am Abend, suche ich die genaue Zahl des Notfallpakets. Dabei stellt sich heraus: Es sind noch nicht einmal 80 Millionen, die West Virginia von der Regierung in Aussicht gestellt bekommen hat, sondern nur 35 Millionen Dollar.[65] Die kommenden Jahren werden wohl nicht weniger hart.)

Amy Parker, die hier im Krankenhaus eine Art organisatorischer Erstkontakt für Notfälle ist, sagt, in den 90er-Jahren seien die meisten Abhängigkeitsfälle Alkohol- oder Kokain-Geschichten gewesen. »Heute hatten von den acht Patienten, die ich bis zum Mittag gesprochen habe, alle bis auf einen mit Opium-Missbrauch zu tun.« Und der andere Fall?, frage ich. »Der Mann hatte ein medizinisches Problem und Suizid-Gedanken.«

Es ist noch nicht einmal 13:30 Uhr, als sie das sagt. Amy Parker und Karen Waddell in ihrem vollgestellten, winzigen Eckbüro zuzuhören, ist so deprimierend, es ist kaum zu fassen. Sie erzählen von einer Ausgabestelle, wo Substitutionsmittel für Opiumabhängige ausgegeben werden und jetzt kommt's: man nur bar bezahlen kann. Die Betreiber, sagen sie, machen sich die

Taschen voll und die Abhängigen bekommen Stoff ohne Rezept. Funktioniert für alle Beteiligten, schädigt alle Unbeteiligten. Ihre Patienten, von denen sie davon gehört hat, nennen den Laden nur »the pill mill«, die Pillen-Mühle.

Parker sagt, dass die Polizei vor Kurzem ein Meth-Labor ausgenommen hätte, das sich gerade mal einen Steinwurf vom Krankenhaus entfernt befand. Dass Waddell die letzten zehn Tage überhaupt noch reinkommt und den Laden am Laufen hält, wundert fast. Wer nur ein bisschen Verständnis für die Mechanismen von Abhängigkeit aufbringen kann, sieht sofort, dass es ein tougher, frustrierender, schier endloser Kampf ist, den die Sozialarbeiter, Krankenschwestern, Pfleger, Spezialisten, Ärzte und Ärztinnen sowie Familien und Angehörige hier führen. Von der Politik versprechen sich Waddell und Parker nicht allzu viel; ob Trump, Biden, Warren oder wer auch immer im Weißen Haus sitzt, ist vor Ort erst einmal unerheblich. So schnell wie sie in West Virginia umkippen, können die Mühlen in Washington gar nicht mahlen. Am liebsten wäre es ihnen, wenn die Politiker mal vorbeikämen, bitte ohne Kameras aber, sagt Waddell, um sich das Ausmaß anzugucken; die hätten nämlich gar keine Vorstellung davon, was hier ablaufe.

Als Brenda und ich die beiden wieder verlassen, nehme ich, obwohl das alles furchtbar aussichtslos klingt, komischerweise das Gefühl mit, dass es unermüdliche Frauen wie Karen Waddell und Amy Parker sind, bei denen dieser mütterliche Pragmatismus in der Stimme mitschwingt, die das Ruder rumreißen können – wenn man ihnen die Möglichkeiten, die Ressourcen und Zeit gibt. Mal sind die Schritte größer, mal kleiner, die sie machen, aber scheinbar haben sie Mittel gefunden, dem Problem zu begegnen. Und manchmal wird der erste Schritt auch zu Hause gemacht: Karen Waddells Mann, sagt sie über ihn, habe eine zur Sucht neigende Persönlichkeit, das wisse sie, das wisse er. Sein Rücken mache ihm schon länger zu schaffen, erzählt sie, und als ein Arzt ihm Tylenol #3, ein opiumhaltiges Schmerzmittel, verschreibt, nimmt Waddell die Pillen, kippt sie in die Toilette, zieht zweimal die Spülung und packt handelsübliche Schmerztabletten in seine Medizinschachtel. Den Unterschied, lacht sie, habe er nicht mal gemerkt.

Wir kommen auf dem Weg nach draußen an einem Schwesternzimmer vorbei. Die Tür steht offen. Jemand hat auf eine weiße Tafel mit einem Filzstift ein Zitat von Dolly Parton geschrieben:»If you don't like the road you're walking, start paving another one.«

Am Parkplatz zückt Brenda ihren Schlüssel, ihr weißer Honda Pilot piept kurz beim Entriegeln der Türen, wir steigen wieder ein und lassen das Krankenhaus hinter uns. Sie kenne fast niemanden hier, sagt sie, der nicht irgendwie von der Opiumkrise betroffen sei. Sie fragt, ob es hilfreich war, von Karen und Amy zu hören. Ich nicke.»Wie du siehst, sind Drogen unser größtes Problem«, sagt sie,»mal abgesehen davon, dass Braunkohle tot ist, aber das will hier ja niemand wahrhaben.«

Brenda sagt, dass der Rest von Amerika hoffentlich irgendwann aufwacht und versteht, was Trump da verspricht, und dass es illusorisch ist. Die Industrie stirbt aus, es wirkt alles nicht mehr zeitgemäß. Und das schon lange, bevor er im Weißen Haus eingezogen ist. Trump hat das Klima vergiftet, sagt Brenda.»Als er gewählt wurde, habe ich getrauert. Ich habe tagelang Schwarz getragen.« Wer weiß schon, was er wirklich denkt, ob er das alles glaubt oder ob er genau weiß, dass seine Versprechen an den Bergbau bloß ein Einzahlen für ein bisschen politischen Aufwind ist. Wie der Kanarienvogel unter Tage plappert Trump seinen Anhängern den Wetterstand durch. Nur dass bei ihm immer noch die Sonne scheint, wenn die Luft schon lang dünn ist.

Brendas Vater ging 1971 in den Bergbau, es war so etwas wie eine späte Berufung. Nie wieder hätte er besseres Geld verdient und eine umfangreichere Krankenversicherung gehabt, sagt

Brenda. Papa Pizatella liebte den Beruf, er mochte die Kameradschaft unter den Kumpeln. Nur wenn gestreikt wurde, hatte die siebenköpfige Familie ein Problem, weil kein Geld reinkam. »Dann gab es zum Abendessen nur Hähnchenflügel und Reis«, sagt Brenda. Ich lache. Bei uns zu Hause gab es abends immer nur Brot und Aufschnitt, manchmal ein Rührei dazu. Früher war es Arme-Leute-Essen, heute sind die Hähnchenflügel eine Fast-Food-Delikatesse, stehen in jeder amerikanischen Bar auf der Speisekarte. »*Ja, Mama,* habe ich immer zur ihr gesagt, *Glückwunsch, du hast Chicken Wings im Alleingang erfunden*«, sagt Brenda und lacht jetzt auch über die Improvisationskünste ihrer Mutter in Notzeiten.

Vor unserem nächsten Termin haben wir noch etwas Zeit, wir fahren über die Dörfer, durch alte Bergbau-Siedlungen, wo früher die Kumpel in Firmenwohnungen mit ihren Familien unterkamen. Ein paar der alten Läden stehen noch, die Türen sind vernagelt, die geschwungene Schrift der Coca-Cola-Werbung neben dem Eingang lässt das ungefähre Jahrzehnt erahnen, wann hier zuletzt auf- und zugeschlossen wurde. Auf der Hauptstraße, die sich durch eine der Wohnsiedlungen zieht, spielen Kinder mit einem Ball. Als der über die Fahrbahn fliegt, sagt Brenda »honey, be careful« vor sich hin. Ich frage sie, was die Eltern der spielenden Kinder jetzt wohl machen, wenn die Kohleindustrie doch nicht wiederkommt? »Hm«, sagt sie zögerlich. Ich weiß nicht, ob sie ernsthaft überlegt oder aus Dramatikgründen eine kurze Kunstpause macht. »Darüber reden, wie es einmal war?«

In diesem Teil von West Virginia ließen sich viele Einwanderer aus Polen und Italien nieder, erzählt sie. Brendas Familie kam aus Italien nach Amerika, ihre Großmutter stammt aus Kalabrien, der Spitze des Stiefels, einer der ärmsten Regionen des Landes. Zu Hause, also in den Vereinigten Staaten, wo die kleine Brenda geboren wurde, sprach die Familie kein Italienisch. Brenda kennt nur ein paar Schimpfwörter; sie sollte dazugehören, nicht ausgegrenzt werden. Das klappte nur bedingt:»Die Kinder von nebenan durften nicht mit meinen Geschwistern und mir spielen. Für die waren wir Italiener.« Ihre Mutter traf ihren Vater, da war sie 16 und er 20. Ein ziemlicher Skandal damals. Später, als sie verheiratet und in ein kleines Haus gezogen waren, in dem Brenda mit ihren zwei Schwestern ein Kinderzimmer teilte, während die beiden Jungs nebenan schliefen, sorgte sich Brendas Mutter um die fünf Kinder. Sie kochte, nähte, half in der örtlichen Wäscherei aus. Wenn sie Zeit hatte und sich nicht um die Kleinen kümmern musste, besserte sie die Haushaltskasse mit kleinen Nebenjobs auf. Brenda empfand ihre Kindheit als glücklich, auch wenn nie viel Geld da war und sie sich zu siebt ein Badezimmer teilen musste, das kein Schloss hatte. Was sie hatte, war Familie, und das war wichtig. Auch Gott spielte eine Rolle.»Bei uns in der Küche hingen zwei Bilder, JFK und der Papst.« Als Präsident Kennedy in Dallas starb, wurden die Kinder aus der Schule nach Hause geschickt, die Pizatellas zogen die Vorhänge zu, niemand durfte das Radio oder den Fernseher anschalten. Nur die Beerdigung guckten sie, ansonsten wurde stille Trauer angeordnet.

Noch heute hält Brenda sich für eine gläubige Christin, obwohl sie zurzeit mit der katholischen Kirche über Kreuz liegt. Sie geht normalerweise einmal die Woche in den Gottesdienst, aber als Mutter und jemand, der sich um das Wohl und den Schutz von Kindern ohne Eltern kümmert, sind die Skandale um die Kinderschänderpriester etwas, das sie der Kirche nicht so leicht verzeihen kann.

Der Anruf des Anwalts überrumpelt Monica Allen. Sie hat ihren Gabriel, die Adoption ist so gut wie vollzogen, die notwendigen Papiere sind alle unterzeichnet. Jetzt heißt es über die Adoptionsvermittlung, dass die leibliche Mutter ihren Sohn noch ein letztes Mal sehen will, bevor die Allens zurück in ihren Heimatort nach West Virginia reisen. Den Termin, den der Anwalt der Familie durchgibt, ist in weniger als einer Stunde. Monica Allen ist eine Frau, die gut zu Menschen ist. Sie ist tief religiös erzogen worden, in den vergangenen Monaten und Jahren ist ihr viel widerfahren, was ihr nicht gerecht erschien. Drei Adoptionen scheiterten, sie hatte zwei Fehlgeburten zwischen den beiden Kindern, die sie selbst auf die Welt gebracht hat. Jede Schwangerschaft hat an ihrem Körper gezehrt, sie litt an einer besonders ausgeprägten Form von Schwangerschaftsübelkeit. Auch aus diesem Grund hat sich das Ehepaar Allen entschlossen, ein Kind zu adoptieren, als sie wussten, dass sie noch mehr Nachwuchs haben wollten.

Monica Allen überlegt. Sie hält den kleinen Gabriel im Arm. Nach all den Proben, auf die sie jüngst gestellt wurde, will sie nun etwas zurückgeben. Was kann sie seiner Mutter, die sich von ihm trennt und ihn noch ein einziges Mal sehen will, jetzt Gutes tun? Sie eilt zum nächsten Walmart, einem dieser übergroßen amerikanischen Supermarktriesen, wo man von Winterreifen bis Chicken Wings so ziemlich alles kaufen kann, und besorgt für sie einen Strauß Blumen und eine Halskette. Sie ruft eine Freundin an, die adoptiert ist, und fragt, was für eine Karte sie ihr besorgen soll. »Monica, es gibt keine Karten für Mütter, die ihre Kinder zur Adoption freigeben«, erinnert die sie.

Zurück in der Eingangshalle des Krankenhauses steht sie an der Seite ihres Mannes Craig. Es ist ein seltsamer Moment. Sie warten auf Gabriels Mutter, bis in der Ferne ein ziemlich heruntergekommener Landstreicher auf sie zusteuert. Der Gestank hätte sie beinah umgehauen, sagt Monica Allen. Dann guckt sie genauer hin. Es ist kein Mann, es ist eine Frau. Es ist Gabriels Mama. Ihr Mann und sie dachten zuerst, sagt Monica Allen, dass es ein Obdachloser ist, der da auf uns zukommt. Die Frau trägt einen Hut, hat kurze Haare und Klamotten an, die drei Nummern zu groß sind.

Die Mutter sieht mitgenommen aus. Sie hat Schmerzen, die Narbe des Kaiserschnitts will nicht verheilen, hat sich zudem entzündet. Die Drogensucht hat aus ihrem Körper eine Hülle gemacht, in der ein kaum noch funktionierender Organismus steckt und den Verfall verwaltet. Einmal noch das Kind sehen. Sie gibt den Allens alle medizinischen Informationen, die sie hat. Sie war sehr liebenswürdig, sagt Monica Allen über ihre einzige Begegnung mit der Frau, deren Kind sie jetzt großzieht. Sie ist 20, sagt sie. Sie gibt der Familie alle Windeln, die man ihr gegeben hat. Im Frauenhaus, wo man sich kurz vor der Geburt noch um sie gekümmert hatte, bekommt sie eine Decke für ihr Neugeborenes geschenkt. Eigentlich hatte sie sie behalten wollen, sagt die Frau zu Monica Allen. Sie hatte ihr Baby darin nach der Geburt eingewickelt. Es ist ihr einziges Erinnerungsstück an das Kind, das sie vor elf Tagen zur Welt gebracht hat. Sie gibt Monica Allen die Decke. Die ist zutiefst gerührt, als sie hört, was diese Decke für die Frau bedeutet. Instinktiv zieht sie Gabriel die Mütze vom Kopf, die er aufhat, und gibt sie seiner leiblichen Mutter. Sie hält sie in der Hand, riecht daran. Sie fängt an zu weinen.

Sie entschuldigt sich bei den Allens, das Kind all diesen Substanzen ausgesetzt zu haben. »Is he alright?«, fragt die Mutter. »He's perfect. You did a great job, mama«, sagt Monica und denkt, dass der Herr im Himmel auf Gabriel und seine Mama aufgepasst haben muss. Die Mutter fragt nicht, ob sie ihr Kind halten darf, also fragt Monica die Frau einfach, ob sie ihn auch mal auf den Arm nehmen will. Sie sagt Ja und drückt ihn an sich. Es fühlte sich wie ein Abschiedsbesuch an, sagt Monica Allen heute, denn die Mutter spricht nicht über zukünftige Treffen, sie sagt bloß, »ich möchte, dass er das weiß … ich möchte, dass er später einmal …«
Monica Allen fragt, ob sie ein Foto zusammen machen können, Mama und Baby. Die Mutter sagt Ja, guckt dann aber auf

dem Bild zu Boden. Sie sagt, kurz bevor sie sich weinend verabschiedet, dass die Allens bitte Bilder von dem Kind an die Adoptionsvermittlung schicken sollen. Später, sagt Monica Allen, hören sie von der Agentur, dass sie die Fotos nie abgeholt hat.

Brenda hat am Vorabend vor meinem Besuch Fleischbällchen gebraten. Sie dachte, ich hätte bestimmt Hunger. Sie ist die älteste von fünf Geschwistern, in dem Zimmer, das sie sich mit ihren Schwestern teilen musste, sie hatte ein eigenes Bett, die anderen zwei schliefen auf einer Matratze. Sie hatte das Gefühl, für ihre Geschwister verantwortlich zu sein. »Es hat sich immer angefühlt, als ob sie mir gehören«, sagt sie zu mir. »Also, das darf man nicht falsch verstehen, ich hatte eine großartige Mutter. Es ist bloß eine emotionale Sache …« Sie hatte immer mehr als einen Job, und einer davon war eben, auf die Geschwister zu achten. Sie glaubt, sagt sie, dass das einer der Gründe ist, warum man existiert: auf andere Menschen aufpassen, ohne deren Fehlverhalten zu unterstützen oder zu ermöglichen.

»Es ist eins der schwierigsten Dinge, zu helfen, ohne das Verhalten der Abhängigen zu bewerten«, sagt sie über den ausufernden Drogenmissbrauch in West Virginia. Am Telefon, bevor ich zu ihr nach Fairmont fuhr, hatte sie gesagt, dass sie hofft, ich würde die Menschen nicht als dumme, ungebildete Menschen darstellen. Jetzt, auf unserer Autofahrt, sagt sie es noch einmal, nur mit anderen Worten.

Bei meinem Besuch hier wirkt Amerika kleiner und schutzloser als auf jeder meiner anderen Reisen durch das Land. Aber dafür kann West Virginia nichts. Die Opiumkrise hat viele Ursachen. Die Pharmaindustrie analysierte ihre Datensätze und suchte sich bestimmte Orte als Ziel aus, schreibt Beth Macy in ihrem Bestseller »Dopesick« über die Opiumkrise, Regionen wie die Bergbaugebiete um Fairmont, wo hart gearbeitet wird, wo Schmerzmittel benötigt werden. Die Chemiekonzerne täuschten Patienten über das Suchtpotenzial der Pillen. In anderen Bundesstaaten wurde der Konsum von Marihuana legalisiert, was die Drogenkartelle dazu veranlasste, billigere Drogen wie Heroin auf den Markt zu kippen, um den Verlust ihrer Margen aufzuhalten.

»Keine Sorge, dazu habe ich keinen Grund«, sage ich zu Brenda. Die Leute, die sie mir vorgestellt hat, sind Menschen, die offensichtlich nicht kapitulieren, sondern kämpfen, für ihre Gemeinde und ihre Familien. Diese Epidemie hat West Virginia ins Taumeln gebracht, aber es gibt eben doch gute Seelen, die sich gegen den Knock-out wehren.

»Hast du Hunger, willst du was essen?«, fragt Brenda mich jetzt. Ich denke an die Fleischbällchen und sage, es würde mir reichen, wenn wir nach unserem letzten Termin essen. Wir fahren noch ein bisschen, bis sie sagt: »Ach, weißt du was? Ich halte hier vorne einfach mal und hole mir eine kleine Eiswaffel. Willst du auch eine?«

Erst jetzt merke ich: sie hat mich den ganzen Tag rumgefahren, hat mir ihre Gegend gezeigt und mir Menschen vorgestellt, wir haben geredet und geredet, gelacht, gestutzt und dabei ganz vergessen, Mittag zu essen. Sie ist es, die Hunger hat, natürlich.

Auf dem Parkplatz des Schnellimbisses nimmt ihr ein silbergrauer Chrysler die Vorfahrt. Am Steuer sitzt ein junger Mann, vielleicht 18 oder 19, eine Baseballkappe auf, sein Mund steht halb offen, von seiner Unterlippe hängt bedenklich schräg eine Zigarette. Er drückt das Gaspedal durch, der Motor seines tiefergelegten Wagens heult auf, er schiebt sich vor Brendas weißen Honda und röhrt vom Hof. Brenda zieht eine Augenbraue hoch. »*Oh, buddy*«, sagt sie, »glaub mir, das ist nicht mal halb so imposant, wie du denkst …«

Mit der Waffel in der Hand halten wir ein paar Hundert Meter weiter auf dem leeren Parkplatz einer Highschool. Durchatmen. Einen Augenblick Ruhe. *Vorsicht, an der Seite läuft es run-*

ter. Um 19 Uhr, in einer Viertelstunde, treffen wir Brendas Verwandten, der in einem anderen, größeren Krankenhaus einen Ort weiter arbeitet. Die Sonne sendet ihre letzten Signale, bevor der Horizont sie verschluckt. Der Außenspiegel auf der Beifahrerseite reflektiert den Schein des Flutlichts über dem Football-Feld der Schule. Es sieht aus, als ob hier vor ein paar Minuten noch trainiert wurde. »They got out«, hatte Brenda über ihre Töchter gesagt. Diese Kids sind noch hier. Was aus ihnen mal wird? Einige werden bleiben, ein paar abhauen, vielleicht abdriften, vielleicht brillante Dinge vollbringen.

In Amerika kann das Leben ein seltsames Würfelspiel sein. Glück, Pech, alles ist möglich. Man kann im Flutlicht stehen oder nur noch ein Schatten seiner selbst sein.

Rob und Michelle sitzen an ihrem Küchentisch, es ist kurz nach 19 Uhr. Brenda spielt mit den beiden Söhnen im Nebenzimmer, die Rob eben vom Fußball abgeholt hat. Brenda ist seine Cousine zweiten Grades. Er arbeitet am Krankenhaus im Nachbarort als Sachbearbeiter in der Notaufnahme, seine Frau Michelle war bis vor zwei Jahren im selben Krankenhaus angestellt. Sie reden hier nicht offiziell, wollen mir aber ein paar Hintergründe erklären, weshalb sie mich gebeten haben, ihren Nachnamen wegzulassen. Vor ein paar Wochen, sagt Rob, hat er mit einem Experten für Bildungspolitik gesprochen, der ihm gesagt hat, dass sich die Schulen so langsam darauf einstellen, dass Mitten in der Opiumkrise eine Generation ins schulpflichtige Alter kommt, die gewisse Defizite aufweisen könnte. Noch sei es zu früh für genaue Studien, wie sich diese spezielle Art von Drogenmissbrauch auf die Aufnahmefähigkeit bei Kindern von Abhängigen auswirken könnte. Unter Umständen steht Amerika jedoch am Anfang eines verheerenden Zyklus: Falls diese Kinder mit Lernschwierigkeiten geboren werden und ein gewisses Bildungsniveau nicht erreichen sollten, fehlt ihnen die Möglichkeit, für sich zu sorgen. Sollten sie selbst irgendwann Kinder bekommen, wiederholt sich der Prozess unter Umständen wieder und wieder. »Im schlimmsten Fall«, sagt Rob, »könnten dort lauter Unter- und Unbeschäftigte großgezogen werden, die keine Absicherung haben.«

Wenn Babys von opiumabhängigen Müttern auf die Welt kommen, können die ersten Tage die Hölle sein. Die Säuglinge, die durch die Plazenta die Giftstoffe aufnehmen, sagt Michelle, haben oftmals Entzugserscheinungen. Sie zittern, zucken unkontrolliert, niesen unentwegt, schreien in einem schrillen Ton, schwitzen, manchmal erbrechen sie sich oder haben Durchfall. Die Babys bekommen Morphium, um die Symptome zu lindern. Michelle hat jahrelang als Sozialarbeiterin für die Regierungsorganisation *Child Protective Services* (CPS) gearbeitet, die sich um das Wohlergehen von Kindern kümmert. Sobald im Krankenhaus Drogen bei einer Mutter nachgewiesen werden, sagt sie, wird CPS automatisch informiert. Oft kümmern sie sich um Fälle, in denen Eltern ihre Aufsichtspflicht vernachlässigen. Als die Zahl der Heroinabhängigen vor einigen Jahren rapide zunahm, sagt Michelle, kam es nicht selten vor, dass Eltern ihre Kinder mit zum Dealer nahmen, die Kinder hinten ins Auto und sich selbst einen Schuss setzten, bis die Polizei irgendwann die bewusstlosen Eltern auf einem Shoppingmall-Parkplatz einsammelte und den Nachwuchs an CPS übergab.

Es ist komisch, wie schnell man sich an so etwas gewöhnt. In meinen ersten Wochen in Amerika ging ich an einer Bushaltestelle vorbei. Ein Mann kniete vor den zwei Plastiksitzen, die an der Glasscheibe angebracht waren, sein Kopf lag auf einem der beiden Sitze. Eigentlich sah es fast lustig aus, wie er dort kauerte und den Sitz zu seiner Kopfstütze machte. Aber offensichtlich war er nicht Herr seiner Sinne. Als ich mich zu ihm herunterbeugte und ihn ansprach, kam mir ein beißender Geruch entgegen. Er musste tagelang nicht geduscht haben. Ich fragte, ob er okay sei, was natürlich schwachsinnig ist, weil niemand so in einer Bushaltestelle hängt, der auch nur ein bisschen okay ist. Ich kannte den Anblick von Obdachlosen aus Deutschland, die auf ihren Hosenboden saßen und schliefen. Jemand, der wie zusammengefaltet dahing und seinen Dämonen Futter gab? Das kannte ich nicht, das war erst einmal ein Schock. Ich sah mich um, hilflos. In der Tür zu einem Kiosk hinter der Bushaltestelle stand ein Mann im Türrahmen. Er hatte mich offenbar beobachtet, er hob die rechte Hand und winkte ab, als ob er sagen wollte: vergiss es.

»Sollen wir jemanden rufen«, fragte ich ihn. »Lass ihn schlafen«, sagte der Mann. Wirklich? Ich sah ihn fragend an. »He does that all the time ...«, sagte er. Ein Wiederholungstäter, ah ja. Na gut. »Sind Sie sicher?«, fragte ich ihn, aber eher als Absicherung fürs eigene Gewissen. Er nickte. Ich ging davon, weiter zu meiner Verabredung. Abends im Bett dachte ich an ihn und ob ich nicht doch einen Krankenwagen hätte rufen sollen. Am nächsten Tag ging ich wieder an der Bushaltestelle vorbei. Der Mann saß nicht da, er hing nicht an der Straßenecke rum. Auch vier und fünf Tage später nicht, als ich zufällig wieder dort lang lief. Sieben, acht Tage waren vergangen, bis ich ihn auf einer Mauer sitzen sah, er scherzte mit einem anderen Mann. Er sah immer noch ungewaschen aus, aber er lebte.

Heute, ein paar Jahre später, muss ich zugeben, dass ich nicht mal mehr mit der Wimper zucke, wenn ich die Drogenwracks auf der Straße liegen sehe. Meine Wahrnehmung hat den Reizimpuls verloren. Es sind zu viele, die ich gesehen habe, und es ist komisch, wie schnell man sich an so etwas gewöhnt. Komisch und irgendwie beschämend.

Im Krankenhaus wartet Monica Allen auf ihren Sohn. Routineuntersuchungen. Die Ärzte wollen ihn noch etwas beobachten, um zu sehen, ob das Kind durch den Drogenmissbrauch seiner

Mutter Schaden genommen hat. Monica wartet mit einem Krankenpfleger, sie kommen ins Gespräch und wie es manchmal einfach so geschieht, sprechen die beiden irgendwann über Abtreibungen. Monica Allen ist schockiert, als sie hört, dass der Pfleger für das Recht auf Abtreibungen ist. Wie kann er hier in der Baby-Station arbeiten, jeden Tag diese zierlichen Geschöpfe sehen, und dann Abtreibungen gutheißen? »Ich bin der Meinung«, sagt er zu Monica Allen, »dass es nicht mein Körper ist, also sollte die Frau entscheiden dürfen, was mit dem Baby geschieht.«

Sie kann es nicht verstehen, wie man das Leben dieser kleinen Menschen auslöschen kann. Sie und ihre Familie sind streng gläubig. Sie ist die jüngste von drei Kindern, hat eine vier Jahre ältere Schwester und einen zwei Jahre älteren Bruder. Ihre Mutter blieb zu Hause, war Hausfrau und Mutter, wie sie jetzt auch. Schon als Kind wollte Monica Allen nichts anderes, sagt sie, als Mutter zu sein und einen liebenden Mann zu haben.

Ihr Vater war *lineman*, Leitungsmonteur, beim örtlichen Energieversorger. Amerika ist Überleitungsland, und wenn neue Straßen gebaut wurden oder das Wetter verrücktspielte, kletterte Monicas Vater auf die Masten und versorgte West Virginia mit Strom. Einmal hing er dort oben mit einem Kollegen. Der Kollege rutschte ab, fiel; kurz darauf starb er. Noch heute, sagt Monica Allen, ist es für ihren Vater schwierig, darüber zu reden. Man kann es sich nicht aussuchen. Der eine lebt, der andere stirbt.

Brenda hat für die Fleischbällchen noch schnell Spaghetti mit Tomatensoße gemacht. Es ist spät, fast halb zehn am Abend, aber sie besteht darauf. Sie schneidet Gurken und Tomaten für einen Salat. Sie fragt, ob mir das reicht, und isst selbst kaum etwas. Drei ihrer vier Großeltern kamen um 1900 nach Amerika, ihre Eltern sind in West Virginia geboren. Italienische Mama zu sein, das haben die Frauen in ihrer Familie ihr vermacht.

Manchmal denkt sie auch an sich. Als ihre Töchter noch nicht einmal auf der Welt waren, kaufte sie mit ihrem damaligen Mann ein Haus. Es sollte einen Pool haben, das war die eine Bedingung. »Und was ist, wenn du Kinder bekommst?«, fragten Freunde Brenda. Das ist mir egal, der Pool ist schließlich für mich, nicht für meine Kinder, sagte sie dann. Das war natürlich nur ein Witz. Sie brachten ihren Töchtern sofort bei, wie man schwimmt und nicht untergeht. *They got in.*

Am zweiten Morgen fahren wir noch einmal durch West Virginias sattes Grün, fast anderthalb Stunden. Es ist unser letzter gemeinsamer Termin. Brenda fürchtet, dass ich ohne ihn nicht die ganze Tragweite der Opiumkrise verstehen würde. Sie wird recht haben.

Brenda hatte schon immer mit Adoptionen zu tun, erzählt sie, in der Nähe vom Krankenhaus liegen drei Universitäten, da kamen über die Jahre immer wieder junge Frauen zu ihr, die ungewollt schwanger wurden und ihr Studium nicht abbrechen wollten. Also entschieden sie sich für eine Adoption. Damals, sagt Brenda, trafen die Ärzte die Entscheidung, wo die Kinder hinkamen. Wenn jemand eine unfruchtbare Familie kannte, wurde die eben gefragt.

Eine Frau, mit der Brenda zur Highschool gegangen war, bat sie, ob sie als Sozialarbeiterin nicht eine sogenannte *home study* für sie machen könnte. Die Frau war Single und wünschte sich ein Kind, und so bildete sich Brenda fort und fing an, Familien auf ihre Tauglichkeit zu prüfen. 2004 gründete sie ihre eigene kleine Agentur, *Opt 2 Adopt*. Adoptionsvermittlungen bringen Mutter und Eltern zusammen, während Brenda sich das Zuhause ansieht. Sie schaut auf die Finanzen, prüft das mentale, emotionale und physische Vermögen der potenziellen Eltern. Stellt die entscheidende Frage: Sind sie fähig, ein Kind großzuziehen, mit allem, was dazugehört?

Um das herauszufinden, führt sie mindestens zwei Interviews

vor Ort. Sie fragt nach allen möglichen Dingen, auch nach Alkohol- und Drogenkonsum. »Die Leute fühlen sich oft etwas auf den Schlips getreten, wenn ich diese Fragen stelle«, sagt sie. Eine andere Frage lautet: Haben sie ein Problem damit, falls das Kind ein bestimmtes Geschlecht oder Hauptfarbe hat? Wenn Brenda den Satz »Wir sind keine Rassisten, aber …« hört, weiß sie schon Bescheid. Wer kein Rassist ist, müsse das nicht dazusagen, sagt sie.

Wie sind die Leute drauf, wenn sie vorbeikommt, frage ich Brenda auf unserer Autofahrt. Überfreundlich? Fühlen die sich angegriffen, weil sie zum Wohl des Kindes in ihre Privatsphäre eindringt? Sie weiß sofort, wenn die Leute, die sie prüft, nichts für sie übrighaben. Sie hat es sich zu ihrer Lebensaufgabe gemacht, sagt Brenda, ihre Menschenkenntnis anzuwenden. Oft sind die Menschen ängstlich. Man weiß ja nicht, was da auf einen zukommt. Ein paar sind so nervös, dass sie kaum ein Wort rausbekämen. Hin und wieder erlaubt sie sich dann einen kleinen Scherz, man muss ja die Situation etwas auflockern.

Zuerst geht sie das Haus ab, guckt, ob es irgendwo Risikobereiche gibt. Wenn die Adoptiveltern dann sagen, »Och, das war ja gar nicht so schlimm«, sagt sie zu ihnen: »Na ja, warten Sie mal ab, bis ich meinen weißen Handschuh auspacke.«

Wenn sie Drogen rumliegen sieht – »*well, that's a good-bye from me*«, sagt Brenda. Manchmal gibt es auch Tränen. Sie geht das polizeiliche Führungszeugnis mit allen Beteiligten durch und dann kommt es schon mal vor, dass die Pärchen einander noch einmal neu kennenlernen. Vor Kurzem saß sie mit einem Ehepaar zusammen, als die Frau plötzlich feststellen musste, dass der Mann einen Diebstahl-Vermerk in seiner Akte hatte. Brenda saß zwischen ihnen, als er ihr beichtete, dass er mit 18 einmal einen Atari gestohlen hatte und mit einem Mal anfing, loszuheulen.

In viel beschäftigten Jahren macht sie 18 bis 20 dieser *home studies.* Viele davon nach Weihnachten, wenn die Paare zusammensitzen und auf das neue Jahr schauen: *Jetzt machen wir, worüber wir schon so lange geredet haben* …

Sie besucht Familien, die Millionen haben, sagt sie, andere wohnen in Wohnwagencontainern, manche sind Singles, andere Paare. »Es sind alle Schichten und Lebensläufe dabei, was in West Virginia nicht schwer zu finden ist.« Manche ihrer Kunden tun sich schwer mit der Idee, sie zu bezahlen. »Weil ich Sozialarbeiterin bin, entsteht bei denen im Kopf die Idee, dass ich nicht bezahlt werden brauche.« Dabei muss man ihre Arbeit wie die einer Anwältin verstehen: Sie stellt eine Rechnung, egal, ob man den Fall gewinnt oder verliert.

Brenda und ich fahren an Bauernhäusern vorbei, durch immer dünner besiedelte Dörfer, zu einem Fall, der gut ausging. Nach einer Linkskurve von der Dorfstraße kommen wir auf einen kleinen Pfad, noch einmal links abbiegen. Vor dem Haus, auf das wir zusteuern, stehen ein Klettergerüst, ein Kettcar und ein paar überdimensionale, kindgerechte Bowling-Kegel aus Plastik. Wir steigen aus und klingeln.

Eine Frau kommt zur Tür, um ihre Beine schlingt sich sofort ein Paar Kinderarme. Es sind Monica Allen und Gabriel.

Monica und Brenda haben sich seit einigen Monaten nicht gesehen, sie nehmen sich herzlich in den Arm. Wir gehen durch die Küche ins Wohnzimmer. Die Allens sind umgezogen, ein neues Haus mit Garten für ihre Kinder. Monicas Eltern wohnen nicht weit von hier. Craig Allen kommt durch die Verandatür. Er trägt ein T-Shirt, auf dem in einer geschwungenen Schrift HOGWARTS steht. Das älteste ihrer leiblichen Kinder hat von draußen etwas mitgebracht und rennt zur Mutter. »Wow! Leg das doch mal unters Mikroskop«, sagt Monica Allen.

Brenda hat bei den Allens damals die *home study* gemacht. Er erinnert sich, lacht Craig Allen, vor ihrem letzten Besuch habe er gerade dem Nachbar geholfen, seinen eingeschläferten Hund im Garten zu begraben. Brenda sagt, dass die beiden Kinder der Allens bei einem späteren Besuch, als Gabriel schon in seinem neuen Zuhause war, auf ihr Zimmer gerannt seien. Die Frau mit den vielen Fragen war wieder da. Sie hätten Angst gehabt, sagt Brenda, dass sie ihr neues Brüderchen wieder mitnehmen würde. Wir setzen uns an den Esstisch. Gabriel hampelt auf dem Schoß seiner Mutter. Er strahlt, lacht, brabbelt hastig, irgendwann klettert er vom Stuhl, spielt unterm Tisch mit einem Rennauto. Weil der Kleine noch nicht einmal drei ist, haben seine Eltern mich gebeten, ihre und seinen richtigen Namen nicht zu nennen. Die Zahlen, Daten, Fakten und Ereignisse stimmen, Brenda heißt Brenda, die Adoptivfamilie hat mich bloß vorab gefragt, ob ich ein paar Informationen weglassen könnte, damit sein Leben nicht eins zu eins in einem Buch auftaucht, ohne dass er, um den es hier geht, darauf Einfluss gehabt hätte.

Und so bekomme ich die Geschichte erzählt von den zwei Müttern aus West Virginia; beide haben je zwei Kinder zur Welt gebracht, beide sind religiös, die eine ist links-liberal, die andere erzkonservativ, die eine verabscheut Trump, die andere verehrt ihn. Zwei Mütter, die eigentlich so viel unterscheidet, die aber jetzt und hier zusammensitzen, weil sie für ein kleines Baby, dessen Mutter durch die Opiumkrise schwer gezeichnet ist, ein neues, liebevolles Zuhause finden wollten.

WARUM ES WARREN WIRD …

... und Alexandria Ocasio-Cortez
Hoffnungen wie einst Obama weckt

Wenn wir uns eines Tages an die Trump-Präsidentschaft zurückerinnern – in Büchern, in Talkshows, in Universitätsvorlesungen, auf Barhockern –, wird die Nacherzählung vielleicht mit einer einfachen Überlegung beginnen: War Donald Trump der transparenteste US-Präsident überhaupt?

Wussten wir nicht alles über ihn, wo er herkam, seine Affären, seine Geschäfte, wer und was ihn groß gemacht hatte? Und hatte jemand jemals klarer und offener seine Ansichten geäußert als Donald Trump? Versuchte Richard Nixon so gut wie möglich zu vertuschen, schien Trump die Regieanweisungen doch gleich mitzuliefern: *Das mache ich jetzt, das halte ich von diesem Typen etc.* Eine Vielzahl dieser Offenbarungen lassen sich auf einer Webseite namens www.twitter.com relativ einfach finden.

Natürlich ist das nur: die halbe Wahrheit. Die *Washington Post* hatte sich, in weiser Voraussicht, von Anfang an die Mühe gemacht, mitzuzählen. Laut den *Fact-Checkern* der Zeitung hatte Trump Mitte Oktober 2019, kurz vor seinem 1000. Tag im Amt, weit mehr als 13 000 falsche oder irreführende Behauptungen von sich gegeben.[66] Transparenz wird hohl, wenn sie mit einem pathologischen Verhältnis zur Wahrheit einhergeht.

Die Frage, wie solch ein Mann überhaupt Präsident werden konnte, ist vielfach diskutiert worden. Jetzt, nach dreieinhalb Jahren, muss man sich fragen, ob Amerika ihn im Amt behalten will? Im November 2020 gibt es darauf eine Antwort, dann wählen die USA einen neuen Präsidenten. Der neue könnte der alte sein, vielleicht wird der neue auch *die neue*.

Wenn wir uns eines Tages an die Trump-Präsidentschaft zurückerinnern, wird die Geschichte vielleicht mit einem Kleid beginnen: Elizabeth Warrens Vater Donald hatte einen Herzinfarkt erlitten, wochenlang konnte er nicht arbeiten. Die Rechnungen flatterten weiterhin ins Haus, nur kam kein Lohn rein. Das Unternehmen, wo er arbeitete, hatte die Stelle neu besetzt, weil alle dachten: Herzinfarkt, das überlebt der alte Mann nicht. Zuerst verloren sie ihr Auto, einen bronzefarbenen Kombi, in dem die Mutter sie immer von der Schule abgeholt hatte, dann sollte das Haus versteigert werden, als die Familie nicht mit den Zahlungen hinterherkam.

Kurz nachdem sie die Botschaft bekommen hatten, ging Betsy, wie ihre Eltern die junge Elizabeth nannten, in das Schlafzimmer der Mutter. Die stand im Raum, nur in Unterwäsche bekleidet, die Augen angeschwollen und rot; zerknüllte Taschentücher lagen auf dem Bett, gleich neben einem schwarzen Kleid.

Es war das beste Kleid in ihrer Garderobe, eins, das man nur zu Hochzeiten und Beerdigungen anzog. Als sie das Kleid ausgebreitet auf dem Bett liegen sah und die verquollenen Augen ihrer Mutter Pauline, dachte Elizabeth Warren, dass jemand gestorben sein musste. Ihre Mutter hatte sie nicht bemerkt. Sie sagte einen Satz immer und immer wieder vor sich hin: »Wir werden dieses Haus nicht verlieren, wir werden dieses Haus nicht verlieren.«

Sie streifte das Kleid über, zog den Lippenstift nach und *high heels* an. Mit einem frischen Taschentuch trocknete sie ihre Tränen und verließ das Haus. Sie ging vor die Tür, die Straße hinunter, hinein in eine Kaufhausfiliale, die in der Nachbarschaft lag.

Der Job, den sie dort suchte, war ihr erster überhaupt. Fast 30 Jahre lang hatte sie ihre Rolle als Hausfrau und Mutter von vier Kindern ausgefüllt. Ihr Ehemann hatte das Geld verdient. Jetzt nicht mehr. Jetzt bekam sie plötzlich Mindestlohn ausgezahlt. Das allein reichte in den frühen 60er-Jahren, die Familie zu ernähren und ein bisschen was zur Seite zu legen, um das Haus doch noch zu retten.

Und weil Existenzangst etwas ist, das man nicht so schnell vergisst, erzählt Elizabeth Warren auch heute noch diese Geschichte von ihrer Mutter und dem Kleid auf fast jeder ihrer Wahlveranstaltungen. Es ist ein Stück Herkunftsfolklore für die Wählerschaft – *seht her, ich kenne Eure Probleme nur zu gut, auch ich war mal arm* –, und zugleich, wie sie immer wieder betont, eine Art Erweckungserlebnis für das junge Mädchen, das damals seine Mutter im Schlafzimmer weinen sah. Elizabeth Warren war noch ein Kind, aber sie verstand, was es heißen würde, alles zu verlieren; und wenn sie sich eins von ihrer Mutter abgeguckt hat, dann dass es sich lohnt, für eine Sache zu kämpfen.

Fighting ist in der Tat so etwas wie ihr Motto geworden. Das Wort taucht im Titel der beiden Bücher auf, die sie als Senatorin geschrieben hat (»A Fighting Chance« und »This Fight is our Fight«), auf ihrer Kampagnen-Webseite fragt sie Freiwillige »Will you join our fight?«, und in der Antrittsrede im Februar 2019 in Massachusetts für ihre Kandidatur sagte sie: »This is the fight of our lives«.

Auf große Worte wie diese lässt man in Amerika am besten Taten folgen.

Am Clinton College in Rock Hill scheint die Herbstsonne, der September meint es gut mit South Carolina. Bevor sie auftritt, läuft »9 to 5« über die Lautsprecher, Dolly Partons Hymne über Frauen, die sich in der männlichen Arbeitswelt überarbeitet und unterbezahlt fühlen. Im Gegensatz zu ihrer Mutter trägt Elizabeth Warren heute, mehr als 60 Jahre nach der verheulten

Episode im Schlafzimmer, keine *high heels,* auch kein schwarzes Kleid. Sie steht auf einer Bühne, gekleidet in ihrer inoffiziellen Wahlkampfuniform: schwarzes T-Shirt und schwarze Hose, darüber eine dünne, farbige Strickjacke, dieses Mal ist sie mint-farben. Hinter ihr ist eine amerikanische Flagge aufgespannt, vor ihr stehen 600 Menschen. Auf einem Plakat in der Menge steht DREAM BIG, FIGHT HARD.

»Heutzutage schützt ein Vollzeitjob auf Mindestlohnbasis eine Mutter mit Kind nicht davor, in die Armut abzurutschen«, sagt Warren. »Das kann nicht sein und deshalb setze ich mich für sie ein!«

Die Senatorin aus Massachusetts ist im Winter 2019, während ich diese Zeilen hier schreibe, mit ihrem progressiven Wahlprogramm die Politikerin mit den besten Chancen, als Demokratin im Herbst 2020 gegen Donald Trump anzutreten. Für fast alles hat sie einen detaillierten Plan: die Einführung einer gesetzlichen Bürgerversicherung, die Annullierung von Studiengebühren, die Anhebung des Spitzensteuersatzes für Milliardäre, die Regulierung des Bankensystems an der Wall Street und die Zerschlagung der Tech-Riesen im Silicon Valley, Maßnahmen gegen den Klimawandel. Und das ist bei Weitem nicht alles, es sind nur ein paar ihrer Kernthemen für ein vermeintlich sozial gerechteres Amerika.

Warren war nicht immer so. Zu Hause im konservativen Oklahoma hatte sie als Kind erfahren müssen, wie es ist, wenn man nicht viel hat. Lange glaubte sie, dass Amerikas Probleme anders zu bewältigen seien als durch einen starken Staat, wie ihn die Demokratische Partei im Sinne hatte. Bis 1996, da war sie 47 Jahre alt, war sie deshalb registriertes Parteimitglied bei den Republikanern.

Bis sie ein zweites Erweckungserlebnis hatte.

Warren arbeitete in Texas an der Universität als Juraprofessorin, erst in Houston, anschließend in Austin. Sie hatte die Idee zu einer groß angelegten Studie über Privatinsolvenzen. Zusammen mit Teresa A. Sullivan und Jay Westbrook wollte sie die Ursachen ergründen. Es war Mitte der 80er-Jahre, sie hatten Fördermittel beantragt, um verschiedene Gerichte im Lande besuchen und deren Akten einsehen zu können. Manchmal zogen Warren, Sullivan und Westbrook am Flughafen eine dieser neumodischen Maschinen hinter sich her, mit denen man Kopien anfertigen konnte.

Bevor sie die Studie begann, war Warren davon überzeugt, dass die meisten Menschen Insolvenz beantragen, weil sie sich durch unvernünftiges Handeln verschuldet hatten und jetzt einen bequemen Ausweg suchten, ihrer Geldschuld zu entkommen. Nachdem sie Hunderte individuelle Fälle begutachtet hatte, kam Warren zu der Einsicht, dass die meisten Haushalte schlecht gerüstet waren, unvorhergesehene finanzielle Lasten, wie einen Jobverlust oder schwerwiegenden Krankheitsfall, auszugleichen. Systemmissbrauch fanden sie dagegen nur selten.

Mit anderen Worten ähnelten die Umstände vieler Insolvenzen der Situation ihrer Familie Anfang der 60er-Jahre. Nur dass es in den boomenden 80ern eben nicht mehr reichte, eine Familie mit einem Job auf Mindestlohnbasis durchzubringen.

Das Buch, das aus der Forschungsarbeit hervorging, »As We Forgive Our Debtors« (1989) machte die drei Akademiker zu Stars in ihrem Feld. Was Warrens konservative Ideologie veränderte, waren die Geschichten von einfachen Amerikanern, die sich nicht sinnlosem Konsumverhalten hingegeben hatten, sondern daran gescheitert waren, in der amerikanischen Gesellschaft aufzusteigen.

Warren hatte im Zuge dieser Studie etwas getan, was man in Trumps Amerika nur noch selten sieht: Sie war mit Fakten und Daten konfrontiert worden, die ihrer politischen Sichtweise widersprechen, und hatte sich eines Besseren belehren lassen, statt einfach auf ihrer Meinung zu beharren.

Als Kind hatte sie gelernt, dass Amerika kein gutes Land ist, um arm zu sein. Jetzt hatte sie die Zahlen als Beweis dazugeliefert bekommen.

»Als sie zu uns an die Fakultät kam, hatte sie akademisch noch keinen sonderlichen Ruf. Sie war sehr jung, aber die Papiere, die sie bislang veröffentlicht hatte, waren offensichtlich sehr anspruchsvoll.« Das sagt Douglas Laycock, der an der University of Texas in Austin sein Büro neben Elizabeth Warren hatte, seine Ehefrau ist Teresa Sullivan, Warrens langjährige Co-Autorin. Wir sprechen im Sommer 2019 am Telefon, Laycock erzählt von seiner ersten Begegnung mit Warren auf dem Flur und wie sie sich, so Tür an Tür, oft ausgetauscht hätten. Man müsse sie sich damals wie bei ihren Wahlkampf-Auftritten heute vorstellen: aufgeschlossen, extrovertiert, intelligent, energiegeladen.

Durch politische Ansichten sei Warren ihm nie aufgefallen, sagt er. Es sei ihr Unterricht gewesen, der herausstach. Sehr beliebt bei den Studierenden sei sie gewesen, sagt Laycock, obwohl sie tough sein konnte. Einmal habe Laycock in einer ihrer Vorlesungen gesessen, da habe sie innerhalb von einer Stunde 20 Studenten und Studentinnen drangenommen. »Sie hat niemanden vorgeführt, aber sie hat das Beste aus ihnen rausgeholt. Bei ihr im Unterricht ist ganz sicher niemand eingeschlafen.« Man habe gemerkt, sagt Laycock, dass sie als Jugendliche beim Debattieren Preise gewonnen habe: »Schauen Sie sie auf der Bühne bei den Debatten der Demokraten an: sie hat eine natürliche Begabung, komplizierte Sachverhalte zu erklären.«

Live und *in action* sieht das dann so aus: Anfang September 2019 federt sie bei der *CNN Climate Town Hall* in schnellen Schritten auf der Bühne von einem aufs andere Bein, sie sitzt nicht auf den vorgesehenen Stühlen, Moderator Chris Cuomo steht regungslos daneben, sie schaut nicht ihn, sondern das Publikum an, ihre Arme schwingen animiert durch die Luft. Sie sagt: »Ich verstehe schon, dass die Menschen versuchen, etwas zu finden, an dem sie arbeiten können, um das Problem zu verkleinern. Aber verstehen Sie auch, dass es das ist, was die Brennstoffindustrie sich erhofft? Sie hofft, dass wir genau so über die Klimakrise reden: *Das Ganze ist euer Problem*. Sie will diese Debatten anheizen, über eure Glühbirnen, über eure Strohhalme, und über eure Cheeseburger, wenn zugleich 70 Prozent aller Kohlendioxid-Ausstoße aufs Baugewerbe, die Strom- und Ölindustrie zurückgehen.«

Es ist ein so einfacher wie effektiver Kniff: Sie bricht das Problem herunter und hinterfragt die gängige Erzählung.

Nicht immer kommt diese Art gut an. 2005 saß Elizabeth Warren in einer Ausschusssitzung im US-Kongress. Inzwischen unterrichtete sie in Harvard. Sie war als Expertin eingeladen worden, es ging um die einschnürende Macht der Kreditkarten-Unternehmen und was der Verbraucherschutz dagegen tun kann. Den Vorsitz hatte ein gewisser Joe Biden, damals noch Senator des Bundesstaates Delaware, wo zufälligerweise einige dieser Unternehmen aus Steuergründen angesiedelt waren. Ein zweiminütiges Wortgefecht mit Warren über den richtigen Ansatz erstickte Biden mit einem breiten Grinsen: »Schon kapiert, okay. Sie sind sehr gut, Professorin.«[67]

Warren hatte die Brille auf der Nasenspitze sitzen, der Saal lachte. Biden benutzte das Wort Professorin, als ob man sich als Frau schämen müsste, wenn man smart ist und Ahnung von einem Thema hat.

Dieses Image der nerdigen Akademikerin hat sie nie ganz abgelegt, auch wenn sie in ihren Wahlkampfreden den Südstaaten-Dialekt aus Oklahoma heraushängen und sich anschließend stundenlang mit Besuchern aus dem Publikum fotografieren lässt. Auf Instagram wirbt ihre Kampagne mit der Möglichkeit, sie auf ein Bier (»… oder was auch immer«) zu treffen.

Für eine ehemalige Harvard-Professorin ist der Anschein von Volksnähe umso wichtiger, wenn sie ein möglichst breites Spektrum von Wählern ansprechen und nicht als *Hillary 2020* gelten will.

Noch haben Donald Trump und sein Team keinen effektiven Weg gefunden, um Warren und ihre Kampagne anzugreifen, die in den Umfragen über die Monate deutlich an Zuspruch gewonnen hat. Über die Kontroverse über ihren DNA-Test, dass ihre Abstammung tatsächlich zu einem kleinen Prozentsatz *Native American* sei, redet heute niemand mehr – bis Donald Trump womöglich seinen spöttischen Spitznamen für Warren (»Pocahontas«) wieder auspackt, falls sie wirklich gegen ihn antritt.

Ideologisch ist die ehemalige Republikanerin, die ihre Sichtweise weit vor Beginn ihrer politischen Karriere geändert hat, was sie vom Vorwurf des Opportunismus in gewisser Weise ausnimmt, nicht so einfach anzugreifen: Auch als progressive Demokratin sagt Warren von sich, »eingefleischte Kapitalistin« zu sein. Sie glaubt an den Nutzen der Märkte. Im Wahlkampf präsentiert sie ihre Pläne, selbst die, bei denen die Politik künstlich eingreift, als Marktkorrektiv. Eins ihrer wichtigsten Vorhaben, ausufernden Kapitalismus haftbarer zu machen, hat sie den *Accountable Capitalism Act* getauft. Trotz all ihrer progressiven Ansätze: von Sozialismus ist dort nicht die Rede.

Wenn man es umschreiben müsste, basiert Warrens Wahlplattform auf der Idee, nicht freie Märkte für profitorientierte Unternehmen, sondern faire Märkte für Konsumenten zu schaffen.

Wie Bernie Sanders versucht sie, die *grass-roots*-Bewegung ihrer Kampagne zu betonen. Warren will nicht die Banken an der Wall Street regulieren und sich gleichzeitig auf große Summen aus der Industrie verlassen müssen, die ihren Wahlkampf finanzieren. Deshalb hat sie erklärt, keine Großspenden anzunehmen und keine exklusiven Spendenaktionen für wohlhabende Wähler abzuhalten. Bislang hat das geklappt. Im dritten Quartal 2019 nahm sie 24,6 Millionen US-Dollar durch mehr als 940 000 Einzelspenden ein, die zweithöchste Summe hinter Bernie Sanders, der 25,3 Millionen einsammelte.[68]

Das Kleid der Mutter war ein Schlüsselmoment für Elizabeth Warrens weitere Lebens- und Politikentscheidungen. Es hat ihr gezeigt, dass der Kampf für eine persönliche Überzeugung nie falsch ist. Dass sie diese Geschichte wieder und wieder erzählt, erklärt vielleicht auch ein kleines bisschen, warum sie in den Umfragen so gut dasteht.

Ende der 80er-, Anfang der 90er-Jahre hatte »As We Forgive Our Debtors« sie zu einer gefragten Finanzexpertin im Kabelfernsehen gemacht. Nach einer Tour durchs Frühstücksfernsehen bot man ihr eine ungewöhnliche Zusammenarbeit an: Warren war in unregelmäßigen Abständen in der »Dr. Phil«-Talkshow zu Gast, wo Phil McGraw als eine Art Alltagsschamane die Probleme seiner Zuschauer zu lösen versucht – von Übergewicht und Ehesorgen eben bis hin zu finanziellen Problemen. Die Figur ist eine Erfindung von Oprah Winfrey, Amerikas Übermutter.

Dr. Phil fragte Warren, was sie von einer zweiten Hypothek auf ein Haus hält. »Das ist wie Roulette mit dem eigenen Haus zu spielen«, antwortete Warren. »Man lässt die Kugeln rotieren und hofft dabei, dass niemand seine Arbeit verliert, niemand krank wird, und nichts schiefgeht.«

Dieser Vergleich erklärte jedem auf die einfachste Art: Finger weg. Dr. Phil mochte Warren, ihre Auftritte funktionierten, aber er riet ihr, ihre Message noch weiter runterzubrechen, wie er dem *Wall Street Journal* einmal erzählte. Sie sollte die »Menschen abholen und sich ihnen nähern«, statt sie zu sich kommen zu lassen. »An diesem Punkt«, sagte er, »wurde sie eine noch viel erfolgreichere Bezugsperson.«[69]

Viel haben Elizabeth Warren und Donald Trump nicht gemeinsam. Ihr früher Karriereschritt, ins Fernsehen zu gehen, um ein Massenpublikum mit kurzen, TV-gerechten Slogans zu erreichen, dürfte einige der wenigen Überschneidungen in ihren Biografien sein. Auch deshalb wartet Amerika auf eine TV-Debatte zwischen den beiden wie auf einen Fight zwischen T-Rex und Godzilla.

2010 schrieb Phil McGraw einen Brief an Barack Obama, in dem er den Präsidenten dazu aufrief, Warren als Chefin der von ihr mitbegründeten *Consumer Financial Protection Agency* zu installieren.[70] Warren bekam den Job nicht, trotz des Empfehlungsschreibens von Dr. Phil.

Obama hatte sie hinter den Kulissen dazu gedrängt, zugunsten seines eigenen Wunschkandidaten zu verzichten. Im Gegenzug lenkte er ihr Leben in ganz neue Bahnen: Sein Team half Warren 2012 bei der erfolgreichen Kandidatur für den Sitz als Demokratische Senatorin für Massachusetts.

Sie war den Kampf gegen Obama nicht angetreten und hatte trotzdem gewonnen. So begann ihre politische Karriere.

Manchmal muss man scheinbar nicht viel tun, dann wird einem das Kleid wie von allein rausgelegt. Und manchmal muss man die Menschen abholen, um sie von sich selbst zu überzeugen.

Wenn in der Fotoschlange nach ihren Wahlkampfveranstaltungen kleine Mädchen stehen, geht Warren für gewöhnlich in die Knie, um ihnen auf Augenhöhe zu begegnen. Sie streckt ihren kleinen Finger aus. Das Mädchen spreizt auch ihren kleinen Finger ab, um ihn mit Warrens zu verknoten, *pinky promise* nennt der Amerikaner diesen Treueschwur. Elizabeth Warren sagt dann immer: »I'm running for president because that's what girls do.«

Wenn wir uns eines Tages an die Trump-Präsidentschaft zurückerinnern, wird die Geschichte vielleicht mit Joe Bidens Söhnen beginnen müssen: Zuerst einmal wäre da Joseph R. Biden III, genannt Beau, Joe Bidens ältester Sohn, Bidens Vertrauensperson mit dem gleichen Namen, der *golden boy*.

In der Tragödie wurde das besonderes Verhältnis der beiden geschmiedet, und in der Tragödie löste es sich 46 Jahre später wieder auf.

Joe Bidens Frau Neilia, ihre 13 Monate junge Tochter Naomi sowie die beiden Söhne waren im Winter 1972 auf dem Weg, für die Familie einen Weihnachtsbaum zu kaufen, als ein Lkw ihren Kombi erfasste. Neilia und Naomi Biden überlebten den Unfall nicht, der fast vier Jahre alte Beau und sein zwei Jahre jüngerer Bruder Hunter kamen mit Knochenbrüchen und Frakturen ins Krankenhaus.

»Eine meiner ersten Erinnerungen ist die Zeit im Krankenhaus«, sagte Beau Biden in einer Rede auf dem Parteitag der Demokraten im Sommer 2008. »Dad war immer an unserer Seite. Wir, nicht der Senat, waren alles, worum er sich gekümmert hat.«

Kurz vor dem schrecklichen Unfall war Biden zum Senator für Delaware gewählt worden, im Alter von 30 Jahren. Die Vereidigungszeremonie hielt er am Krankenbett seiner Söhne ab. In Washington bekam er den Spitznamen *Amtrak Joe* verpasst, weil er, wenn möglich, abends den Amtrak-Expresszug von D.C. zurück nach Delaware nahm, um bei seinen Jungs zu sein.

Beau, der ältere, schien in die Fußstapfen seines Vaters zu treten und eine politische Karriere auf nationaler Bühne anzustreben. Er war ähnlich hochgewachsen, hatte das jugendliche Grinsen seines Vaters. Zweimal hintereinander bewarb der ausgebildete Jurist und Armee-Veteran sich erfolgreich um das Amt des Generalstaatsanwalts von Delaware. Im Januar 2014 verkündete er, den Posten ruhen zu lassen, um sich für das Amt des Gouverneurs des Bundesstaates zu bewerben.

Dazu kam es nicht mehr. Im März 2015 verstarb Beau Biden im Alter von 46 Jahren an einem Gehirntumor.

Sein Tod ist auch einer der Gründe, warum Joe Biden 2016 nicht wie geplant gegen Donald Trump antrat. Vielleicht hätte der Lauf der Geschichte sonst eine andere Wendung genommen.

Wer weiß das schon. Zumindest ist Joe Biden aktuell, im Winter 2019, immer noch der Mann, der das Feld der demokratischen Herausforderer und Herausforderinnen anführt. Gegen Trump wird Biden unter potenziellen Wählern die höchste *electability* zugetraut, und *Wählbarkeit* ist das Zauberwort für die Präsidentschaftswahl im November 2020. Seltsamerweise.

Natürlich stellte Hillary Clinton 2016 einen Fall für sich dar. Ihre Person und politische Vergangenheit ist nicht mit Joe Biden vergleichbar, aber um nichts anderes als *electability* ging es ja auch bei ihr: niemand, hieß es im Wahlkampf vor vier Jahren, ist so gut geeignet für die Rolle der Präsidentin wie sie. Sie erfüllte alle Ansprüche an ein Amt, das Amerika gern mit Stärke und Erfahrung ausgefüllt sieht.

Genau das, glaubt man den aktuellen Umfragen, verkörpert Joe Biden: Der Vizepräsident unter Barack Obama ist nicht nur bereit, das Präfix aus seinem Titel zu streichen und nach acht Jahren endlich Präsident zu werden, er wird auch als derjenige Politiker gesehen, dem es am ehesten zugetraut wird, Donald Trump zu schlagen.

Dabei läuft seine Kampagne alles andere als reibungslos.

Biden ist im Frühsommer 2019, zu Beginn des Wahlkampfes, 76 Jahre alt. Seine Figur ist drahtig, das Gesicht braun gebrannt. Zugegeben, schwierig ist es nicht, Fotos von früher zu finden, als er noch im Senat saß und Ausschusssitzungen leitete, auf denen das Haar weniger voll war und die Falten ein bisschen tiefer wirken als heute. Aber das sind nur Äußerlichkeiten. Eigentlich geht es ja um seine mentale Körperspannung, um das Erfassen von Zusammenhängen, um die Schnelligkeit im Hirn.

Und ausgerechnet da sind die Analysen, die von ihm kommen, manchmal so dünn wie die Sperrholzplatten, auf denen die aufgespannte US-Flagge getackert ist, die bei jeder Rede hinter ihm im Bild zu sehen ist. Dann sagt er Sachen wie diese hier im August 2019 in Boone, Iowa: »Arme Kinder sind genauso hell im Kopf und talentiert wie weiße Kinder.« Er bemerkt den Fehler, korrigiert sich: »Wohlhabende Kinder, schwarze Kinder, asiatische Kinder. Nein, ich meine das so, aber denkt darüber nach, wie wir darüber nachdenken.« Manchmal vertauscht er Ortsnamen, dann verortet er die Massenschießereien von El Paso und Dayton, Ohio in Houston und Michigan, oder er denkt, er sei in Vermont, wenn er vor einer Menge in New Hampshire steht.

Es sind Kleinigkeiten, Ungenauigkeiten, die Biden da unterlaufen. Tut das wirklich zur Sache, wenn aktuell im Weißen Haus doch jemand sitzt, der Fakten wie Gänseblümchen behandelt? Der sie mal sammelt, wenn es ihm passt, und mal mit Füßen tritt?

Es reicht, wenn ein Clip existiert oder das Wort die Runde macht: *Schon wieder ein Bock von Biden.*

Dafür ist er in Washington bekannt. Dass weiß Biden selbst, er kennt seinen Ruf. Und trotzdem gibt er vielen Wählern und Wählerinnen etwas, das ihm womöglich die Tragödien in seinem Leben geschenkt haben: Nach seinen Wahlveranstaltungen, wenn er durch die Menge geht und Fotos macht, kann man ihn beobachten, wie er mit Menschen innerhalb von Sekunden eine Verbindung eingeht, die man vielleicht nur aufbauen kann, wenn man einmal echten Verlust verspürt hat. Biden umarmt dann erwachsene Männer, die den Tränen nahe sind und ihm seine Geschichte erzählen. Er legt ihnen einen Arm auf die Schulter und sagt: »I feel your pain.« Man kann das kitschig finden oder eine besondere Eigenschaft, dieses Teilen des Schmerzes. So oder so, es ist etwas, das unter Amerikas aktuellem Präsidenten undenkbar wäre – Momente der persönlichen Begegnung, in denen beide Seiten Schwäche zeigen können. Im Gegenteil, manchmal wäre es vielleicht nicht schlecht, wenn mal jemand Donald Trump in den Arm nehmen würde.

Was es wiederum komisch erscheinen lässt, dass Biden in seinen Wahlkampfreden scheinbar an einer Formulierung besonders Gefallen gefunden hat, die Trump mit einer hypermaskulinen Aggressivität begegnet: »Trump will nicht, dass ich nominiert werde«, sagt Biden dann, »weil er weiß, dass ich ihn wie eine Trommel schlagen werde.«

Beat him like a drum, sagt er auf English. Dabei ist noch nicht einmal klar, ob Biden politisch wirklich den Takt vorgibt. In seiner Partei wurden Richtungsfragen zwischen Zentristen wie ihm und progressiven Kräften früher oft als Debatten zwischen Realismus und Idealismus abgetan. Heute wirkt es, als ob Bidens Wunschdenken nach einer Zusammenarbeit der Demokraten mit den Republikanern an der Realität vorbeigeht. Mehrfach betonte er im Wahlkampf, dass Trumps Partei eine »Offenbarung« haben werde, wenn der Präsident erst einmal abgesetzt ist. Eigentlich müsste Biden sich erinnern, dass die Republikaner bereits vor Trumps politischem Erscheinen fundamentale Opposition bevorzugten, wenn die Demokraten ein überparteiliches Anliegen hatten.

Biden sehnt sich zurück nach den alten Zeiten, als Republikaner und Demokraten gut miteinander konnten, weil alle das gleiche Ziel, die Blüte des Landes, hatten und bloß auf unterschiedlichen Pfaden dahin unterwegs waren.

Als Biden-Anhänger bekommt man weniger die Zukunftsfragen beantwortet, die vielmehr durch die progressive Bewegung innerhalb der Partei vorangetrieben werden. Bidens Weg ist der Mittelweg, der versucht, den Glanz der Obama-Jahre aufrechtzuerhalten. Was ihm nicht schlecht gelingt. Noch bevor Biden seine Kandidatur bekannt gegeben hatte, führte er laut Umfragen das Feld unter den Demokraten an. Auch wenn die Tendenz im Winter 2019 zuletzt etwas abfallend war, gilt es immer noch, Biden als *frontrunner* zu schlagen. Seine Wahlkampagne mag keine Begeisterungsstürme im Land auslösen, dafür kann er als sein ehemaliger Vizepräsident auf das Grundgerüst von Obamas breiter Wählerschaft bauen, was ihm einen klaren Vorteil verschafft.

Noch reicht das zur Abgrenzung. Aber vor allem Pete Buttigieg, der 37 Jahre alte Bürgermeister von South Bend, Indiana, versucht seit Wochen, sich als junge, smarte Alternative zu Bidens moderater Politik zu etablieren. Den Namen des Harvard-Absolventen, Rhodes Scholar und Navy-Veteran kennt Amerika inzwischen, wofür er steht, ist noch unklar. In den Medien, wo er scheinbar jeden Interview-Termin wahrnimmt, ist der Hype um seine Person groß. Er steht kaum im Verhältnis zu seinen politischen Errungenschaften. 2015 haben ihn 8515 Menschen zum Bürgermeister einer 100 000-Seelen-Gemeinde gewählt. Dass wir ernsthaft über Buttigieg als möglichen demokratischen Kandidaten sprechen, liegt wahrscheinlich auch an der politischen Wahrheit, dass Frauen nur durch Erfahrung, Männer aber allein schon durch Versprechen hochkommen. Buttigieg ist die perfekte Projektionsfläche für das strebsame Amerika, das wie er Karriere gemacht hat, das vom Kapitalismus profitiert und zu Geld gekommen ist, dem Armut und ein Leben in Nöten ein bisschen peinlich ist und nicht der überbordende Reichtum der restlichen Gesellschaft.

In den Umfragen nähert sich Buttigieg jedenfalls nach und nach dem Favoriten des Establishments – wobei Biden etwas verliert und Buttigieg immer ein bisschen mehr hinzugewinnt.

Ob Biden am Ende unter den Demokraten das Rennen um die Nominierung macht, könnte eine Geschichte noch einmal entscheidend beeinflussen. Womit wir bei Joe Bidens anderem Sohn wären.

Im Herbst 2019 stand Beau Bidens jüngerer Bruder Hunter plötzlich unfreiwillig in der Öffentlichkeit. Seine Rolle als Aufsichtsratsmitglied beim ukrainischen Gasunternehmen Burisma war indirekt mitverantwortlich für die Einleitung einer Impeachment-Untersuchung gegen Donald Trump, weil der wie in einem Verschwörungsrausch den ukrainischen Präsidenten Wolodymyr Selenskyj dazu aufforderte, das Engagement der Bidens in der Ukraine zu untersuchen.

Hunter Biden ist eine seltsame Figur in diesem politischen Machtspiel. Die Alkohol- und Drogenprobleme des 49 Jahre alten Juristen sind vielfach dokumentiert; in den amerikanischen Klatschblättern tauchte er auf, weil er mit der Witwe seines Bruders eine Affäre begann. Wenn Beau der goldene Junge war, den der Vater abgrundtief liebte, war Hunter das schwarze Schaf.

Jetzt steht er unfreiwillig im Mittelpunkt eines Amtsenthebungsverfahrens – diese Art von Aufmerksamkeit ist etwas, das Joe Biden für seinen Sohn nicht vorgesehen hatte. Es gibt keine erkennbaren Anzeichen, dass die Bidens etwas falsch gemacht hätten, und dennoch kommt Hunter Biden, ohne vorherige Erfahrung in der Gasindustrie oder Kenntnisse über ukrainische Energieversorgungsregularien, an den Posten just zu der Zeit, als sein Vater von Präsident Obama als Mittler im Ukraine-Konflikt entsandt wird. Dieser Umstand ist einmal mehr Erinnerung daran, dass sich Donald Trump das nicht ausgedacht hat, sondern dass das politische Washington in der Tat ein Sumpf ist. Man muss sich bloß entscheiden, ob man lieber am flachen oder am tiefen Ende schwimmt.

Durch das Verfahren bekommt Biden auch das, was er sich schon lange gewünscht hat: die direkte Konfrontation mit Trump, der in Biden offensichtlich einen so ernst zu nehmenden Konkurrenten sah, dass er seine politische Karriere, mehr noch: seine ganze Präsidentschaft, aufs Spiel gesetzt hat, um ihm zu schaden.

Falls Trump das Verfahren nicht überstehen sollte, werden sehr viele Amerikaner Hunter Biden danken. Falls ein gescheitertes Verfahren dem Präsidenten hingegen Auftrieb für die Wiederwahl im November 2020 geben sollte, möchte man nicht in Hunter Bidens Haut stecken.

Wenn wir uns eines Tages an die Trump-Präsidentschaft zurückerinnern, wird die Geschichte vielleicht in einem Krankenhaus beginnen müssen: Es hatte ein paar Tage gedauert, bis die

Bestätigung von offizieller Seite kam – *ja, es stimmt, Diagnose Herzinfarkt.*

In der ersten Oktoberwoche 2019 klagte Bernie Sanders, der 78 Jahre alte Senator aus Vermont, über Schmerzen in der Brust. Er befand sich zu dem Zeitpunkt in Las Vegas auf einer Wahlveranstaltung. Im Krankenhaus setzten ihm die Ärzte zwei Stents in eine verstopfte Arterie. Drei Tagen später kam Sanders aus dem Krankenhausgebäude, an seiner Seite seine Frau Jane, aus der Ferne winkte er für die TV-Kameras, ohne sich den Fragen der Reporter zu stellen. In einem Statement dankte er den Ärzten, Krankenschwestern und Pflegern: »Nach zweieinhalb Tagen im Krankenhaus fühle ich mit großartig, und nach einer kurzen Pause freue ich mich, wieder an die Arbeit zu gehen.«

Wahrscheinlich wird sich nie konkret sagen lassen, wie sich das alles auf den Wahlkampf ausgewirkt hat, ob Bernie Sanders trotz Herzinfarkt die Nominierung als Präsidentschaftskandidat der Demokraten erringen konnte oder ob er ihn daran gehindert hat.

Falls er der 46. Präsident der Vereinigten Staaten wird, werden sie sagen: den hat nicht mal der Herzinfarkt gestoppt.

2016 war es Sanders, der vor Kraft zu strotzen schien und im Gegenzug Hillary Clinton vielleicht das ein oder andere Magengeschwür verpasst haben musste. Mit seinem unermüdlichen Anreden gegen das Establishment drängte er die Partei und Clintons Team dazu, sämtliche Positionen umzudenken. Sanders war dafür verantwortlich, dass die Demokraten eine Reihe progressiver Themen übernahmen und weiter nach Links rückten.

Vier Jahre später ist dieser Verdienst einer der Gründe, warum seine Kampagne 2020 nicht mehr ganz so rund zu laufen scheint. Die Themen und Spendenbereitschaft sind ähnlich, aber wo Sanders 2016 noch Anführer der Aufständischen war, sind einige seiner Positionen heute vom Mainstream geschluckt worden. Sanders hat sein Alleinstellungsmerkmal verloren – andere Politiker und Politikerinnen im breiten Feld der Demokraten vertreten ebenfalls die Forderung nach einem höheren Mindestlohn oder die Abschaffung von Studiengebühren.

Schaut man auf die Umfragen, ist Sanders' schärfste Konkurrentin innerhalb des progressiven Parteiflügels Elizabeth Warren. Beide betonen die Wichtigkeit verteilungspolitischer Themen, beide wollen »Medicare for all« einführen, eine gesetzliche Krankenversicherung für alle Amerikaner, beide wollen Besserverdiener höher besteuern, beide plädieren für einen *Green New Deal*, was allerdings nichts daran ändert, dass die zwei sehr, sehr unterschiedliche Politiker sind.

Warrens Regulierungsvorstellungen innerhalb des bestehenden Systems haben wenig gemeinsam mit Sanders' Aufruf zu einer grundlegenden politischen Revolution.

Sanders ist nicht wie Warren im akademischen Umfeld, sondern in der Gewerkschafts- und Bürgerrechtsbewegung sozialisiert worden. Für ihn sind Märkte keine Werkzeuge, die bloß in die falschen Hände geraten sind. Die führende Klasse trifft in Sanders' Weltsicht keine moralisch fragwürdigen Entscheidungen, sie verfolgt ein gezieltes Interesse, alle anderen auszubeuten.

In diesem sozialistischen Klassenkampf hat Sanders seit Kurzem äußerst prominente Unterstützung.

»Seid Ihr alle bereit für die Revolution?«, fragte Alexandria Ocasio-Cortez, als sie im November 2019 die Bühne in Council Bluffs betrat, einem konservativeren Teil von Iowa. Die New Yorker Kongressabgeordnete hatte ein paar Wochen zuvor offiziell ihre Wahlempfehlung für Bernie Sanders abgegeben, jetzt trat sie zum ersten Mal *on the road* für ihn im Wahlkampf auf. »Die Leute werfen uns vor, die Partei zu weit nach links zu führen«, sagte Ocasio-Cortez, die das Publikum vor Sanders' Auftritt anstachelte. »Dabei führen wir die Partei gar nicht nach links – wir bringen sie bloß wieder nach Hause.«

Wo dieses Zuhause liegt, ist Ocasio-Cortez klar, ist Bernie

Sanders klar, ist ihren Anhängern klar. Eigentlich ist es in den USA allen klar: ein bezahlbares Leben. Ist das wirklich zu viel verlangt?

Im Drei-Jobs-und-trotzdem-kaum-über-die-Runden-kommen-Amerika manchmal schon.

Ob man aber mit radikalen Maßnahmen den Umbau dieser Gesellschaft vorantreibt *und* dabei Wahlen gewinnt, ist eine andere Frage. Vielleicht ist es *die* Frage im Wahljahr 2020. Zumindest unter Demokraten. Wie sehen die Alternativen aus? Schrittweise den Wandel herbeiführen, um die in der Politik viel umschmeichelte *Mitte* nicht zu verschrecken und möglichst verschiedene politische Kräfte zu binden für die Wahl im November gegen Donald Trump? Oder sind wir dem Abgrund schon so nah, dass es nur durch fundamentales Umdenken weitergehen kann? Spätestens seit Hillary Clintons Niederlage ist dieser innerparteiliche Richtungsstreit offen ausgebrochen.

Alexandria Ocasio-Cortez hat zumindest mit der Forderung nach einer grundlegenden Neuordnung des Systems, eine der erstaunlichsten Karrieren hingelegt, die man in der amerikanischen Politik machen kann.

Um zu erklären, wie AOC, wie Ocasio-Cortez überall nur genannt wird, bekannt geworden ist, gibt es zwei Geschichten zu erzählen: Die eine ist klassisch, sie begegnet einem in den USA ständig. Es ist die, die immer etwas märchenhaft daherkommt, weil sie vom unverhofften Aufstieg handelt; in diesem Fall von einer jungen New Yorkerin, in der Bronx geboren, aus sogenannten einfachen Verhältnissen, deren Vater früh stirbt, deren Mutter putzt, um die Familie zu ernähren, während sich die Tochter als Barkeeperin in einem Taco-Restaurant in Manhattan Geld dazuverdient. Und diese Barkeeperin, so geht der vereinfachte, verkürzte Teil der einen Geschichte, fordert plötzlich den viertranghöchsten Demokraten im amerikanischen Abgeordnetenhaus heraus – *ja warum denn nicht?* – und gewinnt am Ende den Wahlbezirk. Knapp, aber immerhin gegen das demokratische Establishment, das Millionen hat, nur keine Visionen.

Über Nacht wird sie zum Star.

Das ist der Satz, mit dem man oft seine eigene Wahrnehmung beschreibt und der wenig über den Wirkungszusammenhang von Probieren und Erfolg aussagt. Ocasio-Cortez' Aufstieg hat mit einem Zufall und Bernie Sanders zu tun – und passierte nicht über Nacht.

Als klar wird, dass Sanders 2016 die Nominierung der Demokraten nicht gegen Hillary Clinton gewinnen würde, tun sich ein paar seiner Anhänger und ehemalige Mitarbeiter seines Wahlkampfteams zusammen und gründen eine Gruppe namens *Brand New Congress*. Die Gruppe hat sich zur Aufgabe gemacht, progressive Kandidaten und Kandidatinnen für die Kongresswahlen 2018 zu finden und zu unterstützen, die keine weißen, wohlhabenden Männer sind. Gabriel Ocasio-Cortez reicht eine Bewerbung für seine ältere Schwester Alexandria ein. Die junge, charismatische 28-Jährige mit Familienwurzeln in Puerto Rico passt genau auf das Anforderungsprofil.

Wie ernst es ihr wirklich ist, weiß die Gruppe anfangs nicht. Immer mal wieder sagt Ocasio-Cortez Treffen mit *community leadern* ab, die *Brand New Congress* für sie organisiert hat. Sie will Abgeordnete werden, hat aber eigentlich keine Zeit dafür. Vier Nächte die Woche mixt sie Drinks hinter der Bar. Irgendwie muss die Miete bezahlt werden. »Wie denkt Ihr, dass ich das machen soll?«, sagt sie zu ihren Förderern, wenn die wieder mit Terminanfragen drängen. »Ich muss arbeiten.«[71]

Eines der anfänglichen Treffen findet in Jake DeGroots Apartment vor einer Handvoll Leuten statt. Der ehemalige Bühnen-Lichtdesigner, der sich in der Vergangenheit für *Occupy Wall Street* engagiert hat und an Ocasio-Cortez' progressive Themenplattform glaubt, hat eine Reihe von befreundeten Schauspielern und Theaterleuten versammelt. Ein paar davon werden die

Außenseiterin danach als freiwillige Helfer in ihrem Graswurzel-Wahlkampf unterstützen. Der Spirit unter den Künstlern ist klar: Die Chancen auf Erfolg sind gering, aber was soll's – nur so lässt sich große Dramaturgie aufbauen. Was zu ihrem und Bernie Sanders' Politikverständnis passt. Beiden geht es um das Streben nach großen Ideen, auch wenn sie erst einmal noch so utopisch klingen mögen und die Ressourcen knapp sind. Eigentlich klassische Heldengeschichten, wie sie Hollywood nur zu gut kennt, die Ocasio-Cortez und Sanders dort in ihrem Aufbegehren gegen das Establishment servieren. David gegen Goliath, sozialistische Versprechen in einer turbokapitalistischen Welt. »Gut gemachtes Theater ist Politik«, sagt Jake DeGroot später in einem Interview über die bescheidenen, aber entscheidenden Mittel in den Anfangstagen der Ocasio-Cortez-Kampagne.[72] »Schlecht gemachte Politik ist bloß Theater.«

Den Vorhang zu lüften, um die Absurdität des Systems zu entblößen, hat sie als Abgeordnete in Washington zu einem ihrer Markenzeichen gemacht. Videos ihrer kreuzverhörartigen Befragungen in Ausschusssitzungen sind tausendfach geteilt und millionenfach angeschaut worden. Alexandria Ocasio-Cortez hat mit diesen Auftritten eigenhändig dafür gesorgt, dass sich der Durchschnittsamerikaner plötzlich mit der Widersinnigkeit der Wahlkampffinanzierung beschäftigt – und ein bisschen besser versteht, worum es hier geht.[73] Sie hat Vertreter des Ölgiganten ExxonMobil unfreiwillig ihre frühe Kenntnis des Klimawandels zugeben lassen.[74] Sie hat Mark Zuckerberg vorgeführt durch klare, einfache Fragen.[75]

Sie sitzt dann dort, in den Ausschussräumen, die viel Eiche verbaut haben, sie trägt die Politiker-Uniform Nr. 1, ein schwarzes Jackett, und geht ihren Fragenkatalog durch. »Frau Abgeordnete, ich weiß es nicht«, hört man Zuckerberg immer wieder sagen. »Sie wissen es nicht«, sagt Ocasio-Cortez. Es ist keine Frage, bloß eine Feststellung.

Die von ihr entblößte Unwissenheit des Facebook-Gründers über das Treiben seines eigenen Unternehmens liefert zwischen den Zeilen eine Antwort auf die Frage, ob Zuckerberg die bessere Figur als smarter Programmierer oder als Konzernchef abgibt, und ob entfesselte Wachstumsgier ein solides Zukunftsmodell für die Firma ist. Diese so genau vorbereiteten Augenblicke vor laufender Kamera sind Beweis für das besondere politische Gespür und Talent von Ocasio-Cortez.

Vielleicht ist dieser Sinn für Performance angeboren, vielleicht hat sie ihn sich angeeignet. Wer kann das schon sagen. In jedem Fall, und das ist die zweite Geschichte, die ihre Berühmtheit erklärt, nutzt sie diesen Sinn aktuell so erfolgreich wie kaum jemand sonst in der amerikanischen Politik. Alexandria Ocasio-Cortez ist nicht eine der bekanntesten Politikerinnen des Landes geworden, weil sie wider Erwarten einen einflussreichen, etablierten Demokraten in einer parteiinternen Vorwahl erfolgreich herausgefordert hat. Das ist ihr durch etwas gelungen, das sie mit Barack Obama gemeinsam hat: Politik in Geschichten zu erzählen, anschaulich, einfühlsam, persönlich.

Wie schon Trumps Vorgänger hat Ocasio-Cortez jedoch ebenso wenig Verbündete im Kongress, die ihr zu Mehrheiten verhelfen. Ihre legislative Bilanz sieht bislang mager aus. Der Green New Deal, das Gegenstemmen gegen den Klimawandel mit sozialpolitischen Mitteln, bleibt (vorerst) eine reine Utopie. Was sie nicht davon abhält, mit Sanders dafür zu werben, dass ein grundlegender Wandel mit jemandem wie ihm im Weißen Haus möglich wäre.

Im Frühjahr 2019, Monate vor ihrem gemeinsamen Wahlkampfauftritt in Iowa, hatten die beiden sich schon einmal eine Bühne geteilt. Damals lag Sanders in den Umfragen unter den Demokraten noch weit vorne, Wochen bevor Joe Biden seine Kandidatur ankündigte. An dem Abend im Mai waren Sanders und Ocasio-Cortez an der Howard University in D.C. auf Einladung einiger Aktivisten von Sunrise Movement erschienen, um für den *Green New Deal* zu werben. Sunrise Movement ist eine Graswurzelorganisation, die sich für einen Wandel in Klimafragen und erneuerbare Energien einsetzt. Sanders war zuerst aufgetreten, vor AOC, dem Star des Abends, der frischgewählten und mit 29 Jahren damals jüngsten Abgeordneten im US-Kongress. Sanders' ausgestreckter Zeigefinger fuchtelte durch die Luft, als er über die Ölindustrie und *big business* in Amerika sagte: »Wir haben ein ungerechtes Wirtschaftssystem und eine Politik, die korrupt ist. Die Wahrheit ist, dass wir augenblicklich eine kleine Anzahl an unglaublich mächtigen Milliardären haben, die wahnsinnigen Einfluss auf das wirtschaftliche und politische Leben in unserem Land ausüben.«

Ocasio-Cortez, die die linken amerikanischen Medien lieben und die die rechten Publikationen sowie der Präsident zu einer Art Schreckgespenst auserkoren haben, sprach über Zynismus in der Politik, die Wichtigkeit von Graswurzelbewegungen, Hoffnung und kleine Schritte, die Großes bewirken können. Aber sie sagte auch: »Ich wünschte, als Volksvertreter, dass ich mich hier hinstellen und Euch sagen könnte, dass schon alles irgendwie in Ordnung gehen wird. Es gibt aber keinen Grund, dass wir uns zurücklehnen, und ich stehe hier nicht, um zu garantieren, dass alles schon in Ordnung gehen wird. Warum ich hier stehe, ist, um Euch zu sagen, dass wir es zumindest probieren müssen.«

Der Applaus des vorwiegend jungen Publikums hallte lange nach. Am Ende sagte Ocasio-Cortez: »Unsere Geschichte mag schon geschrieben sein, unsere Zukunft ist es nicht.«

Das stimmt. Auch sie hat eine Hand an der Wiege des Landes. Angefacht von Donald Trump, steht der sogenannte *Squad*, die lose Vereinigung aus den Abgeordneten Alexandria Ocasio-Cortez, Ilhan Omar, Rashida Tlaib und Ayanna Pressley, die

2018 für ihre progressive Politik neu in den Kongress gewählt
wurden, für einige konservative Wähler als Amerikas sichere
Eintrittskarte in den Sozialismus. Die Frage, die sich für 2020
stellt: Interessieren sich mehr Bürger für linke Themen als dass
es sie abschreckt und in Trumps Arme treibt?

Als sie und Sanders im Herbst 2019 in Iowa endlich gemeinsam auf der Bühne standen, sah Sanders gestärkt aus, irgendwie
zufriedener als in den Wochen davor. Die Unterstützung von
Ocasio-Cortez kann er für seinen zweiten Anlauf um die Kandidatur gut gebrauchen.

Er ist wieder mit vollem Herzen dabei.

Trumps Sieg 2016 wirkte wie ein Unfall in einem Amerika, das
sich auf der Suche nach einer Post-Obama-Identität hatte blen-
den lassen. Das sich auf eine *amour fou* eingelassen hatte, deren
Schadensbilanz noch keiner so richtig kennt.

Unter Trump hatte Amerika aufgehört, auf geopolitische
Strömungen zu reagieren oder diese für das globale Allgemeinwohl sogar zu antizipieren. Der Einfluss der einzigen Supermacht
schmilzt wie das Eis in Grönland. Trump glaubt nicht an die in-
ternationale Wertegemeinschaft und ihre veralteten Institutionen.
China und Russland gehen ihren Weg. Europa kann sich nicht
mehr voll und ganz auf die USA verlassen. Kann und will sich
das Land diesen Zustand noch einmal vier Jahre lang leisten?

Das Verrückte ist ja, dass nach fast vier Jahren, nach all dem,
was er gesagt und getan hat, die Möglichkeit gar nicht so abwe-
gig ist. Trumps Wiederwahl kann man schlicht nicht ausschließen. Selbstverständlich ist das alles wahnsinnig komplex, hängt
von so vielen Faktoren ab und könnte durch die kleinste Erschüt-
terung, wie einem offenen Konflikt mit dem Iran, zunichtege-
macht werden. Deshalb, bevor der lange Sommer 2020 anbricht,
hier nur ein paar grundsätzliche Gedanken vorab:

»Grab them by the pussy«. Die Zahlung an Stormy Daniels. Der Mueller-Report. Das Ukraine-Telefonat. Wie viele Skandale braucht es?

Bei wahrscheinlich so ziemlich jedem anderen Politiker würde eine dieser Geschichten wohl der erste Satz im politischen Nachruf sein: *Der Mann, der einst ...*

Bei Trump wirken diese Skandale wie Ach-ja-das-hat-er-ja-auch-noch-Fußnoten.

Dass ein historisches Impeachment-Verfahren die ohnehin nie ganz weiße Weste des Präsidenten nun endgültig beschmutzen könnte: nicht übermäßig wahrscheinlich. Als Mr. Nice Guy hat Trump sich schließlich nie aufgedrängt. Als Spieler, der Deals zustande bringt, hatte er sich angekündigt; als *agent of chaos* werden wir ihn womöglich in Erinnerung behalten.

Dass eine Vielzahl seiner Geschäfte innerhalb des Weißen Hauses und vor allem außerhalb dessen die Grenze zur Anrüchigkeit überschreiten, mag ihm noch der eine oder andere Amerikaner verzeihen. Wer sucht schon nicht den eigenen Vorteil in einer Gesellschaft, die viel abverlangt und wenig gibt. Was sie in den USA dagegen nicht so gern mögen, ist ein Präsident, der verlacht wird in aller Welt. Die Präsidentschaft ist ein amerikanisches Ideal, wie *apple pie*. Die Vereinigten Staaten haben große Männer hervorgebracht, die Kriege geführt haben (manche weniger gerecht als andere), die Konflikte moderieren mussten, die die Demokratie verteidigt haben, die ein zerrissenes Land vorfanden. Die bedeutendsten unter ihnen fanden zur Aussöhnung oft eine Sprache, die leuchtete, wenn es darauf ankam, weil sie Trost spendete. Trumps Sätze sind selten von ausgesuchter Schönheit, seine Worte lassen das Land nicht heller strahlen.

Das wird ihm, Stand jetzt, im Januar 2020, im Impeachment-Verfahren nicht das Amt kosten. Vermutlich. In diesem Verfahren geht es nämlich nicht nur um ihn, sondern genauso um Machtfragen innerhalb der Parteien, um Angst vor Mandatsverlusten. Trumps Unfähigkeit zum Staatsmann ist bloß etwas, das die Historiker und Geschichtsschreiber dieses so komplizierten Landes ihm vielleicht eines Tages vorhalten werden.

Impeachment ist keine Hilfestellung, sich plötzlich eine Meinung zu Trump zu verschaffen, ob dies oder das rechtens war, was er etwa im Fall der Ukraine getan hat. Die Frage ist eher, ob das Verfahren im Kongress, das rein politischer Natur ist und keine juristischen Konsequenzen hat, das Ansehen des Amtes derart beschädigt, dass die Unentschlossenen danach endgültig genug vom Projekt Trump haben.

Oder ob ein aufgeblähtes Verfahren gegen einen Politikerneuling, der von Anfang an angekündigt hatte, Washingtons Politikkaste umzukrempeln, die Demokraten wie eine rachsüchtige Partei aussehen lässt, die die peinliche Wahlniederlage 2016 immer noch nicht verkraftet hat.

Wenn wir uns also eines Tages an die Trump-Präsidentschaft zurückerinnern, wird die Geschichte vielleicht doch nicht mit den drei oben genannten, durchaus möglichen Stolpersteinen beginnen, zumindest nicht, wenn es weder Warren, Sanders noch Biden (oder wem auch immer) gelingen sollte, im November 2020 gegen Donald Trump zu bestehen.

Was ihn als politischen Spieler nämlich so faszinierend und gleichzeitig unberechenbar macht, ist, dass er sich wie jeder gut skizzierte Filmbösewicht für den eigentlichen Helden der Geschichte hält. Und Heldenfiguren darf man nie abschreiben.

ON THE STREETS

Wie Dirt-Biker für ein freies Schwarzes Amerika kämpfen.
Baltimore, Maryland

Wem das Leben nichts schenkt, dem bleibt oft nichts anderes übrig, als sich Zufälle zu suchen. Aber die find erst mal.

An einem warmen Abend im September 2018 ging Marvin Raheem durch seine Stadt, in der seit einigen Jahren Schusswaffen Träume durchlöcherten wie Motten feine Wolle. Er war auf dem Nachhauseweg, wollte ins Bett, nur noch schlafen, doch als er ein paar Straßen von seiner Wohnung entfernt um die Ecke bog, warf ihm das Schicksal eine Leine zu. Grelles, künstliches Licht blendete ihn. Er sah aufgereihte Wohnmobile und Wohnwagen, Scheinwerfer, überhaupt großen Trubel und Hektik, Menschen, die hin- und herliefen, er sah Kameras und Motorräder. Er sah auf das Filmset, das sich vor ihm ausbreitete, und ein Absperrband, das ihm den Zugang verwehrte.

Das war nicht überraschend, er kannte das: eine Gesellschaft, die nicht jeden reinließ, vor allem, wenn man Schwarz ist.

Die Motorräder, die die Straße rauf- und runterfuhren, waren keine normalen Motorräder, es waren *dirt bikes*, Motocross-Maschinen. Marvin sah die Fahrer die Vorderräder hochreißen. Allein auf dem Hinterreifen balancierend und sich nach hinten lehnend, fuhren sie an einer Markierung entlang. Was er da sah, war nicht schlecht und doch nicht besonders beeindruckend. Jemand rief »Cut! Thanks everybody, we're gonna take a break«, woraufhin Raheem nach Hause, aber nicht ins Bett ging. Er schloss das Tor auf und holte sein eigenes *dirt bike* aus der Garage. Er fuhr zurück zum Scheinwerferlicht, suchte sich eine kleine Lücke in der Absperrung und kurvte auf das Filmset.

Eigentlich wollte er nur eine kleine Show für die wartende Crew hinlegen, ein bisschen angeben, *posen*, ihnen zeigen, wie man das wirklich machte mit den *wheelies*, dem hochgezogenen Vorderrad. Er rollte an den Crewmitgliedern vorbei, die sich noch in der Pause befanden: ein Reifen auf dem Asphalt, ein Reifen in der Luft; eine Hand am Steuer, eine in der Luft. Aus dem Filmteam hatte jemand sein Telefon gezückt, hielt drauf, und als Marvin beim nächsten Mal an ihm vorbeikam, fuhr er noch ein bisschen näher ran, schnappte ihm das Handy aus der Hand und filmte sich für ein paar Sekunden während der Fahrt. Er warf das Telefon zurück in die Arme des Mannes und brauste davon in die dunkle Baltimore-Nacht. Er hatte seine Visitenkarte dagelassen, ohne jemals Visitenkarten besessen zu haben.

Zehn Tage später bekam Marvin Raheem eine Rolle in dem Hollywood-Film angeboten, dessen Crew er zufällig über den Weg gelaufen war.

Diesen Sohn Baltimores heute, im Herbst 2019, zu treffen, ist gar nicht so einfach. Nicht weil Marvin Raheem nun ein Filmstar wäre, das hätte er gern; eher, weil er vorsichtig ist. Zu viel schlechte Erfahrung hat er mit Polizei und sogenannten Ordnungshütern gemacht. Als er endlich auf eine meiner über einen Bekannten weitergeleitete Anfragen antwortet, fragt er, ob ich eine Nummer hätte, unter der er anrufen kann. Sicher doch, sage ich. Am Telefon stellt er seltsame Fragen, die wie ein Test klingen.

»Hm, verstehe«, sagt er schließlich. »Ich war mir nicht sicher, ob du Polizist bist …«

Ich erkläre ihm, dass ich nicht von oder bei der Polizei bin. Er glaubt mir und stimmt einem Treffen in Baltimore zu. Wer er wirklich ist und was er macht, weiß ich nicht genau. Ich kenne ein paar Videos von ihm aus dem Internet. Dort kann man sich, wie bei den meisten Menschen, einen Realitätsentwurf aus dem Online-Leben zusammenpuzzeln, ohne tatsächlich etwas über den Menschen zu erfahren, dem man dort zuguckt. Ich weiß, und das ist der Grund, warum ich ihn treffen will, dass er auf seinem *dirt bike* durch Baltimore fährt und dabei aberwitzige Stunts macht. Er nennt es *bike life culture*, die örtliche Polizei nennt es »eine Bedrohung«. Seit Jahren ist es illegal, auf den Motocross-Maschinen durch die Stadt zu fahren, was Marvin und andere Biker, die zumeist Afroamerikaner sind und in den armen Vierteln der Stadt leben, nicht davon abhält, meistens an Sonntagen stundenlang durch Baltimore zu brettern, immer das Vorderrad hochgezogen Richtung 12 Uhr, und sich mit Streifenwagen Verfolgungsjagden liefern.

Der große Regisseur John Waters, der aus der Stadt stammt und 1988 mit »Hairspray« einen Film über amerikanischen Alltagsrassismus in Baltimore inszeniert hat, fasste dieses Katz-und-Maus-Spiel vor ein paar Jahren in einem Interview mit dem Journalisten Peter Richter[76] mal liebevoll so zusammen: »Getto-Kids fahren in die Stadt und jagen weißen Spießern einen Schrecken ein. *It's soooo good.*«

Als Marvin mir schreibt, dass sein Sicherheitspersonal mich am Bahnhof in Baltimore einsammeln wird, damit er mir seine *bike-life*-Welt erklären kann, zweifle ich für einen Augenblick an meinem Instinkt. Verarscht der mich gerade? Warum braucht der Typ Security? Ist das ein Witz? Und dann denke ich: Na super – jetzt bist du also selbst dem alten, rassistischen Klischee vom kriminellen Schwarzen aufgesessen. In einer Gesellschaft, in der weiße Spargel wie ich alle erdenklichen Privilegien genießen, fange ich auch noch an, in Klischees zu denken, obwohl ich es doch war, der ihn um ein Gespräch gebeten hatte. Peinlich.

214

Ja, das ist es, vor allem weil Marvin ausgesprochen nett und liebenswürdig ist, als ich ihn zwei Tage nach unserem Telefonat treffe.

Er lässt mich zwar am Bahnhof eine Dreiviertelstunde warten, aber er hält sein Versprechen: »5 min … white truck«, schreibt Marvin per SMS. »Seid Ihr das in dem Ford?«, schreibe ich nach ein paar Minuten zurück, als ich einen weißen Pickup-Truck vorfahren sehe. »Yes, it's my security.«

Ich gehe auf das Auto zu, auf der Fahrerseite steigt ein dünner Typ aus, ganz in Schwarz gekleidet. Am Gürtel trägt er eine Pistole. Er kommt ums Auto und macht mir die Tür auf. »Hey, how you doin'?«, sagt er. Sein Händedruck ist nicht der einer Lusche. Der Mann kann zupacken.

Ja, *how am I doing* in diesem Augenblick? Jetzt da ich die Pistole sehe, habe ich plötzlich ein besseres Gefühl – es ist dermaßen absurd, abgeholt zu werden in einem übergroßen, weißen Truck von jemandem, den ich nicht kenne und der bewaffnet ist, dass mir das alles komischerweise auf einmal nicht mehr bedrohlich vorkommt. Wir fahren los. Vielleicht sollte ich jetzt den Mann mal fragen, wie er heißt und wie genau er in Verbindung zu Marvin steht.

Sein Name ist Rasheed, sagt er. Er ist Marvins Bruder. Er erzählt, dass er als Personenschützer und Privatdetektiv arbeitet. Rasheed zeigt mir seine Marke – *Private Investigator* steht da. Logisch, dann kann man auch mal eine Wumme dabeihaben. Zwei Fragen habe ich noch: 1. Wozu braucht Marvin Personenschutz, und 2. Was sind das für Fälle, die er als Privatdetektiv übernimmt?

»Hah!«, lacht Rasheed, »Personenschutz braucht er nicht, aber da ich in der Security-Branche tätig bin und die Straßen, auf denen wir hier gleich unterwegs sind, nicht ganz ungefährlich sind, dachte er, wir holen dich besser ab.« Jetzt schäme ich mich, so richtig: Ich hatte keine Angst vor *ihnen* haben müssen. Sie hatten Angst um *mich* gehabt.

Die meisten seiner Fälle haben mit Versicherungsbetrug zu tun, sagt Rasheed. »Da gibt einer auf der Arbeit Bescheid, dass er was am Knöchel hat, und spielt am Wochenende Basketball mit den Jungs. Solche Sachen …« Und manchmal kommt auch ein betrogener Ehemann an, erzählt er, und will, dass Rasheed seine Frau in flagranti ertappt und Beweismaterial sammelt. Standardkost für einen Private Investigator.

Rasheed ist, im Gegensatz zu seinem Bruder, selten mit dem *dirt bike* unterwegs. Wenn er von Marvin und den anderen Bikern redet, klingt er skeptisch, als ob dieses Hin und Her mit der Polizei inzwischen hinter ihm liegt und er sich auf andere Dinge konzentrieren will. Er fährt mit mir in den Westen der Stadt, an kaputten, bretterverschlagenen Geschäften vorbei. Menschen sitzen mit Tüten beladen auf dem Boden in Häusereingängen, andere stehen an der Ecke, warten auf den Bus, unterhalten sich, gehen einkaufen. In diesen Vierteln sieht die Stadt mitgenommen aus, von der Moderne vergessen. Baltimore ist nach Philadelphia die zweite große Ostküsten-Metropole zwischen Washington und New York. Wie kaum eine andere Stadt ist sie in den vergangenen Jahren von Gewalt heimgesucht worden. Stand heute, am 287. Tag des Jahres 2019, stehen in der Statistik 270 Morde, 245 davon durch Schießereien.[77] Fast jeden Tag kommt hier jemand um, besonders im West- und Ost-Baltimore häufen sich die Straftaten. Nach ein paar Minuten im Auto sagt Rasheed: »Erinnerst du dich noch an Freddie Gray? Die Ecke da vorne, hier rechts, da haben sie ihn festgenommen.«

Es ist schwierig, sich nicht an Freddie Gray zu erinnern. Im April 2015 wurde der 25 Jahre alte Afroamerikaner von Polizisten in Gewahrsam genommen und abgeführt. Der Grund für die Festnahme ist bis heute nicht eindeutig geklärt. Die Beamten fanden ein Messer bei ihm. Ob die Klinge zu lang war oder doch nur Taschenmessergröße hatte, macht heute eigentlich keinen großen Unterschied mehr. Auf dem Transportweg zur Polizeiwache erlitt Gray nämlich Verletzungen im Genick und am Rückenmark, noch im Transporter fiel er ins Koma. Keiner der sechs beteiligten Polizisten bekannte sich schuldig. Am 19. April verstarb Freddie Gray im Krankenhaus. Danach stand Baltimore tagelang in Flammen. Aus friedlichen »Black Lives Matter«-Protesten wurden nach Aufmärschen der Polizei regelrechte Straßenschlachten.

Wie abgefuckt, man kann es nicht anders beschreiben, einige Teile dieser Stadt geworden sind, kann man aus dem Fall Freddie Gray ablesen, wenngleich einige der Problemursachen bis weit in die Vergangenheit zurückreichen.

Baltimores Bürgermeister J. Barry Mahool galt als aufrichtiger Politiker, der sich für soziale Gerechtigkeit und das Frauenwahlrecht einsetzte. Am 15. Mai 1911 unterzeichnete er jedoch einen Erlass, der die Stadt in ihrer Entwicklung um Jahrzehnte zurückwarf: eine Anordnung »zur Erhaltung des Friedens, Verhinderung von Konflikten und feindlichen Gefühlen zwischen den weißen und schwarzen Rassen in Baltimore City, wobei für das Allgemeinwohl in der Stadt, insofern es praktikabel ist, [die Anordnung] dafür sorgt, dass weiße und schwarze Menschen für Unterkünfte, Kirchen, und Schulen getrennte Wohnblöcke benutzen.«

Die Mahool-Regierung hatte, wie der Jura-Professor Garrett Power schrieb, für ein paar Jahre im Namen progressiver Reformpolitik »ein Apartheitsgesetz erlassen«:[78] In einer Stadt, die vorher bunt durchmischt war, durften Afroamerikaner fortan nicht in Viertel ziehen, in denen sie die Minderheit darstellten. Das Gesetz unterdrückte ihre Möglichkeiten, in wohlhabendere Viertel mit besserer Infrastruktur und besseren Schulen zu ziehen. Baltimore wurde gettoisiert.

Diverse Südstaaten-Städte in Virginia, North Carolina, South Carolina, Georgia, und Kentucky verabschiedeten daraufhin ähnliche Maßnahmen. Auch wenn der Supreme Court, Amerikas oberstes Gericht, das Gesetz 1917 für rechtswidrig erklärte, »arbeitet die Maschine selbst ohne Aufseher weiter«, analysierte Mindy Fullilove Baltimores fortwährenden gesellschaftlichen Niedergang.[79] Die Sozialwissenschaftlerin beschäftigt sich in ihrer Arbeit an der Columbia University mit den Auswirkungen von destabilisierenden Faktoren auf benachteiligte Stadtviertel. Demnach hatte Bürgermeister Mahool die Saat für eine dauerhaft rassengetrennte Stadt gepflanzt.

Und tatsächlich, im Jahr 2015, als Freddie Gray starb, waren rund 25 Prozent aller Familien, die in einem vorwiegend von afroamerikanischen Bürgern bewohnten Viertel in West Baltimore lebten, auf staatliche Unterstützung angewiesen. Das mittlere Jahreseinkommen lag dort 18 000 US-Dollar unter dem Gesamtdurchschnitt der Stadt.[80] 14 Nachbarschaften hatten eine geringere Lebenserwartung als Nordkorea.[81]

Eine Studie der Virginia Commonwealth University fand vor ein paar Jahren heraus, dass die Stadtteile, in denen in den 30er-Jahren das sogenannte *redlining* angewandt worden war, also die institutionelle Praxis, gewisse Serviceleistungen, aber vor allem Kredite und Versicherungen in einkommensschwächeren Vierteln nicht anzubieten, bis heute Auswirkungen hat: Besonders Gegenden im Westen und Osten der Stadt, die schon vor 70, 80 Jahren ausgegrenzt wurden, haben heute einen höheren Armutsanteil, höhere Sterberaten sowie ein geringeres Bildungsniveau im Vergleich zum Rest der Stadt.[82]

Baltimore hat sich selbst eine Wunde zugefügt, die bis heute einfach nicht verheilen will. In diese Welt wurde Freddie Gray hineingeboren, in diese Welt wurden Marvin und Rasheed Raheem hineingeboren. Eine Welt, die aufgrund von systematischem Rassismus nicht jedem die gleichen sozialen Aufstiegschancen bietet, nur weil er oder sie die »falsche« Hautfarbe hat.

Freddie Gray hatte Pech, er starb in dieser Welt. Marvin und Rasheed wollen in dieser Welt bloß eins: überleben.

Über diesem Daseinskampf steht eine banale Frage, die kompliziert zu beantworten ist: Wie wird man ein guter Mensch in einer solchen Nachbarschaft, wie kann man sich hier selbst zum Makler des eigenen Schicksals machen, um hoch- oder wenigstens rauszukommen?

Der weiße, bullige, übergroße Pick-up-Truck, bei dem ich mich frage, wie er bei Beschattungsfahrten unauffällige Detektivarbeit leisten soll, biegt ab. Rasheed und ich fahren auf den Parkplatz einer Schule. Hier haben die zwei Brüder in der Mittelstufe Football gespielt. Rasheed sagt, dass er die Schule mochte. Auf dem Feld dort, er zeigt mit dem Finger auf das grüne Gras auf der anderen Seite des Parkplatzes, hat ihm Marvin beigebracht, wie das geht mit den *wheelies*.

Und dann knattert es, Rasheed guckt in den Rückspiegel, zwei *dirt bikes* werden darin größer und größer. Der Lärm ist ihr Vorbote – er zerfetzt die Abendbrot-Ruhe der Nachbarschaft; was sich da ankündigt, klingt bedrohlich, verboten, nach Action. Ich drehe mich um, eine der Maschinen steht mit dem Vorderrad in der Luft, beide Fahrer tragen diese Old-School-Helme ohne Visier, die nur beinah die Ohren bedecken und im Nacken kaum Schutz haben. Sie sehen wie eine Mischung aus aufgeschnittenen und ausgehöhlten Melonenhälften und abgerundeten Blechtöpfen aus. Der eine Helm hat einen silbernen Stachelkamm entlang des Mittelscheitels.

Neben sich lässt Rasheed das Fenster runter, sein Bruder hält neben uns, er nickt kurz in meine Richtung, sagt »Hey«, und gibt die Anweisung, über den Bordstein, durch das Tor im Zaun auf das Football-Feld zu fahren. Er will sich dort in den Schatten auf die Besuchertribüne setzen. Da ist er also, der Mann, der Sicherheitspersonal für mich schickt.

Vor unserem Treffen hatten mich zwei Dinge beschäftigt: Was ziehst du an, und welchen Handschlag machst du zur Begrüßung? Das hatte alles mit dem Wunsch nach Coolsein zu tun. Ich wollte nicht dazugehören, das war weder das Ziel noch irgendwie möglich, ich wollte nur eine Form von Anerkennung erfahren. »Der Typ ist in Ordnung« musste ich nicht von ihnen hören, nur zu spüren bekommen. Ich hielt es wichtig für das Gespräch. Ich bin weiß, sie nicht, selbstverständlich würde ich herausstechen, trotzdem wollte ich nicht noch zusätzlich wie ein Fremdkörper wirken, nur weil ich womöglich die *codes* nicht kannte, nicht mit ihrem *slang* vertraut und angezogen war wie ein Milchbubi, der wie Falschgeld durch die *roughe neighbourhood* irrte.

Diese Art zu denken hatte also einen journalistischen Ausgangspunkt – man passt sich an, trägt keinen Smoking, um die Bierzeltrede eines Politikers zu begleiten, und so weiter –, und gleichzeitig hatte sie auch damit zu tun, dass ich nicht viel über ihren Alltag wusste. Warum nicht? Ich hatte sie noch nie getroffen, ich wohne nicht in ihrer Stadt, vielleicht reicht das als Ausrede.

Wenn ich ehrlich war, hatte ich mir ein Halbwissen aus verschiedenen Quellen der Populärkultur angeeignet. Ich hatte bloß still konsumiert, mir ein paar Gedanken dabei gemacht, aber nichts unternommen, was mich der Wirklichkeit nähergebracht hätte.

»Wenn du dir unsere Kultur anguckst, sind es momentan vor allem Schwarze, die Coolness kreieren, die eine Sache nehmen, damit spielen, sie umdeuten, remixen, bevor es dann erst cool wird«, sagte mir Bem Joiner vor ein paar Monaten. Im Sommer 2019 saßen wir auf der Veranda seiner Schwester in Atlanta im Bundesstaat Georgia. Ich wollte von dem Branding-Experten und Unternehmer wissen, warum alle Welt auf Atlanta schaute und Trap hörte. »Wir Schwarze machen Dinge cool«, sagte er, »cool wird dann zu Popkultur, und amerikanische Popkultur durchdringt anschließend den Rest der Welt.«

Hip-Hop, Kanye West, Beyoncés Coachella-Set, Filme wie »Black Panther«, »BlacKkKlansman«, Shows wie »2 Dope Queens«, »Dear White People«, Bücher, selbst Sprache – wir beschäftigen uns mit diesen Dingen, die schwarze Künstler geschaffen haben, oft schmücken wir uns mit ihnen, weil sie aufregend und unterhaltend sind, aber was wissen wir, und damit meine ich mich und andere weiße, immer superausgeschlafene Popkulturkonsumenten, schon über *Historically Black Colleges and Universities* und wo der Ausgang bei einem Trap House ist? Amerika zumindest ist zurzeit besessen von *black culture*, hingegen nicht immer sonderlich interessiert an *black life*.

Ich höre die Alben aus Atlanta, fühle mich gut, wenn ich Bücher von Toni Morrison lese und Filme von Jordan Peele gucke, habe jedoch null Ahnung davon, wie Marvins Lebensrealität aussieht.

Ich hatte mich damit begnügt, musste ich feststellen, Kunst und fiktionale Stoffe zu rezipieren und für Wirklichkeit zu halten. Klar ist das besser, als sich rein gar nicht mit diesen Themen, dem Rassismus und der systematischen Benachteiligung, zu befassen. Und trotzdem war es eine Form von Wohlfühl-Auseinandersetzung, die es mir einfach machte, die Komplexität der Dinge auszuklammern.

Geschichtlich-kulturell ist Amerika der anspruchsvollste Berg, vor dem ich je stand, und wie denkfaul ich beim Versuch, ihn zu erklimmen, geworden war, bekam ich per E-Mail bescheinigt.

Ich hatte für dieses Buch und auch für diese Geschichte hier vorab im Büro von *Representative* John Lewis, dem demokratischen Abgeordneten aus Georgia, angefragt, ob er Zeit habe, mit mir über Rassismus und *White Angst* in Amerika zu sprechen. Warum häuften sich in den vergangenen Jahren die Schlagzeilen über Verbrechen, die aus Hass und Vorurteilen begangen waren? Ist Trumps Rhetorik dafür mitverantwortlich oder ist er nur

Sprachrohr für eine ohnehin rassistische Gesellschaft? Würde die Situation ohne ihn besser werden?

John Lewis ist eine amerikanische Ikone der Bürgerrechtsbewegung, er half den Protestmarsch zu organisieren, an dem Martin Luther King seine berühmte »I have a dream«-Rede hielt. In Selma, Alabama wurde er 1965 bei einer friedlichen Demonstration von State Troopern blutig geschlagen und getreten. Seit 1987 sitzt er im amerikanischen Kongress, kennt sich also mit Washington ebenso gut aus wie mit der leidvollen Geschichte afroamerikanischer Bürgerrechtler. Ein guter Gesprächspartner, dachte ich. Bis die Antwort aus seinem Büro kam.

Brenda Jones, seine Kommunikationsdirektorin, antwortete mir direkt auf meine Mail, was in Washington für Anfragen ausländischer Medien nicht unbedingt üblich ist. Oft bekommt man gar keine Rückmeldung. Ich solle ihr vergeben, schrieb sie, falls die nachfolgenden Sätze etwas streng klingen sollten, sie wolle nur sichergehen, dass ich ihre Bedenken verstünde. Ich würde also gern von Mr Lewis wissen wollen, wiederholte sie eine Frage aus meiner E-mail, warum Amerikaner in jüngster Vergangenheit scheinbar mehr und mehr Angst vor *people of color* hätten. »Warum soll es die Aufgabe von *people of color* sein, zu erklären, warum andere Menschen Probleme mit ihnen haben?«, schrieb sie in ihrer Antwort. »Es scheint doch, dass diese Probleme aus dem Kulturkreis hervorgehen, der den Hass verbreitet. Wir können nicht erklären, warum Menschen uns hassen … Diese Selbstbeobachtung und -reflexion sollte aus dem Inneren der Kultur kommen, die für derartiges Verhalten verantwortlich ist, und nicht von den Opfern. Verstehen Sie, was ich meine?«

Das hatte ich, jetzt ja. Das war die blamierendste E-Mail, die mir je geschickt wurde. Gutgläubig hatte ich diese Anfrage gestellt, an jemanden, der sich *mit dem Thema* auskennt, wie man so sagt (da steckte schon der Fehler: was war das denn für ein Thema bitte, gehasst zu werden?), nur um zu merken, dass ich mich gedanklich komplett verrannt hatte. Als ich meiner Freundin Caitlin davon erzählte, drückte sie mir wenig später ein schmales Buch mit Essays der Schwarzen, lesbischen Feministin Audre Lorde in die Hand: »Hier, lies das mal, Seite 20«, sagte sie.

In dem Aufsatz[83] ging es um eine Podiumsdiskussion und die Frage nach feministischer Repräsentanz. Der direkte Bezug war ein anderer, das Problem ähnlich: »Frauen werden heutzutage immer noch aufgerufen, sich über die Lücke männlicher Ignoranz zu strecken und Männern unsere Existenz und Nöte zu erklären. Das ist ein altes und grundlegendes Werkzeug aller Unterdrücker, um die Unterdrückten mit den Anliegen des Herren zu beschäftigen«, schreibt Lorde. *Women of color* würden zudem immer noch gebeten, weiße Frauen über ihren Existenzkampf aufzuklären, was in Lordes Augen Energieverschwendung sei und rassistische Gedanken des Patriarchats weiterverbreite. John Lewis musste mir nicht erklären, warum eine weiße Gesellschaftsschicht ihn sowie seine Brüder und Schwestern verabscheute. Das war nicht seine Aufgabe, das hielt ihn nur davon ab, diesem Hass zu entkommen. Im Umkehrschluss mussten Marvin und Rasheed mir nicht erklären, *warum* sie so lebten. Wenn ich sie etwas fragen muss, dann: *wie* sie lebten. Ich hatte ja keine Ahnung.

Der Detektiv-Truck rumpelt problemlos über die Bürgersteigkante, durch das Tor auf die Grasfläche hinter der Schule. Die zwei Motorräder fahren vorne weg.

Marvin und sein Kumpel Tone, der auf dem anderen Bike saß, haben sich Halstücher bis unter die Augen gezogen. Sie zeigen nach oben, irgendwo in der Ferne kann ich die lärmenden Rotorblätter eines Hubschraubers hören. Sie nennen ihn »the bird«, den Vogel. Darin sitzt Baltimores Polizei und überwacht die Stadt gegen unliebsame Nestbeschmutzer wie die *dirt biker.*

Im Sommer 2016 wurde eine Sondereinheit, die *Dirt Bike Violators Task Force*, gegründet, samt Spitzelhotline für sogenannte sachdienliche Hinweise. Die Taktik ist ähnlich wie die Maßnahmen in Amerikas *war on drugs*: festnehmen, beschlagnahmen, anklagen, wiederholen.

Wenn die ihn sehen und mit ihren hochauflösenden Kameras erkennen sollten, sagt Marvin, könnte es sein, dass sie später bei ihm an der Tür klopften. Jedes Mal, wenn sie mit ihren nicht registrierten Maschinen fahren, brechen sie das Gesetz. Vor knapp drei Jahren hat die Polizei nachts Marvins Haus auf den Kopf gestellt wegen eines Motorrads. Marvin musste danach vor Gericht erscheinen, bekam zwei Jahre auf Bewährung. »Wäre ich in den zwei Jahren auf einer Maschine erwischt worden, wurde mir gesagt, hätte ich zwei Jahre ins Gefängnis gemusst«, erzählt er.

»Dabei machen wir das nicht, weil wir Ärger wollen. Das ist für uns eine Art, Stress abzubauen«, sagt Marvin.

»Aus deren Sicht hat jeder, der durch die Gegend fährt, Dreck am Stecken, was nicht stimmt. Ich habe zwei Jobs, ich habe keine Zeit, um Mist zu bauen«, sagt Tone. »Das hier ist mein kleines Hobby, um runterzukommen.«

Was sofort auffällt: Die beiden sehen trotz ihrer 14-Tage-Bärte wahnsinnig jung aus, dabei ist Marvin 28 Jahre, Tone 29 Jahre alt. Sie begrüßen mich mit einem handelsüblichen Handschlag. Wir hocken auf der fünfreihigen Zuschauertribüne am Spielfeldrand, die zwei eine Reihe über mir, ich rückwärts auf der Sitzbank, zu ihnen gedreht. Rasheed sitzt im Truck. Er lässt den Motor laufen, für die Klimaanlage. Die Motorräder, die keinen Ständer haben, stehen gegeneinander gelehnt neben der Tribüne. Sie haben je einen Zettel in Klarsichtfolie mitgebracht, die sie vor das Lenkrad klemmen, bevor wir Platz nehmen. Es sind zwei Todesanzeigen.

Tone hat die seines Kumpels Sean dabei, Marvin die seines

großen Bruders Necole. Beide waren *dirt biker*, beide starben »on the streets«, wie Marvin sagt. Man würde meinen, dass der Ausdruck automatisch einen Verkehrsunfall meint. In Baltimore, wo im Vorjahr, 2018, insgesamt 309 Menschen ermordet wurden, was statistisch für die vergangenen fünf ein eher ruhiges Jahr ist, bedeutet ein Tod *on the streets* etwas anderes.

Sie kennen auch Fahrer, die im Verkehr umgekommen sind. Natürlich, sagen sie. Dass sie Helme tragen, finden nicht alle cool. Sie haben gesehen, dass es Leben retten kann. Sie sagen sich: Vielleicht sieht ein jüngerer Fahrer sie auf der Maschine und denkt, dass es schon in Ordnung ist, einen Helm zu tragen. Mit oder ohne, das, was *dirt biker* machen, ist kaum noch als bloß gefährlich zu bezeichnen. Wenn ich nicht wüsste, was es ihnen bedeutet, würde ich es lebensmüde nennen.

Das erste Mal sah ich *dirt bike rider* durch D.C. fahren, oder besser ihre Kindergartenvariante: Fünf, sechs Jugendliche auf Fahrrädern, die durch die Straßen fuhren und sich an *wheelies* versuchten. Ich sah sie immer mal wieder, sie konnten nicht weit von mir wohnen. Marvin und Tone sagten mir, dass so die meisten Fahrer anfingen, als Kinder mit dem Mountainbike.

Irgendwann, wahrscheinlich Monate später, stand ich an einer Ampel und hörte ein Röhren, kraftvoll, aggressiv, kopfverdrehend. Über die Kreuzung heizten ein paar Motorräder und ein ATV, ein vierrädriges *all-terrain vehicle*, auch Quad genannt. Zwei zogen ihre Vorderreifen hoch, das rote Licht der Ampel interessierte sie nicht, sie fuhren einfach in die Kreuzung hinein, alle anderen Autos mussten für sie bremsen, wie bei Neuköllner Hochzeitskorsos. Nur sitzen die Fahrer auf der Sonnenallee in Sportwagen mit Knautschzone.

Damals wusste ich nicht, was *bike life culture* war, dass es eine Mischung aus Sport, Lifestyle, rebellischer, weil illegaler Ausdrucksform ist. Unwissend nahm ich an, dass hier zufällig eine Gruppe von Freunden auf schnellen, wendigen Maschinen unterwegs war, die schlichtweg nicht die selbstzufriedene Trägheit von Harley-Davidson-Narzissten besaß, sondern das Motorradfahren als eine höhere, sportlichere Kunstform verstand. Beim dritten, vierten Mal sah ich genauer hin und stellte fest, dass sie nicht nur ihre Vorderräder hochzogen. Sie sprangen, während ein Reifen in der Luft hing, auf ihre Sitze, mit beiden Füßen oder auf Knien, wie auf ein Zirkuspferd. Nur dass sie in ihrer Manege nackten Asphalt und keine Sägespäne unter sich hatten und deutlich mehr als eine Pferdestärke bändigen mussten.

»Sport gibt mir keinen Kick«, sagt Marvin, Tone nickt. Einem Ball hinterherrennen, Videospiele? *Naaah*. »Egal, was in meinem Leben gerade los ist, ob ich Ärger habe oder Rechnungen bezahlen muss, wenn ich auf dem Bike bin, kann ich all das vergessen.«

Also, noch einmal zusammengefasst, hier ein paar sachdienliche Hinweise: Diese Jungs donnern durch vollbefahrene Straßen, in T-Shirts und Jeans, manchmal mit Handschuhen, eher selten mit Helm, sie fahren mit 50, 60, 70 Sachen drauf los, ohne Sinn dafür, was sich hinter der Abkürzung StVO verbergen könnte; wenn's geht, tun sie das auf einem Reifen, weil *bike life* pures Posieren ist, und wenn sie diesen kleinen Stepptanz aufführen und auf dem Sitz hin- und herspringen, heißt das, dass sie nicht bremsen können, weil ein Rad in der Luft hängt und nur die Vorderradbremse am Steuer angebracht ist, sie können in diesem Augenblick nur mehr oder weniger Gas geben und ein bisschen das Gewicht verlagern, damit sie nicht umgefahren werden.

Ist das unter Umständen: mehr als nur gefährlich?

Gar keine Frage, aber es sieht eben auch irre geil aus, wie sie diese hochgetrimmten Maschinen beherrschen, wie sie mit Kraft und Geschwindigkeit spielen und mit dem höchsten Gut überhaupt, der Sterblichkeit, nur um für ein paar Sekunden die Gesetze der Physik auszuhebeln, damit sie wie Könige durch ihre Stadt rollen können, geachtet von der Community, gefürchtet von den Sonntagsfahrern.

Bike life culture ist eine kurze Flucht aus der Freddy-Gray-Welt der Drogen und Gangschießereien, hinein in wohlhabendere Viertel, von denen man sie systematisch hatte ausschließen wollen. Für ein paar Stunden lassen sie alles hinter sich, weil sie vorneweg fahren. Es ist ein Eskapismus, der ihnen ein bisschen Freiheit schenkt – und manchmal seinen Preis hat.

Marvin und Tone ziehen ihre T-Shirts hoch, zeigen mir ihre Schrammen, die sie gesammelt haben. Die Narben sind Ausweise ihres Draufgängertums. Sie haben Freunde fallen sehen, von Autos an- oder überfahren. »Um dahin zu kommen, wo du als Fahrer hinwillst, ist es beinah unmöglich, sich nicht auch mal hinzupacken«, sagt Tone. Er hat gerade zwei Wochen Pause hinter sich, er ist hart gefallen. Als Tone stürzte, knallte das Bike auf ihn, er hatte zu viel Gas gegeben und die Balance verloren. Marvin sagt, dass er vorsichtiger geworden ist. Er wird in zweieinhalb Monaten zum ersten Mal Vater, er ist dann für eine kleine Tochter verantwortlich, außerdem hat sein Bruder ihm das Motorrad hinterlassen, er will keine allzu waghalsigen Stunts damit machen. Bloß keine Kratzer, es ist sein wichtigstes Erinnerungsstück an ihn.

Vor zwanzig Jahren, sagt Marvin, hätten die Tricks auf den Bikes anders ausgesehen, nicht wie heute, heute gehe es sehr um Style und Technik. »You wanna be the nicest person in the city«, sagt er, was natürlich lustig klingt. Als Jugendlicher wollte ich alles außer *nice* sein; nett, das war eine ausgesprochene Beleidigung. »Sometimes it's nice to be nice«, hatte mir Peter Doherty vor ein paar Jahren gesagt, als ich ihn in Paris zu einem Interview traf, da ging es jedoch darum, wie nützlich es ist, zwischendurch die Finger vom Heroin zu lassen, um mal wieder ein paar Tage geradeaus gucken zu können. Jetzt war *nice*, laut den coolsten Typen, die ich vielleicht jemals treffen werde, plötzlich der Superlativ. Niceness war es, was man erreichen wollte. *Nice* heißt für sie, frisch zu sein, gut auszusehen, besser als der schlappe Rest zu performen.

Irgendwie vielsagend, dass ausgerechnet dieser Begriff, in einer Stadt voller richtig harter *bad boys*, das höchste Gebot der Abgrenzung ist.

Man würde meinen, dass die Stadt versucht, sich das Leben einfacher zu machen, irgendwo eine Strecke für die *dirt bike rider* schafft und sich die teuren Helikopterflüge spart. Mehrere Anläufe der Gemeinde, für die Fahrer eine Fläche zu finden, scheiterten aus diversen Gründen, und selbstverständlich ist das Gejagtwerden durch die Polizei auch ein großer Teil des Reizes. Nach einer Reihe von tödlichen Unfällen lautet die offizielle Anweisung der Stadt, dass die Biker unter normalen Umständen nicht verfolgt werden dürfen, nicht selten passiere aber genau das, sagen Marvin und Tone. Es ist ein gegenseitiges Sticheln, ein Blick an der Ampel reicht, wenn ein Streifenwagen um die Ecke kommt.

Sie nerven dich, sagt Marvin, also nervst du sie. Es gebe Leute, die nicht wüssten, wie man richtig fährt, auf die würden die Polizisten nur warten, um sie dann vor sich herzutreiben. Das seien meistens die, die Unfälle verursachten oder geschnappt würden. »Bei uns ist es eher so: Lass mal gucken wie wir die dumm aussehen lassen können«, sagt Marvin. »Wenn du verfolgt wirst«, sagt Tone, »und noch 'nen *wheelie* dabei machst, kapieren die relativ schnell, was für eine Art Fahrer du bist und ob es sich lohnt, dir hinterherzurasen.«

Beide haben kein Problem damit, zuzugeben, dass die Verfolgungsjagden Spaß machen. Tone sagt: »Wenn du fast geschnappt wirst, wenn es ganz knapp ist und du doch noch davonkommst ... das ist das Beste.«

Das Schlimmste sei, mit einem halb vollen Tank rumzufahren und dann verfolgt zu werden. Die Sache mit dem Benzin ist eh so ein Ding, sagen sie. Der Preis ist in Ordnung, einmal volltanken kostet 5 Dollar. Das Problem ist eher, dass sie keins bekommen. In Baltimore bekommen die Pächter inzwischen Bußgelder aufgebrummt, wenn sie dabei erwischt werden, Benzin an *dirt biker* zu verkaufen.

Nicht nur deshalb haben einige Fahrer aufgehört, am Wochenende auf ihre Maschinen zu steigen. Die Strafanzeigen, mit denen die Polizei inzwischen um die Ecke kommt, sagt Tone, mache ihnen das Leben schwer, im wahrsten Sinne: »Die nehmen dir dauerhaft deinen Führerschein weg. Das macht es komplizierter, zur Arbeit zu kommen. Und ohne Arbeit kannst du deine Rechnungen nicht bezahlen, verstehst du?«

Und es gibt da so Fahrer, sagt Tone in einem toll abfälligen Ton, die sagten, »Ich hab Kohle, ich hol mir eine Maschine, mache einen *wheelie* und schon fliegen mir die Frauenherzen zu«, aber so einfach gehe das nicht. Das, sagt Tone, jetzt in einem toll ernsten Ton, ist ein Prozess, der dauert. Egal, was passiert, unterbricht Marvin ihn und erinnert an einen wichtigen Aspekt des *dirt biking*, kein Fahrer werde zurückgelassen. Falls ein Anfänger runterfällt, während die Polizei hinter ihm her ist, wird er bei einem anderen hinten drauf genommen; falls er davonrennt, passen die anderen auf seine Maschine auf.

Sie erzählen, dass sie sogar schon gesehen haben, wie Biker mit dem Taser von der Maschine geholt wurden. »Ein paar Cops salutieren, wenn wir vorbeifahren«, sagt Marvin, »die gucken uns zu, und andere tun alles, um dich vom Bike zu holen.« Sie können nicht ausmachen, wer sie sind, es gäbe Schwarze und weiße Polizisten, die in Ordnung sind, sagen die beiden. Und dann seien da einfach ein paar, die Bikes nicht ausstehen könnten. Einer der Helikopterpiloten, sagt Tone, sei beispielsweise ein Schwarzer Cop.

Ist die Polizei rassistisch? Sie sagen Nein, *bike life culture* sei ziemlich divers, ein paar der Jungs würden noch nicht einmal Englisch sprechen. Die Antwort ist überraschend. Ich hätte nicht gedacht, dass sie der Meinung sind, die Polizei diskriminiere sie nicht. Ich bin mir nicht sicher, mit Verlaub, ob da nicht ein kleiner Denkfehler drinsteckt: Wenn die Polizisten, egal, ob Schwarz oder weiß, versuchen, eine Aktivität zu unterbinden, die besonders in nicht weißen Vierteln populär ist, spricht das ja eher für als gegen eine diskriminierende Motivation. Es klingt eher so, als ob die Polizei nicht ausschließlich Baltimores Afroamerikaner schikaniert, wenn es um *dirt bikes* geht. Vielleicht haben sie recht und es ist tatsächlich nur dieses Katz-und-Maus-Ding. Es ist für mich unmöglich zu sagen, ohne da mitzufahren.

Von außen betrachtet, klingt es zumindest wie eine Form von starker sozialer Kontrolle. Die Polizei scheint weniger als Freund und Helfer aufzutreten, der die Bürger vor der hohen Mörderrate schützt. Vielmehr geriert sie sich als Ordnungsmacht im wahrsten Sinne: *Wir bestimmen, was ihr dürft und was nicht.* In einer Stadt mit vielen Brennpunkten und wenig Aufstiegschancen einer Gruppe von benachteiligten Bürgern eine der wenigen Sachen wegzunehmen, die ihnen ein gutes Gefühl gibt, wirkt jedenfalls doppelt harsch.

Der Essay von Audre Lorde über die feministische Podiumsdiskussion hieß übrigens »The Master's Tools Will Never Dismantle the Master's House«, *Die Werkzeuge des Unterdrückers werden nie das Haus des Unterdrückers zerlegen*, oder im übertragenen Sinne: Man schlägt die, die einen klein halten, unmöglich mit den gleichen Methode; nur der Ausbruch aus dem System verspricht Linderung. So gesehen ist es womöglich nur logisch, dass Baltimores *dirt biker* mildes Chaos dort verbreiten, wo das Ordnungsbestreben der Polizei normalerweise am größten ist: *on the streets.*

»Freiheit«, schrieb Hunter S. Thompson einmal, »ist etwas, das stirbt, wenn man von ihr keinen Gebrauch macht.« Was Marvin, Tone und einige Hundert andere *dirt biker* da in ihrer Stadt machen, bleibt illegal vor dem Gesetz – und trotzdem ist es immer noch unschuldiger als die anderen Aktivitäten, denen sie nachgehen könnten.

»Wir versuchen, Ärger zu vermeiden«, sagt Marvin. Das war nicht immer so, zumindest bei Tone. 2007, da war er unschuldige 17, verdiente er sich eine Zeit lang etwas Geld dazu. Dumm nur, dass ausgerechnet ein Zivilfahnder ihn an der Straßenecke dabei erwischte, wie er mit Drogen handelte, um sein Sparschwein zu füttern. Er kam ins Jugendgefängnis, für ein knappes Jahr. Eingesperrt, sagt er, hat er das Knast-Einmaleins gelernt und was man tut sollte, um da nicht wieder reinzukommen. Was heißt das, frage ich ihn. Wie man sich richtig bewegt, um nicht geschnappt zu werden, sagt er. Diese Zeiten seien hingegen vorbei, er dealt nicht mehr. Es war ihm eine Lehre, er hat sein Leben umgekrempelt. Heute arbeitet er in einem Hotel und bei einer Umzugsfirma, und wenn er sich nicht den Rücken krumm macht, versucht er, Zeit mit seiner Tochter zu verbringen. Die ist 7 und lebt bei ihrer Mutter. Tone sagt, er sei Single. Es gebe ein paar Fahrerinnen, hat er am Anfang gesagt, aber nicht viele. Die Mädchen, die nicht fahren, sagt er, laufen den Fahrern hinterher. Ich überlege kurz, ob ich ihn frage, warum die Mutter seiner Tochter und er nicht mehr zusammen sind, aber sie werden schon ihre Gründe haben.

Auch Marvin hat zwei Jobs, er arbeitet als Mechaniker und Heimwerker. Seine schwangere Freundin findet es nicht toll, dass er auf dem Motorrad unterwegs ist, sie sagt aber nichts, sagt er, solange er zu Hause für Ordnung sorgt und ihr verspricht, auf der Straße vorsichtig zu sein.

Beide, Marvin und Tone, kommen aus Großfamilien. Man merkt ihnen beim Zuhören sofort an, wie wichtig dieses Zusammengehörigkeitsgefühl für sie ist. Familie ist das soziale Auffangnetz und vielleicht auch etwas, was sie in dieser Stadt noch hält. Sie sind seit fast 30 Jahren in Baltimore, haben nie woanders gelebt, bei einem Umzug würde dieser Rückhalt erst einmal wegfallen.

Tones Familie besteht aus fünf Brüdern und drei Schwestern,

seiner Mutter und ihm. Sein Vater ist vor Kurzem gestorben, bei einem Motorradunfall. Nein, er war kein *dirt biker*, er war auf einer normalen Maschine unterwegs, ihm wurde die Vorfahrt genommen. In fünf Monaten wäre er 50 geworden. Ich hatte die beiden vor ein paar Wochen treffen wollen, bis Marvin mir spontan absagte, er müsse zu einer Beerdigung. Das war die von Tones Vater. Der hat 27 Jahre in dem Umzugsunternehmen gearbeitet, in dem Tone jetzt auch seit ein paar Jahren arbeitet. Sein Vater wollte nicht, dass er auf diesen *dirt bikes* rumspringt, das sei zu gefährlich, sagte er Tone. Irgendwann merkte er, dass es seinen Sohn glücklich macht, dass es ihn davon abhält, auf der Straße abzuhängen, womöglich auf dumme Gedanken zu kommen. Für die Maschine, die neben uns an der Zuschauertribüne steht, hat Tones Vater die erste Anzahlung gemacht.

Marvin hat insgesamt zehn Geschwister, seine Mutter hat sich scheiden lassen, als er noch jung war, später hat sie noch einmal geheiratet. Aufgewachsen ist er mit drei biologischen Brüdern und einer Schwester, die die älteste unter ihnen ist. »Wir haben voneinander gelernt. Wir waren nie wirklich schlimme Kinder. Mein ältester Bruder und meine Schwester haben uns beigebracht, dass wir uns nicht ablenken lassen und keinem hinterherrennen sollen, der bei uns im Haushalt nicht irgendwas zu melden hatte.« Seine Familie sei immer da gewesen, selbst sein Vater, der in Baltimore lebt, und wenn nicht, sei es Marvins Entscheidung gewesen. Seine Mutter hat er gestern noch gesehen, seinen Vater kurz vor unserem Treffen, sagt er.

Seine Mama war früher, bevor sie in Rente ging, Polizistin, wie seine Tante und Schwester. Was sagen die dazu, dass er auf dem *dirt bike* unterwegs ist?« Sie sagen mir, dass ich aufpassen soll. Anfangs wollten sie nicht, dass ich das mache, dann haben sie gemerkt: es macht mich happy, und jetzt sehen sie, dass daraus etwas entstehen kann.«

Marvin meint den Kinofilm, in dem er mitspielt. »Charm City

Kings« heißt er, er basiert auf einer Doku namens »12 O'Clock Boys« über die *dirt bike rider* von Baltimore, und soll 2020 in die Kinos kommen. Er hat die Rolle bekommen, weil er fahren kann. Das Drehbuch für »Charm City Kings« stammt unter anderem von Barry Jenkins, der für seine Adaption von »Moonlight« einen Oscar gewann. Eine der Produzentinnen des Films ist die Schauspielerin Jada Pinkett Smith. Sie ist in Baltimore geboren und hat mit »Set it off« (1996) und »Menace II Society« (1993) selbst in zwei Klassikern des *hood film* mitgespielt. In Filmen aus diesem Genre geht es um Identitätssuche zumeist afroamerikanischer Jugendlicher in einem Umfeld, in dem Drogen, organisiertes Verbrechen, Rassismus und Diskriminierung Alltag sind. In »Charm City Kings« sind die Koordinaten ähnlich, hier versucht ein junger *dirt biker*, sich einer Gruppe von erfahrenen Fahrern aus Baltimore anzuschließen. Marvin spielt in dem Film Derrick. Das echte Vorbild aus der Doku für diese Figur, sagt er, ist inzwischen tot.

Sein erster Auftritt auf dem Filmset klang hollywoodreif: eine schöne Geschichte, die er eines Tages seiner Tochter erzählen sollte. Ein bisschen weniger märchenhaft waren dagegen die folgenden Tage. Nach seiner kleinen Showeinlage kehrte er am nächsten Tag zurück ans Set. Ein paar der Leute erkannten ihn, sagt Marvin, er durfte zugucken, weil sie ihn mochten. Aber niemand bot ihm einen Job an. Acht, neun Tage vergingen, inzwischen hatte man ihm doch etwas zu tun gegeben, was undankbar und ein bisschen mitleidig klingt: er stellte Abgrenzungshütchen auf und brachte Positionsmarkierungen am Boden an.

Am zehnten Tag saß er mit Crew-Kollegen beim Mittagessen. Die Pause war fast vorbei, Marvin hatte noch ein paar Hütchen aufzustellen, als der Typ, dem er das iPhone aus der Hand gerissen hatte, auf ihn zukam. »Hier ist jemand, der dich sprechen will«, sagte er zu Marvin. Es war Caleeb Pinkett, Jade Pinkett Smiths Bruder und Co-Produzent von »Charm City Kings«. Sie hätten sich gewundert, sagte der zu Marvin, ob er schauspielern könne, weil derjenige, den sie eigentlich für einen Part vorgesehen hatten, zwar spielen, aber nicht annähernd so fahren könne wie Marvin.

»Sie haben mir die Chance gegeben, mich zu beweisen«, sagt Marvin. »Sie mochten, wie ich das gemacht habe. Ich habe drei Tage lang gefilmt.« Es ist kein großer Part, sagt er, er fährt viel auf dem Motorrad, macht Tricks, und darf ein paar Sätze sagen.

Etwas Besseres hätte Marvin an diesem Punkt in seinem Leben nicht passieren können. In Baltimore fallen nachts Schüsse, die Familie zerreißen und Träume platzen lassen, und er bekommt aus dem Nichts die Chance, damit Geld zu verdienen, was ihm am meisten Spaß macht. Eintausend Dollar pro Tag haben sie ihm bezahlt, sagt er, dabei sei er noch nicht einmal 24 Stunden gebraucht worden. »Es hat unglaublich Spaß gemacht. Wenn es irgendwie geht, würde ich da gern einen Fuß in die Tür bekommen. Ich stand nie auf einer Bühne, hab nie Schultheater gespielt oder so. Ich hab's einfach probiert. Sie haben mir gesagt, ich sei ein Naturtalent.«

Nun ist der Markt für Motocross-Dramen eher übersichtlich. Was hat er als Nächstes vor? Er hat Kontakte gesammelt, sagt er, er hofft auf kleine Rolle hier und da, vielleicht ein bisschen Arbeit als Stuntman für Motorrad-Verfolgungsjagden.

Eine der berühmtesten Verfilmungen vom harten Gangster-Alltag auf Baltimores Straßen ist die HBO-Serie »The Wire«, die sich die Freiheit nimmt, aus erzählerischen Gründen Tatsachen für Geschichten umzudeuten und zu dramatisieren. Das ist für Unterhaltungsstoffe vollkommen in Ordnung. Und andersherum funktioniert es ja auch: Egal, ob man sie konsumiert oder kreiert, die beste Kunst ist doch die, die es einem erlaubt, seinen Platz im Leben auf den Prüfstand zu stellen, was in den USA oftmals die Frage nach dem Platz an der *Great American Frontier* ist – wer bin ich, wo ist meine Grenze, wer kann ich sein? Kunst hat schon immer die Kraft, gesellschaftliche Anstöße zu geben, und mit etwas Glück ist sie es, die Marvin neue Möglichkeiten eröffnet.

»Niemand hat ihm geholfen, da hinzukommen, er hat das alles allein gemacht«, sagt Tone jetzt, als würde er noch einmal unterstreichen wollen, dass Marvins kleine Schritte vollkommen okay sind, schließlich hat er seine erste Rolle komplett ohne Räuberleiter ergattert.

Dieses Auf-sich-gestellt-Sein zieht sich wie ein roter Faden durch das Drehbuch ihres Lebens. Taschengeld gab es in Marvins Familie nicht. Die erste Anzahlung von Tones Bike machte sein Vater, dann musste er zusehen, wie er es finanziert bekommt. »Unsere Eltern haben uns alles gegeben, was wir brauchten. Aber wie die Welt da draußen aussieht, lernt man auf die harte Tour«, sagt Tone. »Wenn du mit den *homeboys* abhängen wolltest, ein bisschen Scheiße bauen, na ja, dann warst du auf dich allein gestellt.« Es gab mal einen Monat, da hat Tone gleich drei von seinen Jungs verloren. Irgendwann, sagt er, muss man sich überlegen, was man will. Ein blindes Huhn findet in Baltimore jedenfalls kein Korn.

Ich frage sie, wie ihre Kindheit war. Wenn du hier groß wirst, sagt Marvin, siehst du ein paar Dinge. Er stand als Jugendlicher neben einem Kumpel, als den eine Kugel traf. Er hat nicht überlebt. Solch ein Moment reicht, um die Phase der kindlichen Unschuld einfach so zu überspringen, unwiederbringlich. »Hier aufzuwachsen, macht dich zu einem Mann. Du verstehst, was das Leben bedeutet, und lernst, das zu schätzen, was du hast.«

Und das muss man sich erarbeiten. »Wenn ich Hilfe bekam, dann immer nur bei dem, was ich ohnehin schon gemacht hatte«, sagt er. »Ich erwarte nichts von niemandem, nicht einmal von meinen Eltern, obwohl die immer für mich da sind. Trotzdem verlasse ich mich auf niemanden außer mich selbst.«

Nicht jede ihrer Entscheidungen war clever, das wissen sie auch. Und jetzt, in Hollywood durchstarten, wie wahrscheinlich ist das schon? Andererseits: in der Schule haben sie auch nicht so aufgepasst, wie es nötig gewesen wäre. Sogenannte Karrieren erwarten sie nicht. Tone sagt, dass er damals schon in einer der besseren Schulen in seiner Nachbarschaft gegangen sei. Wenn er sich nicht mit den falschen Leuten eingelassen hätte, wäre er möglicherweise am College gelandet, so wie sein Bruder und sein Cousin. Wenn sie noch einmal die Wahl hätten, frage ich sie, was würden sie dann machen? »Hm … Mann, ich habe keine Ahnung. Als ich einsitzen musste, habe ich herausgefunden, dass ich dunken kann. Wenn ich nicht von der Schule geflogen wäre, hätte ich Basketball gespielt. Dann wäre mein nichtsnutziger Hintern heute vielleicht ganz woanders«, sagt Tone und lacht bellend, während er an einer Zigarette zieht, weil er ja auch weiß, dass zwei, drei Dunkings im Gefängnisinnenhof noch keinen Profivertrag machen.

Auch Marvin überlegt. Als Kind, wenn man nicht weiß, was es einem abverlangt, sagt man, dass man dies oder das werden will, Astronaut, Feuerwehrmann, Archäologe, solche Sachen. Man kann Pläne schmieden und groß denken, um sich hier oder da hinzuträumen. Aber Marvin sagt nur einen Satz, der klingt, als ob die Gefahren auf den Straßen seiner Kindheit größer waren als jede Fantasie: »Ich hatte keinen Traumberuf. Die Dinge, die um mich herum passiert sind, als ich aufgewachsen bin … ich bin so daran gewöhnt, mit Härte zu leben, dass ich, als ich eine Zeit lang in einer besseren Schule war, das Gefühl hatte, da nicht hinzugehören. In der heruntergekommenen Schule habe ich mich wohlgefühlt, weil ich dort wusste, wie ich mich zu verhalten hatte. In der anderen Schule war ich falsch am Platz. Da schien die Zeit, in der ich dort saß, überhaupt nicht rumzugehen.«

Jetzt, da er älter ist, hat er einen anderen Blick auf die Dinge. Er weiß, sagt Marvin, dass er nicht der intelligenteste Typ sei, und wahrscheinlich hätte er besser und mehr lernen sollen. Deshalb denkt er immer wieder darüber nach, wie das mit seiner Tochter wird: »Will ich, dass sie in diesem Umfeld aufwächst? Ich liebe meine Stadt, nicht falsch verstehen. Aber ich bete, dass die Chancen, die sich mir momentan bieten, für sie eine Tür aufstoßen, um es eines Tages besser zu haben.«

Wenn sie davon erzählen, wie es ist, mit Freunden auf ihren *dirt bikes* durch andere Städte zu fahren, neue Leute kennenzulernen, ist es schwierig, nicht eine Sehnsucht nach Veränderung herauszuhören. Baltimore einmal vergessen, sagte Marvin vorhin. Zumindest, bis man wieder absteigt. Die Realität hat in den Problemvierteln immer noch das höhere Drehmoment.

Beide schmieden an Plänen, hier irgendwann abzuhauen. Wenn die richtige Gelegenheit kommt, wenn sie genug Geld beiseitegelegt haben, dann sind sie weg. »Nicht unbedingt, weil wir es so sehr wollen«, sagt Tone, »aber manchmal fühlt es sich an, als ob es nicht anders geht.«

Da gibt es nur ein kleines Problem. Es hat mit einer Krabbe zu tun.

Ich frage die beiden nach der Gewalt in der Stadt und ob man hier ein glückliches Leben führen kann. »Das hier«, sagt Marvin und zeigt auf mich, auf Tone, auf sich, »würden die hassen, uns hier zu sehen, wie wir mit dir reden.« Tone sagt, dass sie es hassen würden, weil ein Interview bedeutet, dass sich jemand für die beiden interessiert, dass sie erfolgreich sind, was bedeuten würde, dass es für sie einen Weg aus der Stadt gibt.

Wer sind *sie*, frage ich.

Andere Fahrer, Nachbarn, Menschen in ihrem Viertel. Die, denen nichts geschenkt wird. »Baltimore wird auch *crab city* genannt«, sagt Marvin. Krabben-Stadt. »Sobald einer etwas Talent hat und kurz davor ist, den Fangeimer zu verlassen, zieht ihn eine andere Krabbe wieder nach unten.« Er macht schnappende Scherenbewegungen mit den Fingern und zieht dabei seine Arme nach unten. *Wenn ich es nicht schaffen kann, sollst du es auch nicht schaffen*, lautet das Motto von Baltimores Neidkrabben. Jeder will oben sein, sagt Tone, aber niemand hilft dem anderen, da hinzukommen. »In Baltimore muss man seinen Erfolg schon fast verstecken.«

Aber nur fast. Auf Instagram sind beide aktiv. Je mehr Follower, desto besser, sagen sie. Es könnte ja ein Sponsorship dabei herausspringen. »Guck dir Chino Braxton an«, sagt Marvin über einen der populärsten Fahrer aus der *dirt-bike*-Hauptstadt Baltimore, der auch in »Charm City Kings« eine Rolle hat. »Meek Mill hat ihn zu seinem Label geholt, später hat ihm Jay-Z einen Vertrag bei Roc Nation gegeben.«

Marvin hebt seinen Fuß und zeigt auf seinen Schuh. Es ist der Sneaker, den Braxton für einen amerikanischen Sportartikelhersteller entworfen hat. Falls es einen Weg gäbe, vom Fahren auf ihren *dirt bikes* die Miete zu bezahlen, würden sie ihre Jobs sofort hinschmeißen.

In der Social-Media-Welt, in der Marvin und Tone unterwegs sind, geht es um Status, coole Tricks, ein bisschen Esoterik (»*I believe in you* are the most powerful words you can say to someone that is struggling«) und die Familie, nicht zu vergessen. Manchmal mischt sich da auch ein Meme drunter, das gelinde gesagt frauenfeindlich ist – *hoes, bitches, ex girlfriends,* denen erklärt man für einen Lacher gern mal die Welt, um im nächsten Post die Schlagzeilen von zwei Kriminalfällen mit den Worten THIS IS AMERICA zu posten: von einer weißen Polizistin, die einen schwarzen Mann erschossen hat und glimpflich davonkommt, und einem schwarzen Jugendlichen, der im Alter von 16 Jahren eine weiße Polizistin in Baltimore überfahren hat und lebenslänglich einsitzen muss.[84]

Viele junge Leute aus seinem Stadtteil hätten ihre Eltern verloren, sagt Tone, denen fehle es an Struktur und Rückhalt. Sie sehen Dinge, die sie haben wollten, eben auch auf Instagram, wo jeder sein perfektes Leben herzeige. Nur falle es ihnen schwer, zu verstehen, dass man sich das erarbeiten muss. »Wenn die sehen, dass du etwas hast, was ihnen gefällt, nehmen sie es sich einfach. So passieren hier viele Dinge, es ist wie eine Kettenreaktion …«

Die *vielen Dinge*, von denen Tone spricht, sind die Gewalt und Kriminalität, die seine Stadt in bestimmten Vierteln fest im Griff haben. So richtig glauben sie nicht daran, dass das jemals aufhören wird. Im Sommer, Ende Juli, nannte Donald Trump Baltimore auf Twitter »einen widerlichen, ratten- und ragerbefallenen Dreckhaufen«,[85] wo kein Mensch leben wollen würde. Als Marvin das hörte, dachte er: Dann tu doch was dagegen und laber nicht rum, »wenn jemand die Chance hat, Dinge zu verändern, dann der Präsident«.

»Lass dich nicht über dein Volk aus«, sagt Rasheed, der jetzt hinter mir steht. Er ist aus dem Truck ausgestiegen und muss uns die vergangenen Minuten zugehört haben, ohne dass ich ihn bemerkt hatte. »Ich habe ihn nicht gewählt, ich bezweifle ganz stark, dass Marvin ihn gewählt hat, aber Leute von hier haben dir ihre Stimme gegeben. Mach dich nicht über deren Umstände lustig.«

Rasheed scheint von den drei Jungs am meisten Lust zu haben, über Politik zu sprechen. Er sagt, dass Elijah Cummings, der demokratische Abgeordnete aus Baltimore, den Trump für das Chaos in seinem Bezirk verantwortlich macht, viele gute Ansätze hätte; ein Grund, warum er immer wieder sein Mandat für einen Sitz im Kongress erhalte. »I believe he cares for the people«, sagt Rasheed, aber einer allein könne nicht viel ausrichten[86]. Baltimore sei wahnsinnig korrupt, Polizei, Behörden, Politiker, überall, sagt er. Das mache es nicht gerade leichter, die Probleme in den Griff zu bekommen. Die Situation verbessern, das könnte man, »und wenn schon nicht für uns drei, wenigstens für die jüngere Generation.«

Rasheed hat einen Kumpel angerufen, der kommt über das Rasenfeld gestiefelt und drückt allen eine kleine Wasserflasche in die Hand. Fast drei Stunden sind vergangen, die Sonne verschwindet am Horizont, Rasheed stellt die Scheinwerfer des Trucks an, damit wir nicht im Dunkeln sitzen. Wir haben länger gesprochen als geplant. Sie wollen mir gleich noch ein paar Tricks zeigen. Marvin bedankt sich für das Interview in einer unglaublich rührenden Art. Er sagt, dass er in der Stadt noch andere Leute kennt, die schreiben, keiner von denen ist auf die Idee gekommen, ihn zu fragen, ob er Zeit für ein Gespräch hätte. Später, da sitze ich noch nicht ganz wieder im Zug nach Hause, postet er auf Instagram ein Foto, das Rasheed von uns auf der Zuschauertribüne gemacht hat. In der Unterzeile steht: »First Interview went well 🎥🤸🤸🤸💨 💨 #BIKELIFE«

Wir gehen über das Feld, zurück zur Einfahrt der Schule, und dann passiert, was ich nicht für möglich gehalten hatte, weil ich mir doch so gar nichts aus Geschwindigkeit und PS mache: Ich bin angefixt.

Einmal in meinem Leben, mit 15, bin ich auf dem Moped von Marcel Sparr durch die Weserwiesen geheizt, danach saß ich nie wieder auf einem Motorrad – bis Marvin fragt, ob ich mal fahren will. Auf der Maschine, die seinem verstorbenen Bruder gehörte. Meine erste Fahrstunde und dann womöglich auf dem für ihn so heiligen Bike umkippen? Nein, danke. Lieber nicht. Ich sage ihm, dass ich keine Ahnung vom Motorradfahren habe. *I'd rather not, I only speak Vespa.* »Willst du hinten drauf?«, fragt Marvin. Er zeigt mir, wie ich meine Füße stellen soll, die Knie leicht gebeugt, die Hacken etwas abgespreizt, damit ich nicht in die Kette oder Speichen gerate. »Halt dich fest«, sagt er. Ich lege meine Arme um seine Taille. Er sagt: »Nein, halt dich *richtig* fest.«

Wir rollen an, die Maschine brummt und ruckelt, WRAM-WRAM-WRAM, und plötzlich schießen wir los wie ein

mit dem Lineal gezogener Blitz ... WRAM-WRAM-
WRAAAAAAAAAMMM. Für einen Sekundenbruchteil
denke ich, ich falle hinten vom Sitz, weil mich die Schwerkraft
an dem Beschleunigungspunkt festgenagelt hat und ich für eine
halbe Sekunde in der Luft hänge, während Marvin mit der
Yamaha YZ450 F unter meinem Hintern davonrauscht wie in
einem Cartoon. Ich umklammere ihn jetzt wie der Angsthase,
der ich bin.

Das reicht schon, *super nice*, aber Marvin dreht die Maschine
am Ende der Schuleinfahrt und sagt nur kurz, ohne auf meine
Antwort zu warten: »See what I mean? Hold on tight«, bevor er
das Handgelenk um 45 Grad kippt und wir für zehn, zwölf Sekunden beschleunigen, was sich anfühlt, als ob mich jemand
mit Rollen statt Händen und Füßen auf eine Achterbahnschiene
gespannt hätte; reine Energie wirkt auf mich, mein Herz bleibt
stehen oder pumpt so schnell, wie es noch nicht gepumpt hat,
ich kann es nicht sagen, ich kann auch nicht denken, obwohl –
das stimmt nicht so ganz, ich denke sehr wohl, dass ich hier gerade keinen Helm trage, er schon, und ich definitiv nicht auf
dem Parkplatz einer amerikanischen Mittelschule mit aufge-
platztem Schädel ein letztes Mal in den Nachthimmel gucken
will, bevor sich meine Augen für immer schließen, sollte Marvin
mit mir hinten auf dem Sitz einen sogenannten Satz bauen. Und
erst als wir abrupt vor Tone und dessen Maschine bremsen,
merke ich, dass ich vergessen habe zu atmen für die paar Sekunden Rausch, die irgendetwas Unerklärliches in meinem Hirn
ausgeschüttet haben.

Marvin und Tone müssen die euphorische Novizenangst in
meinen Augen erkannt haben, jedenfalls lachen sie, als ich ab-
steige und endlich nach Luft schnappe, ohne etwas zu sagen.
Der Geschwindigkeitskitzel hat mich verführt, meine Vernunft
taumelt, ringt um Fassung.

Bevor ich nach Amerika ging, hatte ich mir wie ein Kalenderspruchabreißer gesagt: Du hast keinen Grund, Furcht zu haben, vor nichts und niemandem. Auf die Fresse zu fallen, ist voll okay, nur ängstlich darfst du nicht sein. Und gewiss gab es genügend Momente, in denen mir das Herz verrutschte, in meiner ach so breiten Brust. Der mit Abstand schlimmste und zugleich aufregendste Moment waren diese paar Sekunden auf dem frisierten *dirt bike*. Dabei sind wir nur geradeaus gefahren; wenn man bei dem Tempo das Vorderrad hochziehen und für ein paar Sekunden freihändig fahren oder auf den Sitz springen kann, geht es doch gar nicht anders, als sich das nicht verbieten zu lassen.

Ich will sofort noch einmal mitfahren.

In dem Video von der Spritztour, das Tone gemacht hat und das ich mir seitdem oft angucke, um mich ab und zu meiner eigenen Beta-Männlichkeit zu vergewissern, sehe ich aus wie ein bibberndes Koalababy auf dem Rücken seines Papas bei einer alpinen Schussfahrt.

Anschließend lasse ich mir am Rande erklären, wie das mit dem *wheelie* funktioniert, sie knattern die Straße hoch und runter, ich schaue ihnen bei ihrem Ballett der Lässigkeit zu und merke, dass mein Zug bald fährt. Rasheed sagt, dass er mich schnell zum Bahnhof bringt. Ich verabschiede mich bei Marvin und Tone, die sagen, dass sie jetzt noch ein paar Jungs treffen. Ich steige in den Truck, in 19 Minuten fährt der Zug am Bahnhof ein, laut Navi dauert die Fahrt dahin 15 Minuten. *Okay, let's go.*

Nach sechs Minuten sagt Rasheed: »Guck mal da vorne!« Eine Ampel weiter zieht eine Gruppe *dirt biker* über die Kreuzung, dann klingelt sein Telefon. »Hm, yeah … we're down the road, sure, we'll wait for you«, sagt er. Er fährt rechts ran. Marvin und Tone sind in zwei Minuten hier, verspricht er. »Sie fahren vorneweg, dann kannst du ein paar Videos machen.«

Schneller als erwartet, schieben sie sich vor den Truck, beschleunigen und ziehen davon, jetzt sind sie drei, vier Autos vor uns. Kurz vor einer Ausfahrt, hundert Meter weiter, werden sie langsamer, fast bleiben sie stehen, die Autos hinter ihnen warten. Im Truck fahren wir am Seitenstreifen um sie herum. »Sie eskortieren uns zum Bahnhof«, sagt Rasheed, der jetzt auch immer langsamer wird, bis ich kapiere, wieso er das macht. Auf den dicht befahrenen Straßen zum Bahnhof schafft er eine Lücke für Marvin und Tone zwischen dem nächsten Auto vor uns. Der Ablauf ist wie ein genau einstudierter Spielzug: Die beiden gucken nach hinten, sehen den Abstand nach vorne und geben Gas. Marvin lässt sich zurückfallen, zieht das Rad vorne hoch, auf zwölf Uhr, ein Arm wedelt knapp überm Asphalt, Tones Vorderrad hängt auch in der Luft, er macht eine Bewegung, die zu schnell ist, um sie im Licht der Straßenlaternen nachzuvollziehen, jedenfalls landet er mit dem Knie auf dem Sitz, springt dann mit beiden Füßen drauf, streckt ein Bein diagonal am Lenkrad vorbei, dann das andere auf der gegenüberliegenden Seite.

Anderthalb Minuten vor Abfahrt des Zugs schmeißt Rasheed mich fast genau an der Stelle raus, an der er mich vor Stunden eingesammelt hat. Tone und Marvin mit ihren Gesichtsmasken geben mir noch schnell einen *fist bump*, zwei Anzugpendler schauen mich irritiert an.

Ein paar Tage später, nachdem ich das Band mit unserem Gespräch abgehört habe, schicke ich Marvin noch zwei, drei Detailfragen per SMS. Er antwortet sofort zurück. Am Ende frage ich ihn, ob er sich zufällig an einen besonderen Satz erinnert, den seine Filmfigur sagt.

Nein, schreibt er zurück: »But you know what? I'm the only bad guy.«

Nachwort

And that was *This is America.*

Die Geschichten in diesem Buch können naturgemäß nicht viel mehr liefern als kleine Ausschnitte aus einem riesigen Land, das sich in weiten Teilen auf eine Zeit danach einzurichten scheint, ohne genau zu wissen, was als Nächstes passiert. Ob es so weitergeht, schlimmer wird oder sich doch noch eine Figur findet, die dem Großteil der Bevölkerung wieder eine gemeinsame Identität stiftet.

Der vielbeschriebene Riss, der durch die amerikanische Gesellschaft geht, ist ja nur insofern ein Riss, als dass man ihn überhaupt wahrnimmt. Ich traf viele Menschen in den USA, die Träume haben und Konzepte für deren Umsetzung entwickeln, die Politik verändern wollen, die Aktivisten geworden sind, die die Pervertierung amerikanischer Werte auf republikanischer Seite sehen und denen Menschen wie Alexandria Ocasio-Cortez Hoffnung geben.

Gleichzeitig ist es gar nicht so schwierig, Bürger anzutreffen, die sich nicht für Politik interessieren oder die ihren Glauben an die Politik schon länger aufgegeben haben. Sie wissen nichts mit der Abkürzung AOC oder dem Namen Buttigieg anzufangen. Sie haben nicht mitbekommen, dass Kamala Harris und Beto O'Rourke ihre Kampagnen eingestellt haben. Sie wissen nicht, wer Hunter Biden ist. Das hat mit der Politik an sich zu tun, das hat mit den Medien zu tun. Und das hat mit den Anforderungen zu tun, die dieses Land an sie stellt.

Sie leben ihr amerikanisches Leben, das schon immer einen eingeschränkteren Blick auf die Welt da draußen hatte. Die Welt blickt auf die Vereinigten Staaten, nicht andersherum. Amerikaner wissen viel, verfolgen aber nicht alles. Jetzt haben sie noch nicht einmal mehr Zeit oder Lust, das eigene Land zu verstehen, das aus ihrer Sicht absurderweise bereit war, Donald Trump die Nuklearcodes auszuhändigen. Es hat sich eine Müdigkeit eingestellt über den Alarmismus der Kommentatoren im Kabelfernsehen und das laute Gekeife im Netz. Für nicht wenige Menschen, denen ich begegnete, ist Politik unter und nach Präsident Trump ein Versprechen, das sie selbst füllen müssen, damit es nicht leer bleibt. Und so kümmern sie sich um ihre Angelegenheiten und beschäftigen sich nicht mit Putin und *Fox News* oder *MSNBC*. Sie haben andere Sorgen. Oft geht es um Geld, Gesundheit und eigentlich immer um Familie.

Familie, nicht Politik, ist übrigens das, was mich auf meinen Touren am meisten an diesem Land überrascht hat. Die Gastfreundlichkeit, mit der sie Wildfremden entgegentreten, und wie schnell man eingemeindet wird. Amerikaner zeigen, im Gegensatz zu uns Deutschen, gern Gefühle, laut und leidenschaftlich, und wenn man die teilt, ist man schon so gut wie drin. Man muss sich dabei gar nicht nahestehen. Es reicht, an eine bestimmte Sache sehr fest zu glauben. Das können politische Interessen sein, klar. Auch Sport oder Religion, Musik oder Essen, selbst so etwas Banales wie eine gemeinsame Vorliebe für Comic-Helden oder Cowboy-Stiefel.

Man kommt Amerikanern bei solchen gemeinsamen Ritualsausübungen nicht immer näher, aber man versteht sie besser – wer sie sind und warum sie so wurden, wie sie sind.

Dass das Leben in diesem Land auf einem Versprechen aufgebaut ist, das nichts anderes als ein ewiges Experiment darstellt: das chaotische, komplizierte Unter- und Miteinander verschiedener Kulturen. Sie nennen es schlicht *The idea of America*.

STARS & STRIPES

Notiz

In diesem Buch geht es an einigen Stellen um Themen, die nicht immer ganz einfach zu bewältigen sind. Das lässt sich leicht sagen, aber man muss das nicht allein tun, es gibt Menschen und Einrichtungen, die einem helfen können, mit solchen Herausforderungen umzugehen, zum Beispiel die *Telefonseelsorge* (telefonseelsorge.de), die eine kostenlose Hotline hat, um in vielen Fällen einen Ausweg aufzuzeigen (0800–1110111 oder 0800–1110222), oder die *Sucht & Drogen Hotline* (sucht-und-drogen-hotline.de, 01805–313031) sowie Beratungsstellen von Verbänden wie *pro familia* (profamilia.de/angebote-vor-ort.html).

Thanks

Ohne eine Reihe von Menschen hätte ich dieses Buch vielleicht nicht schreiben können. Ihnen möchte ich danken, herzlich wie alphabetisch, für Anregungen, Aufträge, Ideen, und Unterstützung in den vergangenen Jahren:

Dr. Thomas Andre, Jörn Borch, Dr. Martin Brinkmann, Jan Bruland, Caitlin und Clementine Cusati, Marcus Gatzke, Oliver Georgi, Tracy Jan, Christian Koth, Philip Kuhn, Oliver Kühn, Simon Meinert, Sophie Passmann, Brenda und Rachel Pizatella, Gordon Repinski, Daniel Riedel, Tobias Rüther, Christian Sander, Christoph Scheuermann, Birgit Schmid, Alexa Schulze, Claudius Seidl, Henri Souchon, Holger Stark, Britta Stuff, Antje Wewer sowie besonders meiner Schwester und meinen Eltern.

* * *

»All the histories of America are mere fragments or dreams.«
– Constantine Samuel Rafinesque

Nachweise

1 cdc.gov/nchs/pressroom/sosmap/suicide-mortality/suicide.htm
2 abcnews.go.com/US/trump-clean-coal/story?id = 49376237
3 www.youtube.com/watch?v=WKU6d-ujbIk
4 politico.com/story/2017/09/02/sept-2–1885-racial-violence-wyoming-242149
5 nytimes.com/interactive/2019/08/14/magazine/republicans-racism-african-americans.html
6 cnbc.com/2017/07/25/heres-how-much-members-of-congress-pay-for-their-health-insurance.html
7 thehill.com/policy/energy-environment/319938-trump-signs-bill-undoing-obama-coal-mining-rule
8 www.newsweek.com/michelle-obama-most-admired-woman-1272469
9 cnn.com/2018/03/03/politics/michelle-obama-portrait-girl-parker-curry/index.html
10 washingtonpost.com/investigations/california-professor-writer-of-confidential-brett-kavanaugh-letter-speaks-out-about-her-allegation-of-sexual-assault/2018/09/16/46982194-b846-11e8–94eb-3bd52dfe917b_story.html
11 www.apnews.com/3f4ddaec0ee946fe817329b065af3408
12 time.com/5382104/brett-kavanaugh-supreme-court-confirmation-hearing-history/
13 washingtonpost.com/investigations/supreme-court-nominee-brett-kavanaugh-piled-up-credit-card-debt-by-purchasing-nationals-tickets-white-house-says/2018/07/11/8e3ad7d6-8460-11e8–9e80–403a221946a7_story.html
14 nytimes.com/2018/09/04/us/politics/kavanaugh-confirmation-hearing-updates.html
15 vox.com/2018/9/27/17910644/kavanaugh-hearings-ford-orrin-hatch
16 nytimes.com/2018/09/17/us/politics/kavanaugh-allegations-ford-palo-alto.html
17 deseret.com/2018/9/4/20652666/sen-orrin-hatch-decries-chaos-at-hearing-for-supreme-court-nominee#senate-judiciary-committee-chairman-chuck-grassley-r-iowa-joined-at-left-by-sen-orrin-hatch-r-utah-speaks-during-

the-confirmation-hearing-of-president-donald-trumps-supreme-court-nominee-brett-kavanaugh-on-capitol-hill-in-washington-d-c-on-tuesday-sept-4–2018

18 washingtonpost.com/opinions/cory-bookers-spartacus-moment/2018/09/07/8c97eaee-b2f6–11e8-aed9–001309990777_story.html

19 theintercept.com/2018/09/12/brett-kavanaugh-confirmation-dianne-feinstein/

20 washingtonpost.com/investigations/california-professor-writer-of-confidential-brett-kavanaugh-letter-speaks-out-about-her-allegation-of-sexual-assault/2018/09/16/46982194-b846-11e8–94eb-3bd52dfe917b_story.html

21 newyorker.com/news/news-desk/senate-democrats-investigate-a-new-allegation-of-sexual-misconduct-from-the-supreme-court-nominee-brett-kavanaughs-college-years-deborah-ramirez

22 foxnews.com/politics/kavanaugh-denies-sexual-misconduct-in-fox-news-exclusive-i-know-im-telling-the-truth und nytimes.com/2018/09/24/us/transcript-of-brett-kavanaughs-interview-with-fox-news.html

23 theatlantic.com/entertainment/archive/2019/07/big-little-lies-trauma-season-2-episode-6-bad-mother/593953/

24 washingtonpost.com/local/christine-blasey-ford-wanted-to-flee-the-us-to-avoid-brett-kavanaugh-now-she-may-testify-against-him/2018/09/22/db942340-bdb1–11e8-8792-78719177250f_story.html

25 theatlantic.com/health/archive/2018/09/when-psychologist-testifies-congress/571537/

26 vox.com/policy-and-politics/2018/9/27/17910214/christine-blasey-ford-senate-testimony-brett-kavanaugh-hearing

27 theatlantic.com/magazine/archive/2019/08/an-epidemic-of-disbelief/592807/

28 washingtonpost.com/politics/trump-mocks-kavanaugh-accuser-christine-blasey-ford/2018/10/02/25f6f8aa-c662-11e8–9b1c-a90f1daae309_story.html

29 newyorker.com/news/our-columnists/one-year-of-metoo-what-womens-speech-is-still-not-allowed-to-do

30 washingtonpost.com/news/national/wp/2018/09/27/kavanaugh-hearing-transcript/

31 jacobinmag.com/2018/10/supreme-court-brett-kavanaugh-partisan-jurisprudence

32 newyorker.com/news/our-columnists/after-the-kavanaugh-allegations-republicans-offer-a-shocking-defense-sexual-assault-isnt-a-big-deal

33 newyorker.com/news/news-desk/a-sexual-misconduct-allegation-against-the-supreme-court-nominee-brett-kavanaugh-stirs-tension-among-democrats-in-congress

34 newyorker.com/culture/culture-desk/the-long-decline-of-dke-brett-kavanaughs-fraternity-at-yale

35 Syrer, Nicolas: »The Company He Keeps: A History of White College Frater-
   nities«. The University of North Carolina Press, Chapel Hill (2009).

36 newyorker.com/news/our-columnists/brett-kavanaugh-donald-trump-and-
   the-things-men-do-for-other-men

37 jacobinmag.com/2018/09/brett-kavanaugh-banality-elites-meritocracy

38 time.com/5412444/jeff-flake-elevator-protester/

39 washingtonpost.com/blogs/plum-line/wp/2018/09/28/flakes-call-for-fbi-
   investigation-throws-wrench-in-kavanaugh-machine/

40 Traister, Rebecca: »Good and Mad: The Revolutionary Power of Women's
   Anger«, Simon & Schuster, 2018.

41 twitter.com/RichLowry/status/1045402240444444677 12:58 PM – 27 Sep
   2018

42 washingtonpost.com/outlook/in-this-account-of-the-kavanaugh-hearings-
   no-heroes-or-villains--just-humans/2019/09/14/5ab9421e-d3f4–11e9-934
   3-40db57cf6abd_story.html

43 whas11.com/article/news/local/mcconnell-remarks-on-senate-floor-before-
   voting-to-advance-nomination/417–601176406

44 nytimes.com/2019/09/14/sunday-review/brett-kavanaugh-deborah-ramirez-
   yale.html

45 washingtonpost.com/news/wonk/wp/2018/06/19/there-are-more-guns-
   than-people-in-the-united-states-according-to-a-new-study-of-global-fire-
   arm-ownership/

46 time.com/5645747/gun-violence-mental-illness/
   www.cuimc.columbia.edu/news/understanding-gun-violence-and-mass-
   shootings www.nbcnews.com/health/health-news/mental-illness-isn-t-major-
   risk-factor-gun-violence-here-n1039666

47 twitter.com/nra/status/978675011581022209

48 cnn.com/2018/02/17/us/florida-student-emma-gonzalez-speech/index.html

49 www.eventbrite.com/o/dummycrats-llc-17904439860

50 cnn.com/election/2016/results/exit-polls

51 www.people-press.org/2017/12/07/stark-partisan-divisions-over-russia-
   probe-including-its-importance-to-the-nation/

52 nytimes.com/2018/04/14/us/politics/diamond-silk-facebook.html?smid =
   pl-share

53 washingtonpost.com/lifestyle/style/diamond-and-silk-how-two-small-town-
   north-carolina-sisters-found-fame-as-trump-fans/2018/04/26/1de3f50a-4
   723–11e8-9072-f6d4bc32f223_story.html

54 er.jsc.nasa.gov/seh/ricetalk.htm

55 trac.syr.edu/immigration/reports/judgereports/00519SNA/index.html

56 relevantmagazine.com/current/watch-ronald-reagans-moving-pro-immigrant-
   final-speech/

57 mentalhealth.va.gov/docs/2016suicidedatareport.pdf

58 pitchfork.com/reviews/albums/lana-del-rey-norman-fucking-rockwell/

59 americanaddictioncenters.org/overdose/top-10-us-states

60 cdc.gov/drugoverdose/epidemic/index.html

61 washingtonpost.com/news/to-your-health/wp/2018/01/31/a-town-of-3200-was-flooded-with-21-million-pain-pills-as-addiction-crisis-worsened-lawmakers-say/

62 cfr.org/backgrounder/us-opioid-epidemic

63 hhs.gov/about/news/2019/09/04/trump-administration-announces-1–8-billion-funding-states-combating-opioid.html

64 cdc.gov/nchs/products/databriefs/db328.htm

65 register-herald.com/news/money/west-virginia-to-receive-more-than-million-to-combat-opioid/article_9fd06650–585d–5b34–9613–cea621c829df.html

66 washingtonpost.com/politics/2019/10/14/president-trump-has-made-false-or-misleading-claims-over-days/

67 youtube.com/watch?v = yS7meSbM5D8

68 nytimes.com/2019/10/09/us/politics/elizabeth-warren-fundraising.html

69 wsj.com/articles/passive-income-to-two-cents-how-elizabeth-warren-honed-her-message-11570181400

70 latimes.com/politics/story/2019-08-26/like-trump-elizabeth-warren-made-her-bones-as-an-unlikely-tv-star

71 politico.com/magazine/story/2019/02/04/the-insurgents-behind-alexandria-ocasio-cortez-224542

72 time.com/longform/alexandria-ocasio-cortez-profile/

73 youtu.be/h810bO-4LIs

74 youtu.be/EtxgpK5ehNE

75 youtu.be/8KFQx-mc2Ao

76 peterrichter.tv/john-waters-talks-i-give-cues/

77 homicides.news.baltimoresun.com

78 Garrett Power, Apartheid Baltimore Style: the Residential Segregation Ordinances of 1910–1913, Maryland Law Review. 289 (1983), Volume 42, Issue 2, Article 4.

79 washingtonpost.com/news/wonk/wp/2015/04/29/the-long-painful-and-repetitive-history-of-how-baltimore-became-baltimore/

80 washingtonpost.com/news/wonk/wp/2015/04/28/what-you-really-need-to-know-about-baltimore-from-a-reporter-who-lived-there-for-30-years/

81 washingtonpost.com/news/wonk/wp/2015/04/30/baltimores-poorest-residents-die-20-years-earlier-than-its-richest/

82 »Neighborhood Characteristics and Health in Baltimore, Maryland«, Center on Human NeedsVirginia Commonwealth UniversityRichmond, Virginia, September 2012. societyhealth.vcu.edu/media/society-health/pdf/PMReport_Baltimore.pdf

83 Audre Lorde: »The Master's Tools Will Never Dismantle the master's House«. Penguin Books, London (2018), S. 20 f.

84 npr.org/2019/08/21/753177968/teen-gets-life-sentence-for-killing-police-officer-in-baltimore-county

85 nytimes.com/2019/07/27/us/politics/trump-elijah-cummings.html

86 Elijah Cummings starb kurz nach meinem Gespräch mit Raheem, Marvin, und Tone an einem natürlichen Tod im Alter von 68 Jahren.

Dr. med. Natalie Grams
Was wirklich wirkt
Kompass durch die Welt der sanften Medizin
247 Seiten. Klappenbroschur
ISBN 978-3-351-03471-9
Auch als E-Book erhältlich

Endlich Orientierung im Dschungel medizinischer Halbwahrheiten

Zu wenig Zeit für die Patienten und immer gleich Antibiotika? »Schulmedizin« hat keinen guten Ruf. Akupunktur, Osteopathie & Co. hingegen sind angesagt. Sie gelten als sanft und natürlich. Doch weder ist die Natur immer gut, noch jede alternative Heilmethode wirksam. Die Ärztin Natalie Grams hat den ultimativen Kompass durch die Welt der Medizin geschrieben.

Sie klärt auf, welche Verfahren wirken, was die Gründe dafür sind – und wie eine ganzheitliche Heilkunst auf wissenschaftlicher Basis das Vertrauen der Patienten zurückgewinnen kann.

»Natalie Grams gelingt es, Orientierung und Wissen zu vermitteln, damit jeder bessere Entscheidungen für eine wirksame Behandlung treffen kann. Mein Lieblingssatz: ›Auf dem Boden der Tatsachen liegt zwar viel zu wenig Glitzer, aber immerhin bietet er einen festen Stand‹. Das ist Humanmedizin mit Humor.«
Dr. Eckart v. Hirschhausen, Arzt, Wissenschaftsjournalist und Autor von »Wunder wirken Wunder«

Regelmäßige Informationen erhalten Sie über unseren Newsletter. Jetzt anmelden unter: www.aufbau-verlag.de/newsletter

Alfred Kerr
Yankee Land
Eine Reise durch Amerika 1924
243 Seiten. Leinen
ISBN 978-3-351-03719-2
Auch als E-Book erhältlich

Alfred Kerrs farbenprächtiger und scharf beobachtender Reisebericht

»Vieles liegt hinter mir. Nach der Seefahrt – welche Landreisen! Der Weg vom Atlantischen zum Stillen Ozean. Nicht in einem Hieb, sondern mit Wanderfahrten, Wunderfahrten kreuz und quer.« Alfred Kerr.

Nach über 90 Jahren wiederentdeckt: Im Frühling 1924 reiste Alfred Kerr von New York bis Los Angeles und schrieb einen literarisch brillanten Text, der zugleich eine kritische Momentaufnahme darstellt. Trotz etlicher von ihm konstatierter »Untergangsmöglichkeiten für Amerika« stimmt er eine Hymne auf die viel gescholtene Nation an und lenkt die Aufmerksamkeit auf das, was er an Land und Leuten so verehrt – atemberaubendes Naturschauspiel, Wagemut, Pragmatismus ohne Zaudern und bürokratische Hürden, anhaltende Offenheit für Überraschungen und Wunder.

»Eigentlich ist es schade um jede Zeile, die man über Alfred Kerr schreibt, anstatt einfach seine Texte abzudrucken.« Evelyn Roll, Süddeutsche Zeitung

Regelmäßige Informationen erhalten Sie über unseren Newsletter. Jetzt anmelden unter: www.aufbau-verlag.de/newsletter

 aufbau